KAS

광고지성총서

05

광고와 마케팅의 새로운 세계

나준희 · 강소영 · 김상훈 · 안대천 · 이혜진
이재록 · 최영균 · 강한나 · 김정현 · 김영찬 · 안종배 공저

THE NEW WORLD OF ADVERTISING AND MARKETING

학지사

발간사

광고지성의 향연

지난 1989년 10월 14일, 한국광고학회 창립총회를 개최한 이후 2019년에 접어들어 학회 창립 30주년을 맞이했습니다. 사람으로 치면 서른 살입니다. 그동안 한국광고학회는 한국 사회에서 광고의 중요성을 환기하는 데 크게 기여했습니다. 지나온 날들의 성과는 분명 눈부셨지만, 미디어 환경이 급변함에 따라 광고와 광고학은 잠시 멈칫거리고 있습니다. 창의성, 인공지능, 블록체인이 인류의 미래를 결정한다는 전환기에 서서, 이제 우리는 광고의 새로운 방향을 모색해야 합니다. 이런 상황에서 한국광고학회 30주년을 기념하는 『광고지성총서』는 광고학계와 광고업계에 새로운 방향성을 제시할 것으로 기대됩니다.

이 총서는 '체인지(Change, 체력, 인화, 지성)'의 가치를 지향하는 제24대 한국광고학회에서 야심 차게 준비한 기획물입니다. 이 총서를 통해 한국광고학회의 체력(體力)을 증진하고, 회원들 사이의 인화(人和)를 촉진하며, 광고지성(知性)이 나아갈 새로운 좌표를 찾기를 기대합니다. 일찍이 플라톤은 『향연(饗宴)』에서 좋은 것(아름다운 것)을 소유하려는 욕망을 에로스라고 정의하고, 정신적인 출산을 추구하는 것도 에로스의 뜻이자 아름다움의 이상향에 도달하는 길이라고 설명했습니다. 정신의 자식을 분만하는 과정에서 105명의 필자가 자주 산통(産痛)을 느끼며 광고의 오늘과 내일을 고민했다는 점에서, 이 총서는 모름지기 집단지성의 플랫폼이자 광고지성의 향연이라 할 수 있습니다.

제1권『한국 광고학연구 30년과 전망』(편집책임 한상필)에서는 한국광고학회의 창립 30주년을 맞이해 지난 30년 동안의 학회 활동을 분석하고 광고학 연구의 발자취를 돌아보았습니다. 제2권『한국의 광고산업과 광고제도』(편집책임 김봉철)에서는 광고산업을 구성하는 단위들이 어떻게 발달해 왔고 어떤 기능을 해 왔는지 체계적으로 분석하고 정리했습니다. 제3권『광고와 사회 그리고 광고비평』(편집책임 이희복)에서는 급변하는 환경에서도 결코 변하지 않는 광고와 사회에 대한 본질을 비평적 관점에서 탐구했습니다. 제4권『소비자심리와 광고 PR 마케팅』(편집책임 이병관)에서는 소비자심리학의 여러 개념을 알기 쉽게 설명하고 광고와 PR 및 마케팅 현장에 적용하는 방안을 제시했습니다. 제5권『광고와 마케팅의 새로운 세계』(편집책임 나준희)에서는 마케팅에서 광고가 어떻게 작동해야 하는지에 대한 이론적 기반을 제시함으로써 광고 활용의 새로운 세계를 모색했습니다.

제6권『디지털 시대의 광고 크리에이티브』(편집책임 윤일기)에서는 디지털 융합 시대에 적합한 광고 크리에이티브의 새로운 차원을 살펴보고 실무적으로 유용한 지침을 제안했습니다. 제7권『광고 미디어의 현재와 미래』(편집책임 박현수)에서는 급변하는 미디어 환경을 살펴보고 광고와 미디어가 나아갈 미래의 방향과 시각을 전망했습니다. 제8권『스마트 광고 기술을 넘어서』(편집책임 김현정)에서는 우리 시대의 스마트 광고 기술에 대해 살펴보고 기술이 광고의 미래를 어떻게 바꿀 것인지를 여러 각도에서 조망했습니다. 제9권『빅데이터의 분석방법과 활용』(편집책임 정원준)에서는 학술적 · 실무적인 사례를 바탕으로 광고와 PR 영역에서 두루 활용할 수 있는 다양한 빅데이터 분석방법에 대해 설명했습니다. 제10권『광고 지성과 철학의 지평선』(편집책임 강승구)에서는 광고의 개념과 본질을 철학적으로 분석함으로써 광고지성의 가치를 환기하는 동시에 광고철학의 가능성을 탐색했습니다.

상당한 비용이 들어가는 10권의 총서가 출판되기까지 정신적으로 그리고 재정적으로 여러분의 도움을 받았습니다. 한국언론진흥재단의 민병욱 이사장님, 제일기획의 유정근 대표님, 이노션의 안건희 대표님, HS애드의 정성수 대표님, 대홍기획의 홍성현 대표님, TBWA의 이수원 대표님, 나스미디어의 정기호 대표님, 메조미디어의 이성학 대표님께 감사드립니다. 이분들의 후원이 없었다면 『광고지성총서』는 결코 세상에 나오지 못했을 것입니다. 이 지면을 빌려 다시 한 번 감사드립니다. 한국광고학회 회원들은 이 총서가 출판되기까지 도와주신 분들에 대한 고마움을 앞으로도 오래오래 기억할 것입니다.

광고지성을 모색하느라 수고하신 105명의 필자는 우리에게 새로운 비전과 깊은 통찰력을 제시하셨습니다. 갈수록 어려워지는 출판 여건에도 불구하고 10권의 책을 기꺼이 출판해 주신 학지사의 김진환 사장님과 최임배 부사장님께 감사드립니다. 편집부 관계자들께서는 난삽한 원고를 손보고 책의 구성을 갖추어 정말 빛나는 총서로 만들어 주셨습니다. 총서를 기획하던 첫 순간부터 끝마무리까지 수고하신 연구이사 김현정 교수님과 편집책임을 맡은 10명의 교수님께도 고마운 마음을 전합니다. 아인슈타인은 "지성의 참된 모습은 지식이 아닌 상상력에서 드러난다."라고 했습니다. 독자 여러분께서는 이 책을 통해 지식만을 얻지 마시고 상상력을 확장하시기를 바랍니다. 우리가 진정으로 추구해야 할 것은 지식보다 상상력이기 때문입니다. 바로 이 점이 『광고지성총서』를 기획하던 순간에 떠올랐던 저의 처음 생각이었습니다.

2019년 12월 5일

한국광고학회 제24대 회장 김병희 삼가 적음

머리말

“이 세상은 공기와 물 그리고 광고로 이루어져 있다.” 광고는 우리 삶 속의 생활이며 문화이다. 내면의 고립으로 번민하는 고독한 군중의 현대인, 이들에게도 광고는 회피할 수 없는 생활의 일부가 되었다. 한편, 광고는 어느 이름난 예술가의 고고한 작품이 아니다. 미국의 전설적 광고인 데이비드 오길비(David Ogilvy)는 “팔리지 않는 크리에이티브는 광고가 아니다.”라며 마케팅 없는 광고 예술을 철저히 배제하였다. 광고의 목표는 첫째도 둘째도 셋째도 오직 소비자의 선택에 기반을 둔다. 소비자에게 선택받지 못한 광고는 광고의 예술성이나 과학적 분석에 관계없이 광고로서의 기능과 의미를 상실한 것이다.

광고의 목표대상은 소비자이다. 광고주인 기업과 광고를 만드는 광고인은 광고의 중심이 될 수 없다. 오직 소비자의 반응만이 광고의 중심이 된다. 소비자를 효과적으로 움직이는 광고가 좋은 광고이며, 소비자를 움직이지 못하는 광고는 존재 이유가 없다. 이러한 점에서 광고는 마케팅의 꽃이다. 소비자를 움직이는 힘은 광고에 있고, 광고가 어떤 꽃인지에 대한 답은 소비자에게 있다. 그렇다면 소비자를 어떻게 움직일 수 있는가? 이 책 『광고와 마케팅의 새로운 세계』에 그 방법이 담겨 있다. 이 책은 전략적 차원의 마케팅 목표, 전술적 방안의 광고 실행을 설명하고 있다. 책의 모든 흐름은 소비자의 관점, 소비자의 행태를 바탕으로 하고 있다. 특히 소비자를 움직일 수 있는 광고 실행을 선명하게 설명하고자 다양한 사례를 배치했다. 『광고와 마케팅의 새로운 세계』의 각 장 내용을 요약하면 다음과 같다.

제1장 '광고의 개념과 중요성'(강소영)에서는 광고와 마케팅의 관계를 소개하면서, 마케팅과 마케팅 믹스의 연관성, IMC 차원의 광고와 그 유용성을 소개한다. 마케팅 광고의 중요성은 ICT, 디지털 미디어의 발달과 함께 마케팅 채널의 다양화로 나타나고, 프로모션의 한 도구로서 광고는 여전히 효과적이며 영향력이 있음을 소개한다.

제2장 '광고와 마케팅 전략'(김상훈)에서는 효과적인 광고 전략을 유도하는 마케팅의 정의와 기능, 마케팅과 광고 관리(환경 분석, 목표 설정, STP와 마케팅 믹스 같은 전략 수립 과정 등) 그리고 마케팅 전략이 어떻게 광고 전략에 영향을 미치는가에 대해 살펴본다.

제3장 '광고와 통합 마케팅 커뮤니케이션'(안대천)에서는 현대 마케팅 활동의 요체로 불리는 통합 마케팅 커뮤니케이션(IMC)의 기본적인 개념과 특징, 마케팅 커뮤니케이션 과정, IMC 전략 수립 과정 및 채널믹스 요소들의 역할을 살펴본다. 특히 빠르게 변화하는 디지털매체 환경 속에서 IMC의 위상 변화와 광고의 새로운 기능을 조명한다.

제4장 '광고의 소비자 동기유발'(이혜진)에서는 광고효과를 결정짓는 소비자의 동기유발에 주목한다. 이를 위해 인간의 욕구를 심리학적 측면에서 분석한 매슬로의 욕구계층이론을 중심으로 살펴본다. 광고에서 소비자의 욕구충족을 위해 동기를 유발하는 메시지를 살펴봄으로써 보다 효율적인 광고 마케팅의 방향과 역할을 추론한다. 즉, 광고가 소비자의 심리요소인 동기를 유발하기 위해 어떤 메시지를 중점적으로 전달하고 있는지 광고의 실제 사례를 예시로 들어 구체적으로 소개한다.

제5장 '소비자 정보처리 과정'(나준희)에서는 광고의 방향성에 대한 전략적 지침을 제공한다. 소비자 정보처리 과정은 노출된 자극에 대해서 소비자가 어떻게 주의하고 이해하는지에 대한 학습과정이다. 특히 경쟁 광고가 끊임없이 증가하는 상황에서 소비자 정보처리 과정에 대한 바른 이해가 필요하다. 이 장에서는 소비자 정보처리 과정을 원리적 관점에서 설명하고, 이해를 돕고자 많은 사례를 제시한다.

제6장 '소비자 태도이론의 검토'(이재록)에서는 상당히 다양한 관점이 있는 태도

의 개념과 형성에 대해 살펴본다. 태도는 상대적으로 안정된 대상과 관련성이 있다는 견해가 있으며, 기억(인지)을 토대로 정보처리를 통해 형성되거나 맥락과 감정을 기초로 정보처리가 형성되어 일시적으로 구성된 평가라는 견해가 있다. 이 장에서는 태도 개념의 본질을 명확하게 하고, 태도가 어떻게 형성되는지에 대한 이론적 관점과 이 이론을 규명하기 위해 어떠한 새로운 시도가 있는지를 살펴본다.

제7장 '광고와 관여도 그리고 몰입감'(최영균)에서는 관여도의 설득이론을 중심으로 기존 개념을 살펴보고, 최근에 특히 소셜미디어 광고 분야에서 그 중요성이 증가하고 있는 몰입감의 개념과 비교한다. 관여도와 몰입감 간에 존재하는 유사성에도 불구하고 두 개념은 서로 다른 변수로서 존재하며 그 역할 면에서 광고효과에 서로 상호적으로 영향을 미치는 것으로 나타났다.

제8장 '소비자의 의사결정 과정'(강한나)에서는 소비자가 제품을 선택하는 과정을 자세히 살펴본다. 소비자의 의사결정 과정은 소비자가 새로운 제품에 대한 욕구를 느끼는 것부터 제품을 구입하기까지의 과정이다. 문제 인식, 정보 탐색, 대안 평가, 구매 결정, 구매 후 평가 과정에 대해 자세히 살펴보고, 실제 광고 사례를 예시로 들어 이해를 돕고자 하였다.

제9장 '브랜드 자산의 구축 과정과 관리 전략'(김정현)에서는 마케팅의 핵심이자 인간의 역사와 함께해 왔다고 볼 수 있는 브랜드의 의미와 기능을 살펴본 후, 강력한 브랜드 자산 구축 과정 및 이를 유지하기 위한 실행 전략들을 다룬다. 아울러 우리나라 최장수 브랜드의 일관성을 유지하는 범위 내에서의 변화, 요즘 부상하고 있는 브랜드 캐릭터 마케팅과 리포지셔닝 전략, 진한 감동을 주는 크리스마스 캠페인 등의 사례를 곁들여 현장의 목소리를 생생히 전달한다.

제10장 'B2B 디지털 마케팅 커뮤니케이션과 BRC'(김영찬)에서는 B2B 산업군에서 펼쳐지고 있는 디지털 기술을 활용한 적극적인 커뮤니케이션 전략을 다룬다. 최근에는 면대면 영업이 보편적인 산업군에서 기업의 홈페이지를 통해 자사의 제품 및 서비스 상품을 홍보 및 광고하여 구매자를 적극적으로 유인하는 인바운드(in-bound) 영업 전략이 펼쳐지고 있다. 구매자는 자신의 상황이나 제품군을 고려하여 기업이

홈페이지에서 제공하는 다양한 제품정보 및 다른 구매자들의 경험담 등을 바탕으로 자신에게 적합한 서비스를 선택하고 구매할 수 있게 된다. 이러한 커뮤니케이션 전략은 향후 디지털 기술력이 발전함에 따라 더욱 정교해지고 활성화될 것으로 전망된다.

제11장 '광고 마케팅의 최신 사례'(안종배)에서는 4차 산업혁명시대의 새로워진 소비자를 대상으로 하는 블루슈머 광고 마케팅과 크리슈머 광고 마케팅 사례를 살펴본다. 첨단화된 미디어를 활용하는 VR(가상현실) 광고 마케팅과 홀로그램 광고 마케팅 사례, 다양한 영역 간의 협업을 통한 콜라보 광고 마케팅 사례, 더욱 강화되고 있는 콘텐츠 마케팅의 사례를 소개한다. 이와 같이 제11장에서는 소비자와 미디어 및 광고 마케팅 부문의 새로운 변화에 따른 최신 마케팅 사례를 살펴본다.

일상의 모든 것이 자본화된 시대이다. 일상의 모든 커뮤니케이션이 목적을 지닌 광고라 해도 과언이 아닌 시대가 되었다. 광고 홍수의 시대에 온갖 광고는 소비자를 유혹하고 그들의 의사결정을 재촉하기 위해 쉼 없이 돌진하고 있다. 그러나 역설적이게도 사방에서 거침없이 돌진하는 광고에 소비자는 오히려 더 무관심해지고 있다. 의미 없는 아우성인 셈이다. 그렇다면 무엇이 문제인가? 분명한 사실은 광고에 소비자가 없었다는 것이다. 소비자의 관심이 무엇이고 그 관심에 어떻게 커뮤니케이션할 것인지 소비자에 대한 관심이 부족했다.

이 책의 각 내용은 소비자를 놓치지 않으려 많은 노력을 기울였다. 산업적 관점의 광고, 광고의 이론 체계, 현장에서 실행된 광고 사례를 제시함으로써 이 책을 읽는 독자가 책의 유일한 콘셉트인 '소비자 지향적 광고'를 각 내용에서 인지할 수 있도록 구성했다. 『광고와 마케팅의 새로운 세계』가 목표로 하는 것은 독자에게 광고 현상에 대한 바른 이해와 새로움에 대한 높은 예측력을 심어 주는 것이다. 광고가 노이즈가 되는 상황에서 흥미와 감동을 주는 광고 비법을 전달하고자 했다. 이 책에 그 혜안이 있다.

『광고와 마케팅의 새로운 세계』가 광고 입문자에게는 흥미를, 전공 학생에게는 기본기를, 광고산업계의 실무자에게는 영감을 줄 수 있기를 바란다. 또한 광고 입문자에게는 역지사지에 따른 관점의 전환을, 전공 학생에게는 전략적 관점의 광고 실행을, 광고산업계의 실무자에게는 색다른 시선을 주고자 한다. 이 책은 광고라는 거대 건축물로 보면 겨우 가벼운 벽돌 한 장일 것이다. 그렇지만 우리 필자 11명은 그 가벼운 벽돌 한 장에 나름의 의미 있는 색깔을 칠하고자 노력했다.

끝으로 필자 11명이 함께한 『광고와 마케팅의 새로운 세계』의 저술 과정은 매우 즐거웠다. 같은 방향을 보는 즐거움에서 신선한 자극과 색다른 기쁨을 발견했다. 그리고 이제 우리는 이 책을 통해 우리가 느꼈던 신선함과 색다름을 많은 독자와 함께 나누고자 한다. 어떤 이에게는 흥미를, 어떤 이에게는 기본기를, 또 어떤 이에게는 영감을 주는 자극적인 책으로 기억되기를 소망한다.

2019년 12월

필자들을 대표하여 나준희 적음

차례

- 발간사 _ 3
- 머리말 _ 7

제1장 … **광고의 개념과 중요성** ········ 17

1. 광고의 어원과 정의 _ 19
2. 광고의 역할과 기능 _ 28
3. 광고와 마케팅의 관계 _ 35

제2장 … **광고와 마케팅 전략** ········ 47

1. 마케팅의 정의와 기능 _ 49
2. 마케팅과 광고 관리 _ 52
3. 마케팅 전략과 광고 _ 65

제3장 … 광고와 통합 마케팅 커뮤니케이션 71

1. 통합 마케팅 커뮤니케이션 _ 74
2. 커뮤니케이션 과정 모델 _ 81
3. IMC 전략과 실행 계획의 수립 _ 83
4. IMC 채널 요소들의 특징 _ 87
5. 디지털 마케팅 커뮤니케이션의 변화와 광고의 기능 _ 99

제4장 … 광고의 소비자 동기유발 101

1. 동기 _ 103
2. 동기이론 _ 105
3. 소비자 욕구와 동기유발 _ 108
4. 광고의 소비자 동기유발 _ 110

제5장 … 소비자 정보처리 과정 129

1. 소비자 정보처리 과정의 이해 _ 131
2. 노출 _ 133
3. 주의 _ 135
4. 이해(지각 과정+해석 과정) _ 142

제6장 … 소비자 태도이론의 검토 157

1. 태도에 대한 정의 _ 160
2. 태도에 대한 두 가지 이론적 관점 _ 163
3. 태도 형성의 이론 _ 165

제7장 … 광고와 관여도 그리고 몰입감 ········· 179

1. 관여도의 정의와 유형별 분류 _ 181
2. 관여도의 영향요인 _ 183
3. 관여도의 설득효과 _ 184
4. 관여도와 몰입감의 연관 관계 _ 187
5. 몰입감의 영향요인과 관여도 _ 191
6. 관여도와 몰입감 관련 연구동향 _ 194
7. 시사점과 후속 연구방향 _ 197

제8장 … 소비자의 의사결정 과정 ········· 199

1. 의사결정 과정의 단계 _ 201
2. 문제 인식 단계(1단계) _ 202
3. 정보 탐색 단계(2단계) _ 207
4. 대안 평가 단계(3단계) _ 212
5. 구매 결정 단계(4단계) _ 219
6. 구매 후 평가 단계(5단계) _ 221

제9장 … 브랜드 자산의 구축 과정과 관리 전략 ········· 225

1. 브랜드와 브랜드 자산의 의미 _ 228
2. 브랜드 자산의 구축 과정 _ 233
3. 브랜드 자산의 관리 전략 _ 245

제10장 … B2B 디지털 마케팅 커뮤니케이션과 BRC ·········· 255

1. B2B 디지털 마케팅의 중요성 _ 257
2. BRC를 활용한 디지털 마케팅 _ 260
3. BRC의 활용 목적 _ 263
4. BRC의 특징과 효과의 메커니즘 _ 266
5. 마치며 _ 272

제11장 … 광고 마케팅의 최신 사례 ······································ 275

1. 새로운 소비자 특성을 활용한 광고 마케팅 사례 _ 277
2. 첨단 미디어를 활용한 광고 마케팅 사례 _ 286
3. 콜라보 광고 마케팅 특성과 사례 _ 293
4. 콘텐츠를 활용한 광고 마케팅 특성과 사례 _ 298

- 참고문헌 _ 307
- 찾아보기 _ 329

제1장

광고의 개념과 중요성

강소영(서울디지털대학교 미디어영상학과 교수)

1. 광고의 어원과 정의
2. 광고의 역할과 기능
3. 광고와 마케팅의 관계

◈◇◈

광고는 다른 표현으로 **마케팅 커뮤니케이션**(marketing communication)이라고 부른다. 크게 마케팅적인 측면과 커뮤니케이션적 측면이 함께 있다는 의미이다. 광고는 메시지 전달 과정에서 수신자–내용인 메시지–송신자를 거치는 커뮤니케이션 현상의 하나이다. 광고 현상은 시장 안에서 이루어져 글자 그대로 마케팅이라는 용어로 부른다. 디지털 시대로 접어들어 ICT와 미디어의 발전은 마케팅 광고의 형태도 다양화시키고 있다. 이 장에서는 광고의 본연의 기능이기도 한 마케팅적 관점에서 광고의 정의와 개념을 알아보고자 한다. 아울러 소위 마케팅 광고의 중요성에 대해서 부연 설명하고자 한다.

1. 광고의 어원과 정의

1) 광고의 어원

어떤 단어의 정의를 내리기 전에 그 단어의 개념, 뜻 등을 파헤칠 수 있는 어원을 알아보는 과정이 중요하다. 광고는 영어로 advertising인데, 이 말은 '아드베르테르'라고 읽는 라틴어 adverter가 그 기원이다. 뜻은 '돌아보게 하다' '주의를 끌다' '마음을 어디로 향하게 하다'이다. 독일어와 불어에서는 각각 'die reklame'와 're clame'이다. clame는 '부르짖다'라는 의미를 지닌 라틴어 clamo에 그 어원을 둔 것으로 '반복하여 부르짖다'라는 말이다. 따라서 광고라는 말을 어원적으로 종합해 보면 '반복하여 부르짖어 주의를 끌어 마음을 향하게 하는 것'이라고 할 수 있다(Wikipedia, 2019).

이 같은 광고의 어원적인 뜻은 앞에서 얘기한 오늘날 광고가 '소비자들의 주의를 끌기 위해 갖가지의 광고기법'을 동원하는 것과 무관하지 않다. 이를 매체의 다변화라고도 부른다. 그런데 라틴어 adverter에서 유래한 영어의 advertising은 광고세계가 복잡해짐에 따라 advertisement에서 commercial로까지 세분화되어 그 의미를 조금씩 달리하고 있다. advertising은 광고행위 또는 광고 과정 전체를 뜻한다. 반면, advertisement는 광고물 또는 광고 메시지를 지칭한다. 즉, advertisement는 advertising의 하위 개념으로서 advertising의 일부를 말한다. 일반적으로 광고라고 하면 대개는 영어의 advertising의 의미를 일컫는다. 커머셜(commercial)은 상업적 방송광고에 주로 사용되는 용어이지만, 일반적으로 방송에 나오는 모든 광고를 지칭하기도 한다.

광고라는 단어는 모든 정보를 가리키는 의미로 사용되었으나, 『태틀러(Tattler)』지에서는 광고를 비즈니스 알림(business announcement)이라는 의미에 한정시켜 사용해야 한다고 명시했다(김병희, 2017; Wikipedia, 2018).

우리말에서 광고의 의미도 라틴어의 어원과 비슷하다(송용섭, 리대룡, 1996). 우리나라 말로 '광고'는 사전적 의미로 '널리 알리다'라는 뜻을 지니고 있지만, 좁은 의미로는 광고작품 또는 광고 메시지를 지칭하는 것으로 'advertisement'의 의미로 쓰이기도 하고 또 광고활동 또는 광고행위라는 넓은 뜻의 'advertising'으로 쓰이기도 해 흔히 광고라고 한글로 지칭할 경우 이 두 가지의 이중적인 뜻을 가지고 있다.

한문으로 광고는 넓을 광(廣), 알릴 고(告)자를 쓴다. 광과 고를 붙여 한자로 '널리 알린다'는 뜻이다. 초창기 우리나라에서는 광고인을 광호인(廣呼人), 외국에서는 cry(울다, 부르짖다)에서 나온 criers라 했는데, 이는 '널리 부르짖는 사람'이라는 의미이다. 광고와 흔히 혼동해서 쓰는 용어는 홍보(弘報), PR(Public Relations), 선전(propaganda) 등이 있다. 이들은 각각 목적, 내용주체, 의사경로, 수단, 시기 등에 따라서 다음과 같이 구분된다. 홍보나 선전은 광고처럼 일정한 광고료를 내지 않으

표 1-1 광고 유사 용어 정의들

	PR	홍보	광고	선전
목적	이미지 제고	이미지 제고	판매촉진	이념주입
내용주체	정부/기업/단체	정부/기업/단체	상품/서비스	정치/종교
의사경로	쌍방적	쌍방적	일방적	일방적
수단	간접적	간접적	직접적	직접적
시기	뉴스성	뉴스성	필요시	수시
효과	시간경과 후	시간경과 후	즉시	단기간
상징성	Love Me	Love Me	Buy Me	Follow Me
노출성	노출불가	노출불가	노출가능	양면성
비용	저비용	비용×	고비용	저/고비용

출처: 양영종, 한상필(2017).

며, 주체가 분명히 밝혀져 있지 않다. PR은 홍보보다 크고 포괄적인 개념이다. PR은 좀 더 전략적으로 알리는 기능을 하는데 PR 대행사라는 직종이 이를 대변하고 있다. 〈표 1-1〉은 PR, 홍보, 광고, 선전의 차이점을 설명하고 있다.

2) 광고의 정의

먼저 광고를 포괄적으로 정의해 보면 '널리 알리어 일반인, 소비자의 주의를 끌게 하는 것'이다. 과연 광고가 어디까지인가 하는 의문과 함께 광고의 재정의가 필요한 시대이다. 우리는 매일 하루 광고라는 걸 인식하지 못하는 사이, 부지불식간에 2천 개의 광고를 접한다고 한다.

소위 ICT, 인터넷(Internet), 커뮤니케이션(communication), 기술(technology)의 발전으로 이른바 스마트 미디어 시대가 되었다. 이런 스마트 미디어의 등장과 소비자의 매체이용과 전반적인 시장구매 형태 변화로 인해서 마케팅 커뮤니케이션으로서 광고에 대한 인식도 많이 바뀌고 있다. 전통적인 4대 레가시 미디어(legacy media) 중심에서 퍼스널 미디어(personal media) 중심으로 미디어환경은 변화되었다고도 설명한다.

광고의 정의와 개념은 미디어 발달과 맞물려 있다. 소셜미디어(SNS)와 모바일로 연결된 초연결 시대에 감각적 · 즉각적인 소비자들이 열광하는 제품과 서비스를 만들어 내기 위해 광고라는 매개를 활용하고 있다.

광고 역사 초기의 광고 정의를 보자. 알버트 라스커(Albert Lasker)는 광고를 "인쇄된 세일즈맨(printed salesmanship)"이라고 축약해서 정의 내렸다. 이것은 1905년 당시 광고는 신문, 잡지, 책 등을 비롯한 인쇄매체를 중심으로 하였기 때문에 내려진 정의였다. 광고가 "판매사원을 대신해서 신문에 인쇄되어 소비자에게 메시지를 전달한다."라는 특성을 당시의 인쇄 미디어 환경에 맞게 정의한 것이다.

틸만과 커크패트릭(Tillman & Kirkpatrick, 1972)은 광고란 "매스컴을 통해 전달하고 원하는 바를 이루기 위해 설득하는 것을 목적으로 하는 유료의 상업적 촉진형태이다."라고 주장한다. 이후 프라이드와 페렐(Pride & Ferrell, 1989)은 광고란 "대중매체(mass media)를 통해 표적청중에게 전달하기 위한 조직이나 제품에 관한 유료의 비대인적 커뮤니케이션의 형태이다."라고 말했다.

광고학자 아렌스(Arens, 1999)는 광고를 이렇게 정의한다. "광고란 다양한 매체를 통해서 자신의 이름을 밝히 스폰서의 제품(제화, 서비스 또는 아이디어)에 관한 정보로서 통상적으로 유료이며 설득적 속성을 지닌 조직적으로 구성된 비대인적 커뮤니케이션이다."

이는 광고를 "명시된 광고주가 제품, 서비스, 아이디어를 설득하고자 다양한 미디어를 통해 유료로 정보를 전달하는 비대인적 커뮤니케이션"이라고 한 대표적인 마케팅 관련 기관인 미국마케팅협회(AMA, 1948)의 정의를 수정 · 보완했다. 아렌스의 정의는 정교화된 광고 커뮤니케이션의 과정을 심층적인 모형으로 설명하였다는 평가를 받는데 [그림 1-1]은 이 정의를 잘 설명하고 있다.

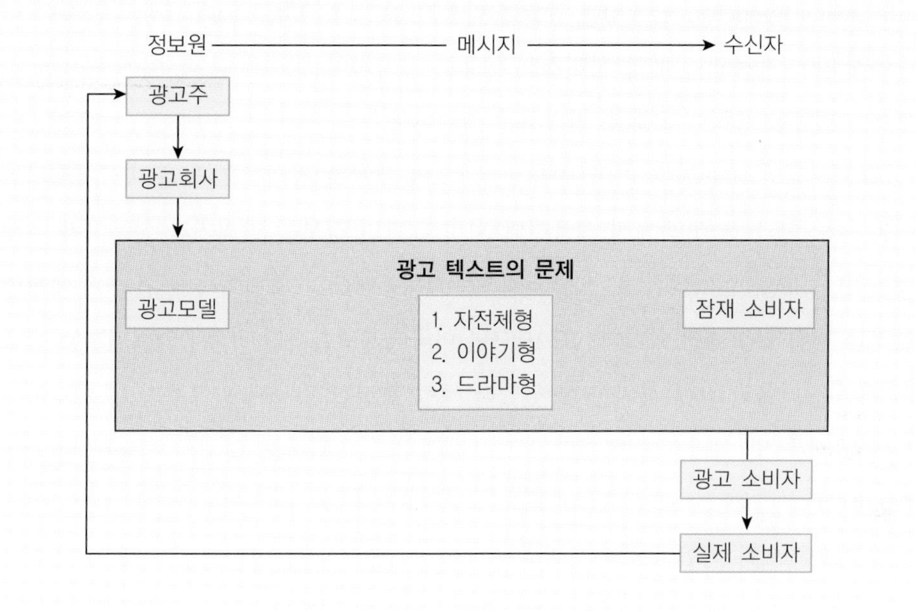

[그림 1-1] 아렌스의 광고 커뮤니케이션 과정

출처: 이희복(2018).

아렌스의 정의가 초기 미국마케팅협회의 정의와 연결되어 회자되고 있는 이유는 커뮤니케이션 과정을 잘 설명하고 있기 때문이다. 광고는 정보원, 즉 광고주, 광고회사, 광고모델이 광고 텍스트의 다양한 문체로 광고 메시지를 소비자 혹은 수신자에게 전달한다. 이때 소비자는 잠재적인 소비자, 광고 소비자, 실제 소비자로 발전하게 된다. 소비자는 광고주에게 피드백 혹은 광고효과를 전달하게 된다. 요약하면, 광고에는 공통적으로 유료라는 점, 비대인적인 점, 영시된 광고주의 행위가 있다는 것이다.

3) 변화하는 광고 개념

미디어의 발달과 마케팅 환경의 다변화는 제언하지 않아도 우리 시대의 흐름이다. 광고의 정의와 개념도 변화하고 있다. 미국광고대행사협회(American Association of

Advertising Agencies: AAAA)는 광고를 다음과 같이 정의하고 있다. "광고란 소비 대중에게 자기 제품의 판매와 서비스의 이용을 궁극적인 목표로 삼고, 이에 필요한 정보를 미디어를 통하여 유료로 전달하는 행위이다."

그리고 앞의 1948년에 이어 1976년, 광고의 새로운 정의를 내놓은 미국마케팅협회는 "특정한 목표 고객에게 제품이나 서비스 관련 정보를 알리거나 설득하기 위해 개인이나 기업, 비영리단체, 정부기관 등이 대중매체의 지면이나 시간을 구매하여 알리는 행위"라고 재정의한다. 또 1963년 미국마케팅협회의 광고정의위원회는 광고의 개념을 다음과 같이 정의한 바 있었다. 즉, "광고란 명시된 광고주가 유료로 아이디어와 제품 및 서비스를 비대인적으로 제시하고 촉진하는 일체의 형태"이다(김병희, 2017).

광고의 주체가 기업이었던 시대에서 비영리기관, 정부, 일반인도 이제 그 주체가 될 수 있는데 다음과 같은 미국마케팅협회의 2019년 정의에서 찾아볼 수 있다. "광고란 기업, 비영리재단, 정부기관 및 개인들이 제품, 서비스, 기관 또는 아이디어를 특정 목표시장 또는 목표청중에게 정보를 제공하기 위해서 매스미디어를 통해 구입한 시간 또는 지면에 고지 및 설득적 메시지를 제시하는 것이다."

던과 버번(Dunn & Barban, 1986)의 광고 정의는 광고를 커뮤니케이션과 마케팅 측면을 아우른 통합적 개념으로 보고 있다. "광고란 광고 메시지를 통해 어떠한 방법으로든 광고 메시지 가운데 명시된 기업이나 비영리 조직 또는 개인이 다양한 매체를 통해 특정 집단의 청중에게 정보를 제공하거나 설득하고자 하는 유료의 비대인적 커뮤니케이션"이다. 이들은 이윤을 추구하는 기업에서만 광고를 한다는 기존의 광고의 정의에서 벗어나, 비영리조직인 정부나 정당이 행하는 정치 커뮤니케이션이나 교육기관이나 자선단체가 행하는 사회적, 문화적 커뮤니케이션도 광고의 새로운 정의에 포함되어야 한다는 것인데, 이로써 광고의 개념이 새롭게 정립되었다. 이에 따라 광고의 주체가 기업은 물론 정부기관, 대학, 교회 같은 비영리단체나 개인에 이르기까지 확대되었으며, 정치광고나 공공광고 영역도 광고의 새로운 범위에 포함되었다. 1982년부터 매년 한국방송광고진흥공사(KOBACO)에서 대한민국 공익광고제를 개최하는 것도 이와 같은 맥락이다.

이후 광고의 정의가 다시 한번 수정되었다. 광고의 정의에 '유료'나 '설득'이라는 두 가지 단어가 반드시 포함될 필요는 없다는 주장은 광고의 개념을 다시금 생각하게 만든다. 다음과 같은 광고의 정의에는 '유료'나 '설득'이라는 두 가지 단어가 제외되어 있음을 눈여겨봐야 한다. "광고란 판매, 이용, 투표, 승인에 영향을 미치고자 광고주가 자기 비용으로 사람, 제품, 서비스, 운동 등에 대해 인쇄하거나 쓰거나 말하거나 그려서 제시하는 것이다"(Advertising Age, 1999).

앞에서 살펴본 광고의 정의들을 종합해 보면, 광고의 정의에 필요한 구성요인이 [그림 1-2]와 같이 5가지 요인에 새롭게 집중되어 있음을 알 수 있다.

우리나라의 경우, 한국에서 시행되는 광고에 대한 법적 정의는 다음과 같다. 「표시 · 광고의 공정화에 관한 법률」 제2조에 따르면, "광고라 함은 사업자 또는 사업자단체가 상품 등에 관하여 자기 또는 다른 사업자, 사업자 단체에 관한 사항을 자

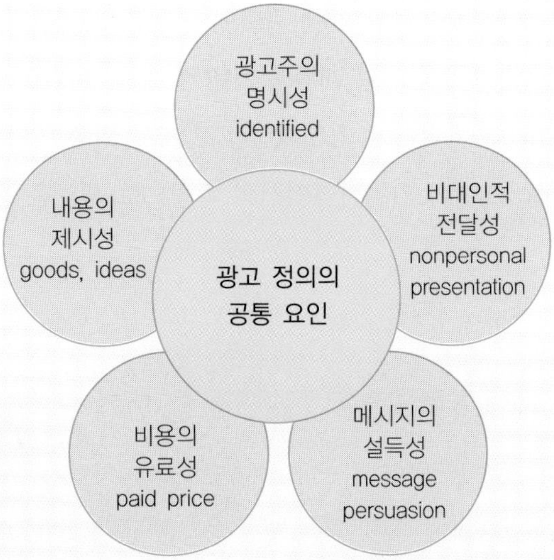

[그림 1-2] 광고의 정의에 필요한 5가지 요인

출처: 김병희(2013b).

기 또는 다른 사업자, 사업자 단체의 상품 등의 내용, 기타 그 거래에 관한 사항을 신문, 잡지, 대통령이 정하는 방법으로 소비자에게 널리 제시하는 것을 말한다."라고 정의하고 있다. 이와 같이 다양한 종류의 정의 속에서 우리가 주목할 점은 비용의 유료성, 내용의 제시성, 비대인적 전달성, 명시된 광고주의 명시성, 메시지의 설득성이라는 5가지 특징이다(한상필, 김병희, 2012). 앞의 광고의 3가지 공통점, 즉 유료, 비대인적인, 명시된 광고주의 행위 등에서 내용의 제시성, 메시지 설득성이 추가된 새로운 정의다.

더불어 뒤에서 설명될 IMC에 이어 '전자적 통합 마케팅 커뮤니케이션(E-IMC)'이라는 용어가 만들어지고, 몇몇 학자들은 기존의 광고 정의의 구성요소, 명시된 후원자, 유료의 형태, 설득과 영향, 비대인적 제시가 광고의 전 과정을 충분히 설명하지 못한다고 지적했다. 그래서 다시 광고 정의를 새롭게 내려야 한다는 의견이 제기된 바 있다(이시훈, 2007; 황장선, 2010).

변화하는 미디어와 스마트해진 소비자의 등장에 따른 광고환경의 변화는 새로운 광고 정의를 요구한다. 미디어에 인터넷, 콘텐츠를 더한 포털(portal) 개념의 '플랫폼'이라는 개념이 덧붙여졌고 이와 함께 미디어 콘텐츠의 구분이 명확하지 않게 되었다. 그럼으로 인해 광고의 정의와 개념은 기존의 매체, 미디어 중심이나 커뮤니케이션 중심보다는 넓고 포괄적이고 거시적인 의미에서 판촉, 프로모션(promotion), 마케팅 커뮤니케이션, 브랜드 커뮤니케이션의 과정으로 새로운 용어 정립의 필요성이 대두되고 있다.

표 1-2 광고의 정의

연구자	광고의 정의
John E. Kennedy (1894)	광고란 인쇄된 판매술이다(리대룡, 1990에서 재인용).
Advertising Age (1932)	광고는 광고주의 이익을 높이기 위한 아이디어, 서비스, 제품에 관한 정보의 전달이다.
미국마케팅협회 (AMA, 1948)	광고는 명시된 광고주가 행하는 아이디어, 제품, 서비스에 관한 유료 형태의 비대인적 설명 및 판매촉진 활동의 모든 것이다.

미국마케팅협회 (AMA, 1963)	광고란 명시된 광고주가 유료로 아이디어와 제품 및 서비스를 비대인적으로 제시하고 촉진하는 일체의 형태이다.
Tillman & Kirkpatrick (1972)	광고란 매스컴을 통해 전달하고 원하는 바를 이루기 위해 설득하는 것을 목적으로 하는 유료의 상업적 촉진형태이다.
미국광고대행사협회 (AAAA, 1976)	광고란 소비대중에게 자사 제품의 판매나 서비스의 이용을 궁극적인 목표로 삼고, 이에 필요한 정보를 미디어를 통해 유료로 전달하는 모든 활동이다.
Wright (1977)	광고란 대중매체를 통한 통제된 명시적 정보 및 설득이다.
Dunn & Barban (1986)	광고란 광고 메시지 속에 어떤 형태로든 명시된 기업이나 비영리조직 또는 개인이 다양한 미디어를 통해 특정 집단의 수용자에게 정보를 제공하거나 설득하고자 하는 유료의 비대인적 커뮤니케이션이다.
Bovee & Arens (1989)	광고란 확인 가능한 광고주가 대가를 지불하고 다양한 매체를 통해 제품, 서비스, 아이디어에 관한 정보를 전달하기 위한 설득적, 비대인적 커뮤니케이션이다.
Pride & Ferrell (1989)	광고란 대중매체를 통해 표적청중에게 전달하기 위한 조직이나 제품에 관한 유료의 비대인적 커뮤니케이션의 형태이다.
Wells & Burnett (1989)	광고란 명시된 광고주가 대중매체를 이용해 청중을 설득하거나 영향력을 행사하려고 하는 유료의 비대인적 커뮤니케이션의 한 형태이다.
리대룡(1990)	광고란 인증된 스폰서가 유료적이고 비대인적인 매스 커뮤니케이션 수단을 통해 제품이나 서비스를 판매하는 것이다.
한국광고학회(1994)	광고란 광고주가 청중을 설득하거나 영향력을 미치기 위해 대중매체를 이용하는 유료의 비대면적 의사전달 형태이다.
Arens (1999)	광고란 확인 가능한 광고주(스폰서)가 다양한 미디어를 통해 제품이나 서비스 또는 아이디어에 관해 통상적으로 비용을 지불하고, 대개는 사실상 설득적인 정보를 제시하는 비대인적 커뮤니케이션이다.
Wells, Burnett, & Moriarty (1999)	광고란 알려진 광고주가 수용자를 설득하거나 영향을 미치고자 대중매체를 이용하는 유료 형태의 비대인적 커뮤니케이션이다.
Advertising Age (1999)	광고란 판매, 이용, 투표, 승인에 영향을 미치기 위해 광고주의 비용으로 사람, 제품, 서비스, 운동 등에 대해 인쇄하거나 쓰거나 말하거나 그려서 제시하는 것이다.
김봉현, 김태용, 박현수, 신강균(2011)	광고란 명시된 스폰서로부터 대중매체를 통해 수용자를 설득하거나 영향을 줄 목적으로 전달되는 비대인적 커뮤니케이션이다.

김병희, 한상필(2012)	광고란 명시적 · 비명시적 광고 주체가 목표 고객에게 브랜드 자산을 구축하기 위해 직간접 매체를 활용해 내용을 전달하는 마케팅 커뮤니케이션 활동이다.
김병희(2013)	광고란 광고 주체가 수용자를 설득하는 데 영향을 미치기 위해 매체를 활용해 아이디어와 제품 및 서비스 내용을 전달하는 단계별 커뮤니케이션 활동이다.

출처: 김병희(2013a, 2013b, 2017); 김병희, 한상필(2012); 김봉현, 김태용, 박현수, 신강균(2011); 이두희(2006)에서 재인용 또는 재구성함.

2. 광고의 역할과 기능

1) 광고와 커뮤니케이션

앞의 〈표 1-2〉에 예시된 광고란 "알려진 광고주가 수용자를 설득하거나 영향을 미치고자 매스미디어를 이용하는 유료 형태의 비대인적 커뮤니케이션"(Wells, Burnett, & Moriarty, 1999)이라는 정의는 광고의 커뮤니케이션 기능을 강조하고 있다.

광고는 정보(information)를 제공해 설득(persuasion)을 해야 하고, 통제적(controlled), 명시적(identifiable) 특성을 지녀야 하며, 매스미디어를 통해 전달해야 한다는 커뮤니케이션 기능을 강조했다. 커뮤니케이션 이론에서 커뮤니케이션이란 "송신자의 메시지를 수신자에게 전달하는 과정"이라고 정의한다. 광고는 분명 커뮤니케이션으로서 역할을 하고 광고의 '정보'와 '설득'이라는 특징에 초점을 맞춘다.

광고는 제품에 대한 정보를 제공해서 사용자인 소비자들에게 다양한 혜택을 제공한다. 광고는 소비자에게 쓸데없는 조사 시간을 줄여 주고 어떨 때는 경쟁사 제품에 대한 정보도 슬쩍 알려 준다. 그러나 현대의 광고가 제품에 대한 정보를 제대로 전달하지 않는다는 비판에 봉착하기도 한다. 광고의 속성상 보이지 않는 상대방에게는 일면적(one-sided)인 정보만을 전달하고 특히 최근 제품 이미지 구축에 치중해 제품의 가격, 판매처, 품질 등에 대한 객관적인 정보를 충분히 제공하지 않는다는 공격을 받기도 한다.

다음으로 광고의 역할과 기능을 살펴보고자 한다. 광고의 기능은 단순한 제품 정보를 전달하는 데 그치지 않으며, 커뮤니케이션학에서 이야기하는 표적청중 혹은 마케팅 용어로 표적소비자(target audience, target consumer) 혹은 사이에 제품이나 브랜드에 대한 차별적 선호도를 구축해 종국적으로는 제품 구매를 하도록 설득 혹은 유혹하는 것이다. 이러한 광고의 설득기능은 마치 판매사원이 소비자들을 설득하는 것과 같다. 가판대에 있는 판매사원이 대면 커뮤니케이션을 통해 소비자가 해당 제품을 구매해야 하는 이유를 직접 설명한다면, 광고는 대중매체를 통해 집단적으로 표적소비자들을 비대인적으로 설득한다. 대인 판매(혹은 개인 판매)가 한 명의 고객을 대상으로 다양한 메시지를 전달하는 데 비해 광고는 다수의 고객을 대상으로 제품 및 서비스와 관련된 표적소비자들이 공통으로 가지고 있는 필요와 욕구를 충족해 줄 수 있는 유혹적인 메시지를 사용한다.

광고는 커뮤니케이션으로서의 복합성으로 인해 전통적인 커뮤니케이션 과정과는 다른 양상을 보인다. 즉, 광고 커뮤니케이션은 그 메시지를 소비자에게 전달하고 의미를 공유하는 과정이고 은유적이면서 복잡한 체계를 이루고 있다. 전통적인 커뮤니케이션 과정은 우선 정보원(source)이 전달할 어떤 메시지로 기호학에서 말하는 부호화(encoding)를 하게 된다([그림 1-3] 참조). 이후 커뮤니케이션 채널을 통하여 수신자에게 마지막에 보내지는 과정이다.

그러나 광고에서 이루어지는 커뮤니케이션 과정은 커뮤니케이션학 이론에서 보다 복합적인 과정으로 이루어진다. 광고 커뮤니케이션에서 송신자인 광고주는 자본가

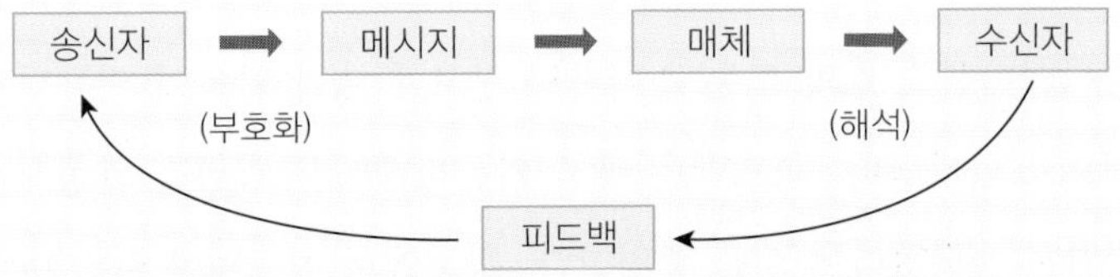

[그림 1-3] 커뮤니케이션 모형

출처: 김광수, 우성택, 권은아(2012).

로서 직접 참여하지 않고 간접적인 역할을 한다. 광고에서 명시되어 있는 광고주는 커뮤니케이션의 정보원으로 실제로 광고 제작에 참여 않고 자본 투자의 역할만 한다. 대신 광고대행사가 광고제작 참여를 한다. 그래서 커뮤니케이션 채널에서 수주를 주는 기업이 있는 반면, 크리에이티브 솔루션(creative solution)을 맡고 있는 카피라이터, 광고제작감독 등 대행사 소속 일련의 광고 전문가들이 있다.

마찬가지로 광고에서는 광고의 메시지도 다양한 형태로 제시된다. 카피라고 불리기도 하는 이 메시지는 소비자에게 최대한 소구를 하기 위해 짧은 혹은 긴 형태를 갖는다. 광고기획 시 가장 중요한 결정 가운데 하나는 어떤 종류의 메시지와 인물(모델)을 사용할 것인가이다. 메시지나 인물(모델)을 부호화(encoding)하는 과정에서, 광고 전문가들은 특정 소비자들을 이끌 수 있는 정서나 태도, 신념 등을 조사한다. 일단 정서나 태도, 신념 등이 확인되면 상징인 로고나 심벌(symbol)이 개발된다.

우리가 접하는 모든 광고는 수신자를 정확히 밝히고 있지 않다. 즉, 모든 광고의 메시지를 수신하는 일차적 수신자는 알려져 있지 않은, 즉 명시적이지 않은 '암시된 소비자(implicit consumer)'이고 주로 비대면적 광고는 숨어 있는 암시된 소비자를 대상으로 한다.

이들은 광고제작자가 이상적인 소비자로 상상해 놓은 광고의 목표청중(target audience)이다. 광고에서 암시된 소비자 바깥에는 광고주의 기업, 기관의 광고 관련 임원을 비롯해 그 광고의 게재 여부를 결정하는 사람들이 있다. 광고의 마지막 수신자는 광고의 표적 대상자를 구성하고 있는 현실 세계에서 생활하는 소비자들이다. 즉, 실제로 광고되는 제품이나 서비스를 구매하는 '실제 소비자들(real consumer)'이다.

광고 커뮤니케이션의 효과 또는 소비자의 광고에 대한 반응이 커뮤니케이션 모형에서 피드백으로 나타난다. 피드백은 광고 커뮤니케이션 과정을 완성시키는 것으로 광고 메시지가 수신되었다는 것을 증명한다. 광고에서 피드백은 다양한 형태로 나타난다.

2) 광고와 마케팅

광고는 경영학에서 볼 때 '마케팅의 한 요소'로 분류한다. 광고는 마케팅의 한 수단으로서 기업경영을 포함한 조직경영에 중요한 역할을 한다. 마케팅 수단으로서 광고는 제품이나 서비스, 아이디어의 촉진 또는 판매를 강조한다. 즉, 광고는 정보 전달과 설득을 목적으로 하는 목표지향적 커뮤니케이션이기도 하지만, 다른 한편으로는 촉진이나 판매를 목적으로 하는 마케팅의 일환이기도 하다. 이 때문에 광고와 관련하여 마케팅을 이해할 필요가 있다.

광고는 마케팅에서 촉진 및 프로모션(promotion) 수단으로 가장 많이 쓰인다. 따라서 광고는 설득 커뮤니케이션이기도 하지만 마케팅 커뮤니케이션의 한 형태이기도 하다. 왜냐하면 광고는 시장에서 이루어지는 마케팅이라는 불리는 과정에서 일어나는 커뮤니케이션이기 때문이다. 다른 한편으로 광고는 매스커뮤니케이션이며 돈을 지불하는 유료 커뮤니케이션이기도 하다. 그러니까 광고는 마케팅 상황에서 설득적으로 그리고 매스미디어를 통해 유료로 이루어지는 복합적 양상을 띠고 있다.

광고와 관련하여 마케팅의 의미를 살펴보자. 마케팅은 하나의 시장에서 일어나는 과정으로 제품 개발, 제품의 전략 가격 책정, 커뮤니케이션 과정을 통해 제품촉진이라고 부르는 프로모션 혹은 거대 그물망 같은 유통망을 통해 소비자들이 구매가 이루어질 수 있도록 하는 일련의 선택 과정이다. 이 마케팅 과정의 종국적인 목적은 기업의 제품 · 서비스를 원하는 소비자와 결합시키고 반대급부로 기업이 이익을 얻는 것이다. 광고는 이 과정에서 소비자들에게 기업의 제품 · 서비스의 필요 충족 가치에 대한 정보를 전달하거나 설득하기도 하며, 연상 작용을 통해 상기시키는 역할을 한다.

마케팅의 주요요소는 소비자의 필요나 욕망을 인지하고 그것을 충족시킬 수 있는 제품 · 서비스의 효용성과의 관계이다. 이를 위해 마케팅 담당자들은 소비자의 욕구나 욕망, 필요 등을 조사하고 여기에서 나오는 시장정보를 이용해 소비자의 욕망을 충족시켜 줄 수 있는 제품이나 서비스를 만들어 낸다. 예를 들어, 노동이 들어간

손빨래에서 세탁기의 탄생은 여성의 육체적 필요에서 만들어졌고, 삼성, LG와 같은 가전제품사는 앞다투어 여성의 편리함이라는 욕망을 자극하는 세탁기 광고를 하고 있다.

모든 경제, 유통은 교환에서 비롯된다는 말이 있다. 미국마케팅협회가 한때 정의한 이 마케팅 개념에서 "개인이나 조직이 지각하고 있는 필요나 욕망, 목표를 만족시킬 수 있는 '교환(exchange)' 가치를 만들어 내는 것이며, 교환은 마케팅이 지향하는 목적이기도 하다. 여기에는 관련된 3가지 개념, 즉 지각, 교환, 만족은 마케팅과 밀접한 관련을 가지고 있다"(이준관, 김형재, 2016).

광고에 등장하는 각종의 광고기법들은 소비자의 주의력을 사로잡고 필요 혹은 욕망 충족의 목표를 향하는 소비자의 구매감정을 자극하거나 소비자의 제품 · 서비스에 대한 가치를 인식시키기 위해 사용된다. 광고에 자주 등장하는 3B, 즉 Beauty(미녀), Baby(아이), Beast(동물)로 심리적으로 아름답고 깨끗한 환상을 심어 준다. 교환의 대가는 금전 등 무엇인가를 제공함으로써 원하는 제품 획득을 하는 것이다. 그리고 광고, 홍보, PR같이 소비자에게 그것을 전달하는 능력과 커뮤니케이션 방법이 있어야 하고, 그중 대표적인 방법으로 광고는 소비자들에게 제품 · 서비스의 이용 가능성과 선택 대안들을 인지시킴으로써 경제적 가치교환을 용이하게 해 준다. 마케팅의 궁극적인 목적은 단적으로 소비자의 니즈(needs)를 읽고 이런 등가가치로서 만족시키는 것이다. 광고는 왜 소비자가 그 제품 혹은 서비스를 구매해야 하는지에 대한 '근거'를 마련해 주는 것이다. 또한 소비자가 한 구매행위를 정당하게 해 주며, 더 나아가 다른 사람에게도 그 제품 · 서비스를 구매하도록 설득함으로써 강화시켜 주고, 심지어 재구매까지 유도하는 기제를 쓴다.

요약하면 마케팅에서 광고는 기업이 소비자들의 필요나 욕구를 만족시킴으로써 시장에서 이익을 얻고자 하는 과정이다. 이 과정에서 광고는 소비자들에게 제품 · 서비스의 존재와 그 유용성에 대한 정보를 제공하고, 설득을 통해서 그들의 필요나 욕구를 만족시킬 능력이 있다는 것을 확신시켜 주는 역할을 한다.

3) 광고와 경제, 사회, 문화

광고는 소비수요를 자극해 우리의 경제생활을 풍요롭게 할 뿐만 아니라 경제성장을 가능케 한다. 이는 하나의 상품을 홍보 및 PR하고 판매이익을 높이려는 세일즈 마케팅 기능과 맥이 닿아 있으나 좀 더 포괄적인 기능이라고 할 수 있다. 또한 광고는 제품에 대한 수요를 창출함으로써 대량생산을 가능하게 하며, 제품의 생산원가를 낮추어 기업의 성장을 돕는다. 이 외에도 광고는 매스미디어를 통한 매스커뮤니케이션(mass communication) 형태로 많은 사람들에게 제품 · 서비스에 대한 정보를 제공함으로써 유통비용 절감에 도움이 되며, 인적판매를 용이하게 한다. 광고가 시작되어 대중의 호기심과 관심을 자극하게 되면 제품의 대량수요가 생겨나면서 어쨌든 대량생산이 필요하게 되기 때문이다.

광고의 경제적 기능은 제품 · 서비스 광고 등으로 분류되는 상업 광고에서 잘 나타난다. 주된 기능은 인적 · 물질적인 수요 창출, 산업의 시장 집중, 비용의 절감, 소득의 재분배 등이다. 한 사례를 보면 기업광고의 아이러니한 단면을 알 수 있는데 한

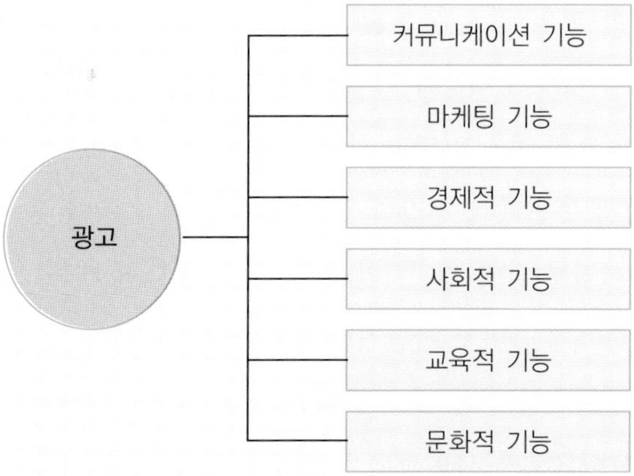

[그림 1-4] 광고의 역할과 기능

출처: 양영종, 한상필(2017).

기업의 분석 데이터에 따르면 경기가 좋지 않을 때 광고비용을 높이면 오히려 기업 수익률이 높아진다는 보고가 있다. 과거 2000년에 유럽의 경기 불황이 시작되었지만, 우리나라에서는 당시 인터넷광고의 인기로 광고비용이 증액된 사례가 있다. 이는 국제사회의 이슈와 무관하게 진행된 인터넷 강국으로서 우리나라 사례로 인터넷 광고의 우위를 보여 준다.

그러나 광고는 비용이라는 측면에서 결국 제품의 원가와 가격을 상승시키는 요인으로 작용하며, 대기업의 시장점유율을 강화시켜 독과점을 높이는 요인이 되기도 한다. 또한 특정 럭셔리 광고는 대중의 소비심리를 자극해 충동구매와 과소비를 조장한다는 비판이 들끓는다.

우리는 불식간에 반복적 노출을 통해 장기적으로 광고에 반영되어 있는 문화적 가치관에 영향을 받는다. 광고를 비판하는 이들은 광고가 제품에 대한 욕구를 창출하기 위해 새로운 문화를 만들어 냄으로써 이런 사회 · 심리적 통제 수단으로 발전해 왔다고 비판한다. 광고가 새로운 문화와 가치를 만들어 내는지 아니면 광고가 거울 효과로써 그 시대의 문화를 반영하는 것인지는 '닭이 먼저냐 달걀이 먼저냐' 논란같이 끊이지 않는다.

광고는 사회에 존재하는 많은 가치관 또는 문화를 창출하는 공기(公器) 같은 역할을 한다. 그래서 한 편의 광고를 통해 전달되는 메시지는 어떤 가치관을 부각시킬 수도 있고 반전시킬 수도 있다. 최근의 사례로, 기업의 사회적 책임(CSR) 내용을 담는 광고트렌드가 있는데 이는 기업과 사회가 공공, 공익도 중시한다는 뜻이다.

이와 함께 공익적 측면에서 건강한 사회 및 문화적 기능을 갖는다. 다시 말해서 광고는 공익적 메시지를 담아 건강, 인권, 환경 등에 대한 사회적 관심을 도모해 여론을 형성하여 대중에게 올바른 판단기준을 제공하기도 한다.

광고는 대중의 생활수준 향상 및 대중적인 소비문화를 반영하고 형성하며, 새로운 생활양식을 보급시킴으로써 사회적으로 바람직하게 변화시키는 기능을 한다. 예를 들어, 공익광고 캠페인(유방암 캠페인, 음주운전 캠페인, 금연 캠페인 등)이나 비영리 광고의 경우, 대부분 정부의 정책 홍보물이나 국민 의견을 묻는 광고물로서 정부나 공공기관, 지방자치단체가 시행하는 공익 · 공공 광고이다.

참고로 한국 최초의 공익적 광고는 1981년 12월, KBS 2TV에서 방송된 '저축으로 풍요로운 내일을'이라는 주제의 60초짜리 대국민 캠페인이다. 처음에는 TV, 라디오 등 방송 매체로 한정되었지만 차츰 잡지와 신문을 비롯해 극장광고, 지하철광고, 우편광고, 포스터 등까지 확대 게재되었다.

광고는 사회의 생활양식과 가치관을 상품화해서 라이프스타일을 포함한 문화양식에 지대한 영향을 미치기도 한다. 하지만 가끔 의료 · 의학 광고에서 보이는 '만병통치약' 같은 허위, 과대 메시지를 통해 소비자의 가치관을 혼란시키고 불필요한 과소비를 조장하는 폐단을 불러일으키기도 한다. 또한 여성이 과도한 노출을 하는 광고 등은 선정적 · 외설적 내용으로 청소년에게 무절제한 성적 충동을 일으키거나 사회의 보편적 가치관을 훼손시킬 수 있다.

광고는 소비자들에게 신제품 소개와 함께 그 사용법에 대해서 알려 주는 일거양득의 정보제공 매개체이다. 광고 비판자는 광고가 시간적 · 물리적으로 제한된 특성상 제품에 대한 완전한 정보는 제공할 수밖에 없기 때문에 소비자들이 합리적 선택으로는 이끌 수 없다는 주장을 한다. 반면, 광고 옹호론자들은 비록 광고가 제공하는 정보가 일반적이지만 장기적으로 소비자들은 이런 과정을 통해 광고의 속성과 소비시장 체계를 이해하게 된다고 반박한다.

3. 광고와 마케팅의 관계

1) 마케팅 관점에서의 광고 개념

앞에서 몇 개의 정의를 미국마케팅협회(AMA)는 한 세기 전인 1937년에 건립된 이후, 전 세계적으로 영향력 있는 학술지인 『Journal of Marketing』 『Journal of Marketing Research』 『Journal of International Marketing』 등을 출판함으로써 마케

팅 관련 개념들을 체계적으로 정리하고 알리는 역할을 하고 있다.

이러한 정의들은 마케팅 관점에서 광고의 개념을 대표해 왔으며 크게 네 가지 특징을 가지는데, 광고의 초창기의 일반적인 정의와 맞물려 있다.

첫째, 광고는 뉴스 가치만 있으면 무료로 게재되는 언론보도라는 의미의 퍼블리시티(publicity)와는 달리 유료의 형태로 노출된다. 광고주는 미디어의 지면, 시간 또는 온라인상을 빌려 광고 메시지를 노출한다.

둘째, 광고는 소비자들과 직접 대면하는 면대면(face to face)으로 이루어지는 대인 판매와 달리 다수의 소비자 또는 대중을 대상으로 제품이나 서비스를 통해 비대인적으로 제시된다.

셋째, 광고는 기업의 제품뿐만 아니라 아이디어 및 서비스를 전달하는 역할을 한다. 특히 여기에 기업 이미지 광고를 활용한다. 기업의 이미지 광고나 단순한 기업 홍보 광고에서 기업의 철학을 이야기하거나, 보험회사에서 제공하는 서비스를 표적 소비자(target consumer)에게 전달하는 것도 광고의 영역이다.

넷째, 광고에는 홍보, PR, 선전과는 차별화되는 요소로 '명시적 스폰서', 즉 이름을 내건 명시된 광고주가 있다는 것이 특징이다. 광고는 특정한 마케팅 목표를 달성하기 위해서 제품 또는 서비스 관련 정보를 전달하는 것이기 때문에 모든 광고물에는 특정한 광고주가 명시된다.

마케팅에서 본 광고개념은 광고학자 존 라이트(John Wright, 1977)가 앞서 〈표 1-2〉에서 정의를 했는데 구성요소로서 네 가지를 잘 지적하고 있다. 이 네 가지 기본 요소를 이해하는 것은 광고를 마케팅적 관점에서 보았을 때 여타 다른 촉진수단과 비교를 가능케 하는 수단이 됨을 알 수 있다.

첫째, 유료형태(paid form)란 글자 그대로 광고주가 각종 미디어의 지면이나 시간대를 돈을 주고 유료로 사서 '메시지'를 소비자인 독자, 청취자, 시청자에게 보낸다는 의미이다. 이러한 의미에서 어떠한 지불 형태 없이 회사나 상품에 대한 정보를 보내는 '언론 보도 형태'의 퍼블리시티와는 다른 것이다.

둘째, 비대인적 제시(nonpersonal presentation)는 광고는 비교적 다수이며 익명적이고 이질적인 대중을 대상으로 삼고 있다는 뜻이다. 광고는 그러므로 시장을 상대로 회사나 상품 등에 관한 다양한 정보를 제공한다. 따라서 광고는 영업을 뛰고 판매를 하는 세일즈맨과 고객 사이의 직접적인 대인접촉에 의한 제시와는 구분된다. 그래도 대면적(face to face) 거래행위는 대인판매(personal selling)로서 광고와는 사뭇 다른 것이다. 광고주의 명시, 명확한 제시는 비대인적이지만 제시된 정보에 대한 소비자의 수용은 개인적이다. 이는 광고 정의상의 매우 중요한 구분요소이다.

셋째, 아이디어(idea), 상품(goods), 서비스(services) 등 광고의 목적물은 소비자의 손에 잡히는 구체적인 상품만이 아니라 은행이나 항공회사 등이 제공하는 무형 서비스도 여기에 포함된다. 그런가 하면 기업광고나 공공 아이디어 등도 포함된다. 이에 따라 무엇을 팔고자 하느냐 하는 제품 종류에 따라 상품광고, 기업광고 따위로 나뉘는 것이다.

넷째, 명시된 광고주(identified sponsor)는 광고의 정의에서 주로 쓰이는 용어이다. 광고활동의 주체는 기업, 기관 등의 광고주라고 명명된다. 여기서 광고란 일정한 광고목적을 가진 특정 광고주에 의하여 의도적으로 취해지는 설득 행위이다. 특정의 광고주는 광고 메시지 가운데 소비자 혹은 대중에게 명시된다는 것이다. 그리하여 소비자는 일정한 광고는 누가 한 광고이며, 그 광고에서 제시한 상품에 대한 정보나 상품의 유용성과 소비자와의 약속에 대한 책임 소재를 확인할 수 있는 것이다. 즉, 광고는 광고주와 명백한 의도가 그 광고주의 고유한 회사명이며 브랜드와 함께 제시된다는 점에서 그렇지 못한 선전과 구별된다(김병희, 2017).

2) 마케팅 개념의 발달과 광고

(1) 마케팅과 마케팅 믹스의 연관성

그럼 마케팅이란 무엇인가? 마케팅에 대한 광고의 정의와 마찬가지로 미디어의 발전과 시대를 포함한 전반적인 사회환경의 변화와 함께 조금씩 변화해 왔다.

먼저 마케팅은 광고를 포함하는 개념인데, 마케팅과 광고의 연계성은 광범위한 계층에 정보를 전달함으로써 판매촉진(sales promotion)을 효율화한다는 접점이 있다. 기업은 궁극적 목적인 이윤추구를 위해 다양한 활동을 수행한다. 이들은 기업활동을 위해 자금을 유치하고 인력을 관리한다. 마케팅은 기업 영업활동에 보조를 하는 이윤창출 보조방법인 것이다.

마케팅 믹스는 목표시장에서 마케팅 관리자가 마케팅의 목표인 판매율, 시장점유율, 이익률 등을 달성하기 위하여 통제 가능한 마케팅 요소를 적절히 배합하는 것을 말한다. 가장 일반적인 요소로는 흔히 4P로 불리는 제품(Product), 가격(Price), 유통(Place) 그리고 촉진(Promotion)이 있다. 즉, 마케팅 믹스는 품질이나 스타일, 상표, 포장, 제품라인, 관련 서비스, 제품계획 등 제품요소, 가격수준이나 할인제도, 지불조건 등과 관계된 가격요소, 유통경로, 유통범위, 유통기관, 수송, 보관 등과 관계된 유통요소 그리고 광고, 홍보, PR, 퍼블리시티, 인적판매, 판매촉진 등과 관계된 촉진요소를 적절하게 결합해 마케팅의 목표를 달성하려는 활동이다.

따라서 광고란 독자적으로 이루어지는 것이 결코 아니며 제품, 가격, 유통 등의 요소들과 항상 서로 관련성을 가지면서 활동이 이루어진다. 예를 들어, 아무리 많은 비용을 광고에 사용한다 하더라도 제품의 품질이 낮거나 가격이 적합하지 못하고, 유통망을 제대로 갖추지 못했다면 그 광고는 쓸모없는 광고가 되며 마케팅활동도 효

표 1-3 마케팅 4요소(4P)

구성요소	내용
상품(product)	조사와 개발을 통해 다양한 특성을 지닌 제품을 생산하며, 디자인이나 포장 · 브랜딩의 과정을 의미한다.
유통(place)	생산자에서 소비자에게로 상품을 이동시키는 과정을 지칭하는데, 도 · 소매상 등의 마케팅 채널을 포함한다. 상품저장 및 물건 주문과 배달 등의 활동이 해당된다.
가격(price)	상품에 대한 금전적 가치를 뜻하며, 가격정책을 어떻게 수집할 것인지에 초점을 맞춘다.
촉진(promotion)	소비자와 잠재적 소비자집단에 커뮤니케이션할 수 있는 다양한 수단을 의미한다. 인적판매(personal selling), 판매촉진(sales promotion), 홍보, 광고 등이 대표적 도구이다.

출처: 김광수 외(2012).

용이 없게 된다.

광고는 마케팅 믹스의 4가지 요소 가운데 하나인 촉진요소이다. 촉진은 기업이 공급하는 제품 · 서비스 등에 대해 소비자들에게 정보를 제공하고 나아가 그들을 설득하기 위해 이루어지는 여러 활동을 말한다. 촉진활동에는 주로 광고, 홍보, PR, 퍼블리시티, 인적판매(개인판매), 그리고 판매촉진 등이 주요 수단으로 이용되는데 이들을 흔히 촉진믹스(promotional mix)라고 부른다. 이들은 뒤에서 다룰 IMC 촉진도구로 쓰이는 개념들이기도 하다.

그러니까 광고는 마케팅 믹스의 촉진요소의 한 부분으로 다른 촉진요소에 비해 특히 강조되어 있다. 하지만 최근에는 광고 이외에도 다른 촉진요소와 더불어 여러 요소가 있다는 사실을 인식하고, 이들 촉진도구들의 전략적 역할을 평가하여 명확하고 일관된 메시지를 전하는 통합적 마케팅 커뮤니케이션(Integrated Marketing Communication: IMC)을 강조하고 있다. 통합적 마케팅 커뮤니케이션은 목표시장의 소비자들이 적절한 제품이나 서비스를 적절한 장소에서 적절한 가격으로 구매할 수 있도록 커뮤니케이션을 하는 모든 수단이 포함된다.

(2) 마케팅 커뮤니케이션에서 통합적 마케팅 커뮤니케이션(IMC) 개념으로의 변화

시대적으로 인터넷과 모바일이 중요 커뮤니케이션 도구로 등장하면서 마케팅 모델을 세울 때 소비자와의 커뮤니케이션 사례를 토대로 마케팅 전략을 세우기 시작했다. 마케팅 커뮤니케이션은 기업이 제품마케팅을 위해 사용하는 모든 커뮤니케이션 수단을 관리하는 활동이다.

마케팅 커뮤니케이션을 잘 활용하여 고객과의 관계 구축에 성공한 예로 1980년대 미국의 아메리카 항공사를 들 수 있다. 당시 항공사 간의 무한경쟁 시대에 들어와서, 가격 경쟁 또한 치열해졌다. 아메리카 항공사는 가격경쟁을 피하고 고객을 지속적으로 확보하기 위해 '애용고객 프로그램'을 처음으로 실시했다. 지금의 마일리지 프로그램과 같은 개념으로 항공기 탑승 횟수에 따라 고객점수를 부여하고, 무료항공권 및 렌터카 연계서비스를 제공하고, 그 외 호텔이나 식당 등과의 협약으로 혜택을 주고, 인센티브를 제공하는 방안을 마련했다.

이렇듯 IMC 전에 '마케팅 커뮤니케이션'이라는 개념이 먼저 있다. 여기에 통합적 개념이 덧붙여진 것인데 어쩌면 통합이라는 개념보다 '전략적'이라는 개념이 더 적합할 수도 있다.

광고, 홍보, PR, 판촉, 프로모션 등을 망라하여 전체 마케팅 활동 안에서의 커뮤니케이션을 하는 행위를 마케팅 커뮤니케이션이라고 부른다. 앞에서 언급한바, 마케팅 커뮤니케이션은 좁은 의미로 판촉, 프로모션 믹스에 해당되는데, 이 과정에서 광고는 마케팅에서 프로모션의 한 도구가 된다는 뜻이다. 넓은 의미로는 이 과정에서 통합 마케팅 커뮤니케이션의 개념이 적용될 수 있다. 여기에는 유통경로, 상품 패키지, 브랜드네임 등까지 소비자에게 무엇인가 정보를 제공해 주는 모든 것을 아우르는 도구로, 이로써 간접적 광고가 된다는 것이다.

전통적인 마케팅 커뮤니케이션에서 IMC로의 발전은 소비자를 중요하게 보는 관점의 개입이 시작되었다는 것이다. 미디어 발전과 그 환경변화 그리고 소비자의 변화에 따라 새로운 커뮤니케이션 방식이 필요했기 때문이다.

IMC(Integrated Marketing Communication)는 글자 그대로 **통합 마케팅 커뮤니케이션**으로 부른다. 미국에서 시작된 개념으로 마케팅 업계 및 학계에서 1980년대 말에서 1990년대 초반에 대두되기 시작했다. IMC에 관한 최초의 저서는 마이클 레이(Michael Ray)가 쓴 『광고와 커뮤니케이션 매니지먼트』(1982)가 있지만 개념적으로 훨씬 이전부터 전략적 차원에서 유용하게 사용되었다.

기업 마케팅을 대행하는 업체들의 모임, 미국광고대행사협회(AAAA, 1989)는 IMC의 도구들과 함께 그 정의를 잘 설명하고 있다. "단순광고, SP(Sales Promotion), 홍보, PR, 이벤트, DM(Direct Marketing, 직접마케팅), POP(Point of Purchase, 구매시점 판촉물) 광고 등 다양한 커뮤니케이션 수단들의 전략적인 역할을 비교, 검토하고, 명료성과 정확성 측면에서 최대의 커뮤니케이션 효과를 거둘 수 있도록 이들을 통합하는 총괄적인 계획의 수립과정"으로 정의하고 있다. 각각 개별적으로 활동하는 것보다 시너지효과를 창출할 수 있는 조합으로 실행하는 것이다.

IMC에도 마케팅의 전략적 개념인 4P(Price, Place, Product, Promotion), 즉 '마케팅 믹스'를 활용한다. 1990년 이후 앞의 단순광고, SP, 홍보, PR, 이벤트, DM, POP 광고 등의 수단으로 더 다양화되었다. 올림픽이나 월드컵 등의 각종 스포츠마케팅, 기업아이덴티티(corporate identity), 통합브랜드, PPL(Product Placement, 제품배치 또는 간접광고), 체험마케팅 등은 IMC 개념 안에서 이해될 수 있다. IMC는 광고의 포괄적 · 거시적 혹은 확대 개념으로서 최근 미디어 발전과 소비자 환경에 적합한 형태로 발달하여 적용되고 있음을 알 수 있다.

『감성 경영 감성 리더십』(2004)에서는 성공적인 IMC에 대해 이렇게 설명한다. "성공적인 IMC를 위해서는 '일치성과 보완(Consistency and Complementarity: C&C)'이라는 개념이 필수적이다. 일치성(consistency)은 여러 커뮤니케이션 수단이 서로 지켜야 하는 최소한의 요건이라 할 수 있다. 여러 수단이 서로 모순적인 메시지를 전달해서는 안 된다는 뜻이다. 보완성(complementarity)은 여러 수단이 상호 부족한 부분을 보충하는 역할을 감당해야 한다는 뜻이다. 예를 들면, 광고의 한 장면을 제품 포장에도 삽입함으로써 광고와 광고주를 정확하게 기억할 수 있게 돕는 것이다.

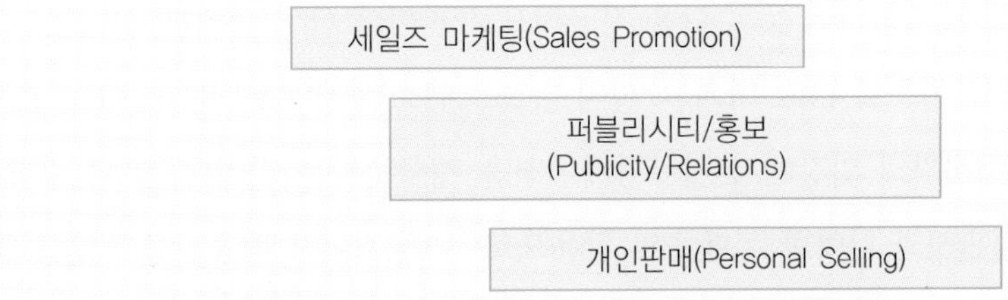

[그림 1-5] 촉진 믹스: IMC 도구들

이러한 경향을 반영해 볼 때, IMC는 여러 가지 측면이 있음을 인지할 수 있다. 통합적 마케팅 커뮤니케이션이라는 용어보다 어떤 상황에 맞는 '전략 · 전술에 쓰이는 마케팅 커뮤니케이션'이라는 의미로 '전략 마케팅 커뮤니케이션'이라는 용어가 더 적합하다고 하겠다.

(3) IMC 차원의 광고와 유용성

이른바 디지털 시대의 새로운 커뮤니케이션 수단인 미디어의 등장과 함께 소비자의 미디어 사용은 빠르게 변화하고 있다. 심지어 국내의 경우도 TV, 신문, 잡지, 라디오, 옥외, 온라인 등 매체별 이용 비율이 달라진 양상이다. 앞의 4개의 전통적인 레가시 미디어에서 인터넷, 온라인과 모바일로의 역전현상이 나타나고 있는 것이다.

매체 이용 비율의 변화와 함께 새로운 마케팅 니즈(needs)가 떠오르고 있다. 단적으로 광고 이외의 마케팅과 함께 촉진(promotion) 활동의 중요성이 대두되었기 때문이다. 아울러 세분화된 소비자 층의 등장과 매체시장의 세분화 현상이 나타나고 있기 때문이다. 최근 이런 미디어와 커뮤니케이션의 발달 등으로 광고라는 개념 자체가 흔들리고 있는데 광고라는 단어 대신 마케팅 커뮤니케이션 혹은 IMC라는 용어를 즐겨 쓰고 있다.

사실 광고는 촉진, 프로모션 믹스 안에서 하나의 수단에 불과하다. 하지만 거대 담론인 IMC 안에서는 광고 이외의 홍보, PR, 인적판매, 판촉, 제품의 사양, 유통의 효과까지 넓은 범위까지 아우르고 있는 것이다. 그래서 단순히 광고 같은 수단으로 뿐만 아니라 그야말로 거대 담론에서 표적(target)에 도달하는 데 있어 가장 효과적일 수 있는 매스미디어 등 수단을 적극적으로 찾아야 할 시점이다.

미국에서 최초로 IMC 학과를 설치한 노스웨스턴 대학교 돈 슐츠(D. E. Schultz) 교수는 "소비자의 입장에서 커뮤니케이션을 재구축하는 것이다."라고 주장하며, 메시지의 일관성과 다양한 콘텐츠의 활용으로 인한 소비자 행동반응의 중시를 지적했다. 초기 광고나 판매촉진에 초점이 맞춰져 있었던 IMC가 요즈음 소비자 · 고객 중심으로 재편성되고 있는 것은 이러한 특성을 반영한 것이다.

또한 배달의 민족으로 대표되는 배달 애플리케이션의 예로 볼 때 유통업의 발달로 식품 업체뿐만 아니라, 예를 들어 배달하는 소매업자의 자발적 역할 또한 중요해졌다. 그리고 다양한 중간상들의 등장으로 이들에 대한 다양한 촉진활동이 요구되고 있다. B to B(Business to Business), B to C(Business to Customer) 등 비즈니스 대 비즈니스로, 비즈니스 대 소비자로 등 고객 접점의 다양화도 마케팅에서는 관건이 되는 것이다. 따라서 데이터베이스(database: DB) 마케팅의 등장으로 제품 소비자인 고객들과 개별적인 관계구축이 절실하게 되었다.

단순한 광고뿐만 아니라 SP라는 판매촉진 활동, 이벤트, 홍보, 소비자와 직접교류하며 벌이는 판촉활동으로 DM, 판매점 주변에 전개되는 광고와 디스플레이류 POP 광고 등으로 그 유형과 의미가 확대되었다.

이는 유통망의 혁신적 변화와 맞물려 있는데 아마존(Amazon), 월마트(WalMart) 같은 세계적 유통망까지 생기고 모든 업무가 컴퓨터로 처리 가능한 POS(Point of Sales, 판매시점 정보관리), 즉 컴퓨터 시스템으로 팔린 제품에 대한 정보를 판매 시점부터 기록함으로써 집중적으로 관리 가능한 체계가 보편화됨으로써 관리가 쉬워

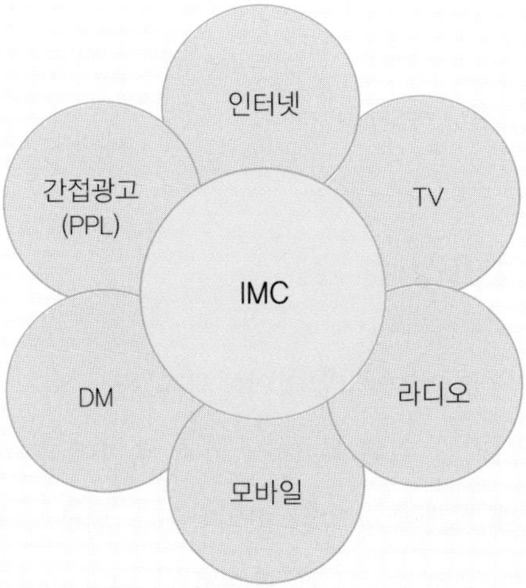

[그림 1-6] IMC의 개념

졌으며 광고와 판촉, 프로모션의 연계도 더 용이하게 되었다. 그뿐만 아니라 이들 다국적 유통 회사는 아마존, 월마트 애플리케이션을 개발해 내어 쇼핑하는 장소의 판촉, 프로모션 정보와 소비자가 쇼핑 시 직접 결제를 가능하게 하는 연계 플랫폼을 개발해 내어 편리성을 강화시켰다. 이와 아울러 이들 회사는 단순한 광고 형식의 플랫폼에서부터 사회 활동과 연계된 플랫폼까지 매우 다양한 플랫폼을 제공하여 그야말로 소비자의 편리성을 도모시키고 있다.

매스 커뮤니케이션(mass communication)이라는 매체가 마케팅 채널 및 도구로서 쓰이고 있을 뿐만 아니라 다양한 쌍방향 매체의 등장도 광의의 마케팅적 광고에 좀 더 세부적인 활동들을 요구하고 있다. 시대적으로 케이블TV, 위성TV 등의 출현과 함께 기술적으로 인터랙티브 미디어(interactive media) 혹은 스마트TV라는 쌍방향 기술을 활용한 미디어 매체의 등장 등이 이를 부추기고 있다. 소비자층도 세분화되었는데 신세대라는 용어는 이제 2000년대에 태어난 밀레니얼(Millennials) 세대 혹은 최첨단 Z세대라는 말로 대체되고 있으며 주요 소비계층으로 자리 잡고 있다.

IMC의 성공적인 실행을 위해 강력하고 통일된 브랜드 이미지를 구축하고 세대(generation)로 대표되는 다양한 소비자를 구매행동으로 이끌기 위한 각 매체와 미디어별 커뮤니케이션의 역할 조정이 필요하다. 소비자는 제품을 직접적으로 경험하고 반응한다. 따라서 IMC에 기초한 전략은 실행뿐만 아니라 다양한 소비자 반응을 측정하고 관리하는 것이 필요하다.

3) 마케팅 광고의 중요성

마케팅은 왜 필요한가? 앞의 마케팅 정의에서 말했듯 시장 경쟁에서 승리하기 위해 혹은 이미지를 전환시키기 위해 등 여러 가지 측면에서 이야기할 수 있다. 궁극적으로는 더 많은 기업과 기관에 유리한 이익창출을 위해서라고 할 것이다. 그렇다면 마케팅에서 광고, 즉 **마케팅 광고**는 왜 필요한가? 마케팅에서 촉진, 프로모션의 한 도구로서 광고는 여전히 효과적이고 그 영향력이 크기 때문이다. 마케팅 광고는 글자 그대로 '시장과 판매'라는 의미가 선제되는 개념이라 어느 시대건 필요하고 중요한 개념이다.

마케팅 광고란 마케팅 커뮤니케이션 혹은 크게는 IMC라고 부르는 '통합 마케팅 커뮤니케이션'을 일컫는다. 여기서 광고는 매스미디어를 거부하는 것이 아니라 마케팅 보완재로서 세부요소인 홍보, PR, 이벤트, DM, POP 광고 등과 함께 그 역할을 극대화한다. 통합 마케팅 커뮤니케이션이라고 불리는 IMC는 앞에서 언급한 것과 같이 마케팅의 전략적 개념인 4P(Price, Place, Product, Promotion), 즉 '마케팅 믹스'를 도구적으로 활용한다. 각종 스포츠 마케팅, 기업 아이덴티티(Corporate Identity: CI), 통합 브랜드, PPL, 체험 마케팅, 상품 패키지, 브랜드네임 등도 IMC의 일환이므로 마케팅 광고의 효과 극대화를 위해서는 이를 함께 활용해야 한다. 모두 알릴 수 있는 통로 · 수단은 IMC의 도구로 광고의 기능 및 역할을 한다는 것이다.

1절의 '3) 변화하는 광고 개념'에서 미디어의 변화와 스마트해진 소비자의 등장에 따른 광고 환경의 변화는 새로운 광고의 정의를 요구한다고 했다. 미디어에 '플랫폼'이라는 개념이 덧붙여져, 유튜브가 대세가 되고 있는 상황에서 유튜브 광고는 신문, 라디오, TV, 잡지 등의 레가시 미디어 광고보다 큰 영향력을 발휘하고 있다. 다양한 양상과 형태의 마케팅 광고 시대, 미디어와 플랫폼에 대한 연구가 무엇보다 중요해졌다.

이와 함께 플랫폼 개념과 함께 콘텐츠의 개념 구분도 명료하지 않은 시대가 되었다. 사실 그럼으로 해서 광고의 정의와 개념은 기존의 매체 · 미디어 중심이나 커뮤니케이션 중심보다는 넓은, 포괄적인, 거시적인 의미에서 판촉(promotion), 마케팅 커뮤니케이션, 브랜드 커뮤니케이션의 과정으로 용어 정립이 필요하다. 여기서 마케팅 광고의 중요성이 다시 시사된다.

마케팅 커뮤니케이션으로서의 마케팅 광고 혹은 더 포괄적 · 거시적으로 통합 마케팅 커뮤니케이션에서 광고의 개념 정립이 필요한 것이다. 스마트 미디어를 통한 광고가 증가하고 기업과 소비자가 소위 인터랙티브 미디어를 활용한 광고, 즉 상호작용하면서 정보를 교환하는 형태의 광고가 증가일로에 있다. 소비자는 수동적인 광고 수용자에 그치지 않고 적극적인 참여자, 정보제작자 겸 발신자로 거듭나고 있는 것이다(최환진, 2011).

미디어의 변화는 수용자에 대한 변화를 가져왔다. 전통적인 매체의 수용자는 매스 미디어가 보내는 획일적인 메시지를 수동적으로 받아들이는 존재였지만, 소위 ICT 발달에 따른 디지털 미디어의 등장에 따라 능동적인 수용자, 적극적인 생산자인 프로슈머(prosumer) 개념이 도출된다.

[그림 1-6]이 보여 주듯, 마케팅 광고의 시작과 끝 지점에는 매체라고 불리는 미디어의 발전이 있다. 마케팅 광고는 미디어라는 그릇에 의존하기에 그 변화 양상에 민감하게 반응한다. 이제는 미디어의 형태가 플랫폼과 콘텐츠와 함께 가기에 광고 마케팅의 도구 · 형태도 달라지고 있다. 마케팅 광고의 영향력은 점차 증대되고 있는 실정이라 사실 미디어는 마케팅 광고에 더 의존하게 되었다.

마케팅 광고는 소비자와 분리해서 생각할 수 없고 소비자의 의식에 다가갈 수 있는 매개체이다. 이와 함께 소비자들은 마케팅 광고로서 광고주나 기업의 제품 구매에서 얻는 물리적인 혜택 외에 어떠한 심리적인 편리성까지 경험하게 된다. 예를 들어, LG의 전자제품 마케팅 광고를 봤을 때 구매로도 연결되지만, 먼저 그 용도에 대한 정보습득으로 지식을 쌓는 데도 도움이 된다. 그리고 LG그룹이 주창하는 기업 슬로건, "Life is Good"은 개인 · 사회의 건강한 삶에 대한 가치관으로 '인생은 좋아'라는 긍정적인 메시지를 띄우고 있다. ■

제2장

광고와 마케팅 전략

김상훈(인하대학교 언론정보학과 교수)

1. 마케팅의 정의와 기능
2. 마케팅과 광고 관리
3. 마케팅 전략과 광고

◈◇◈

소비자에게 강한 인상을 남기는 광고를 할 것인가? 또는 판매에 직접 도움이 되는 광고를 할 것인가? 물론 강한 인상을 남기는 광고가 판매에 도움이 될 수도 있지만 반드시 그렇지 않을 수도 있다. 광고가 잘 제작되어 각종 상도 받았는데 제품이 팔리지 않는다면 아무 소용이 없을 것이다. 따라서 광고를 기획하고 제작할 경우에는 반드시 그 제품의 마케팅(marketing) 목표를 달성할 수 있는 전략하에 이루어져야 한다. 즉, 기업의 광고는 마케팅과의 일정한 목표하에 운영되지 않으면 효과를 극대화할 수 없다. 마케팅이란 기업과 고객 간의 교환이나 거래 행위를 원활하게 하는 활동이다. 마케팅이라는 용어는 시장(market)에서 일어나는(~ing) 일이라는 뜻으로 해석할 수 있다. 마케팅은 시장분석, 즉 고객이 무엇을 원하는지를 명확히 하고 전략을 세울 때 기초 데이터가 된다. 이 장에서는 광고와 마케팅에 관한 이론을 소개하며, 어떻게 상호 연관되어 있는가를 알아보고자 한다.

1. 마케팅의 정의와 기능

1) 마케팅의 정의

마케팅의 정의는 1935년도 NAMT(National Association of Marketing Teachers)에서 처음 정의됐다. NAMT는 미국마케팅협회(American Marketing Association: AMA)의 전신이다. 최초의 마케팅에 관한 정의는 그 핵심이 'the performance of business activity'에 있다고 할 수 있다(서찬주, 2007). 그 후 마케팅에 대한 공식적인 정의는 1960년 AMA에 의해 처음 제시되었다. AMA는 마케팅을 "생산자로부터 소비자 또는 사용자에 이르는 제품 및 서비스의 흐름을 관리하는 기업 활동의 성과"라고 정의하였다. 이는 당시 마케팅을 주로 유통 기능적 측면에서 다루고 경제적 활동을 하는 영리기업만이 마케팅의 주체가 될 수 있다는 사고가 지배적이었음을 나타낸다. 이후 1985년 AMA는 다음과 같은 마케팅 정의를 내렸다. 마케팅은 "개인과 조직의 목적을 충족시키는 교환을 창조하기 위하여 아이디어, 재화, 서비스의 개발, 가격 결정, 판매 촉진, 유통을 계획하고 수행하는 과정"이다. 이후 21세기에 이르러서는 '고객가치'와 '고객관계관리'가 마케팅의 화두로 제시된 가운데, 2004년 AMA은 다음과 같은 **마케팅 정의**를 내렸다. 마케팅은 "조직체 및 그 이해당사자들에게 이익을 주도록 고객 가치를 창조하고 알리고 전달하며, 고객 관계 관리를 수행하기 위한 조직의 기능이며 일련의 과정"이다. AMA가 제시한 21세기 마케팅 정의에 따라 새로운 마케팅 패러다임의 3단계를 정리하면 〈표 2-1〉과 같다.

표 2-1 마케팅 패러다임의 3단계

	출발점	중심점	수단	목표
판매 개념	공장	제품	판매 및 촉진	매출 규모를 통한 이익
마케팅 개념	고객의 다양한 욕구	적절한 제공물과 마케팅 믹스	• 시장세분화 • 목표설정 • 포지셔닝	고객만족을 통한 이익
통합 마케팅 개념	개별적인 고객의 욕구	• 고객 가치 • 회사의 핵심 역량 및 협업 네트워크	데이터베이스 관리 및 협업 회사들과 연계한 가치사슬의 통합	고객점유율, 고객충성도, 고객생애가치를 통한 수익성 있는 성장

출처: Kotler, Jain, & Maesincee (2010).

2) 마케팅의 기능

마케팅의 기능은 무엇인가? 그것은 기업으로 하여금 고객을 끌 수 있는 제품을 내놓도록 지도하는 데 있다. 즉, 바른 제품을 바른 가격으로 바른 유통경로를 통하여 바른 시장에 내어놓고 그 제품의 장점을 바르게 알리도록 하는 데 있다. 여기서 '바르다'라는 말은 소비자의 관점에서 바르다는 뜻이고 기업으로서는 올바른 활동에서 이윤을 내야 하는 것이다(유필화, 김용준, 한상만, 1998).

마케팅의 특징은 다음과 같다. 첫째, 제품뿐만 아니라 서비스, 아이디어 등 교환가치가 있는 것이면 모두 마케팅의 대상이 될 수 있다. 둘째, 기업뿐만 아니라 대부분의 비영리 기관도 마케팅을 할 수 있다. 이 두 가지 특징을 고려하여 마케팅의 뜻을 알아보자. 마케팅이란 제품, 서비스, 아이디어를 창출하고 이들의 가격을 결정하고 이들에 관한 정보를 제공하고 이들을 배포하여 개인 및 조직체의 목표를 만족시키는 교환을 성립하게 하는 일련의 인간 활동이다. 만일 우리들 중 누가 렌터카 사업에 진출하기로 했다고 하자. 그러면 여러 가지 중요한 결정을 내려야 할 것이다. 이러한 결정들은 마케팅의 중요한 두 가지 개념을 설명해 주는 데 도움이 된다(양영종, 김상훈, 정결진, 2002).

첫째, 시장 선택(market selection)이다. 시장 선택이란 소비자의 어떤 욕구는 충족시키고 어떤 욕구는 충족시키지 않을 것인지를 선택하는 것을 말한다. 어느 조직이든지 매우 한정된 욕구만을 충족시킬 수밖에 없다. 어떤 기업도 모든 사람에게 모든 제품을 공급할 수는 없다. 둘째, 마케팅 믹스(marketing mix)이다. 마케팅 믹스는 마케팅 관리자가 마케팅 활동을 수행하기 위하여 쓸 수 있는 도구를 말한다.

2. 마케팅과 광고 관리

1) 마케팅 환경 분석

마케팅 계획을 성공적으로 수립하기 위하여 먼저 빠르게 변화하는 시장 상황을 분석해야 한다. 기업의 장기적인 미래에 영향을 미칠 요인을 기업 내외부 모두에서 분석하여 전략을 세우는데, 이때 가장 많이 사용하는 분석법이 3C 분석과 SWOT 분석이다.

(1) 3C 분석

3C 분석(3C analytics)에서 3C란 고객(Customer), 경쟁자(Competitor), 자사(Company)를 의미한다. 알파벳 첫 단어가 C로 시작하는 공통점이 있어 3C로 불리고 있다. 즉, 마케터 입장에서 자사 제품 그리고 경쟁업체와 자사를 분석함으로써 우위를 선점하려고 하는 전략으로 이해하면 된다. 마케팅에서 가장 중요하다고 생각하는 것은 차별화이다. 경쟁자보다 확실한 강점, 즉 차별화가 있어야 한다. 이는 특히 쉽게 모방이 불가능한 차별화일수록 좋다. 마케팅 3C는 이러한 내적 외적 요인을 분석해 자사의 차별화를 통한 시장에서 독보적인 위치에 갈 수 있도록 하는 전략이다(정희경, 2019).

① 고객(customer)

시장 규모와 성장률을 비교하여 해당 세분시장이 적절한 규모인지, 성장 가능성이 높은 시장인지 분석한다. 또한 각 세분시장별로 잠재 수요는 어느 정도인지 예측하여 전략을 세울 수 있다.

② 경쟁사(competitor)

현재의 경쟁자와 잠재적 경쟁자를 모두 포함하는 범주로 자사와 비교한 전략을 세운다. 현재의 경쟁사들이 위협적인지, 새로운 경쟁사가 시장에 들어올 수 있는 진입장벽이 높은지 분석한다. 자사의 강점과 약점을 내부적으로 분석하여 경쟁사에 대응할 수 있는 방안을 마련한다.

③ 자사(company)

기업의 목표와 자원, 시너지 효과를 평가하는 기준으로 기업의 목표와 마케팅 목표가 일치하는지 확인한다. 인적 · 물적 · 기술적 자원을 가지고 있는지 확인하고 기존의 브랜드 마케팅 요소들과 시너지를 일으킬 수 있는지 평가하여 마케팅 활동을 진행한다.

(2) SWOT 분석

마케팅 환경은 미시환경과 거시환경으로 구성된다. 미시환경(micro environment)이란 고객에게 제품과 서비스를 하는 능력에 영향을 미치는 영향요인이다. 이는 기업과 아주 밀접한 관계가 있는 것으로서 기업의 여타 부문, 원료 공급업자, 마케팅 경로 기업, 고객 시장, 경쟁자 및 공중 등으로 구성된다. 거시환경(macro environment)이란 좀 더 광범위한 사회적 영향요인이다. 이는 기업의 미시환경의 요인들에 영향을 미치는 것으로서, 인구통계적, 경제적, 자연적, 기술적, 정치적 및 문화적인 모든 영향요인을 말한다.

마케팅 전략의 본질은 차별화이다. 차별화는 경쟁우위를 만들어 내는 원천이다. 기업이 추구하는 전략적 차별화의 노력과 실행 역량은 성과에 중요한 영향을 미치므로, 차별화의 원천을 이해하기 위한 체계적인 접근이 요구된다. 마케팅 환경 분석은 사실의 나열에 그쳐서는 안 되며, 마케팅 전략 수립을 위한 정보로서의 가치가 있도록 정리되어야 한다. 이러한 정리를 체계적으로 가능하게 하는 방법이 SWOT 분석이다. SWOT 분석(SWOT Analysis)은 기업의 환경 분석을 통해 강점(Strength)과 약

	Strength	Weakness
Opportunity	**우선수행(SO전략)** 강점활용 기회 확대: 채널확대 / 세계화 / 사업다각화	**우선보완(WO전략)** 기회활용 위한 약점보완: 틈새시장 공략 / 기술개발 / 사업다변화
Threat	**RISK해결(ST전략)** 강점활용으로 위협 최소화: 전략적 제휴 / 정보화 / 차별화 전략	**장기보완(WT전략)** 생존전략: 매각 / 철수 / 우회 / 회피

[그림 2-1] SWOT 분석에 의한 경영전략

점(Weakness), 기회(Opportunity)와 위협(Threat) 요인을 규정하고 이를 토대로 마케팅 전략을 수립하는 기법을 말한다. 어떤 기업의 내부환경을 분석하여 강점과 약점을 발견하고, 외부환경을 분석해 기회와 위협을 찾아내어, 이를 토대로 강점은 살리고 약점은 죽이고, 기회는 활용하고 위협은 억제하는 마케팅 전략을 수립하는 것을 말한다(김진민, 김재영, 2017). 강점은 경쟁기업과 비교하여 소비자로부터 강점으로 인식되는 것은 무엇인지, 약점은 경쟁기업과 비교하여 소비자로부터 약점으로 인식되는 것은 무엇인지, 기회는 외부환경에서 유리한 기회요인은 무엇인지, 위협은 외부환경에서 불리한 위협요인은 무엇인지를 찾아낸다. 3C 분석이 현재 시장 현황을 분석한다면 SWOT 분석은 앞으로의 전략 수립에 더욱 중점을 두는 분석법이다([그림 2-1] 참조).

2) 마케팅 목표 설정

마케팅 환경에 대한 상황 분석이 이루어지면 조직의 마케팅 목표를 설정하여야 한다. 마케팅 목표는 모호하지 않고 명확해야(specific) 하며 계량적으로 측정할 수 있어야(measurable) 하며 달성이 가능해야(attainable) 한다. 또 결정된 목표는 적절해야(relevant) 하며, 정해진 시간 안에 충분히 달성할 수 있어야(time-bound) 한다고 한다. 따라서 매출을 극대화하는 것은 바람직한 마케팅 목표가 될 수 없다. 왜냐하면 구체적이지 못하고 극대화의 정도를 측정할 수 없기 때문이다. 마케팅 목표는 일반적으로 총 매출액, 총 판매량, 제품별 · 세분시장별 판매량, 시장 점유율, 매출 신장률, 총 이익률 등과 같은 것으로 나타낸다.

3) 마케팅 전략 수립

마케팅 전략은 설정된 마케팅 목표를 어떻게 달성할 것인가를 나타낸 것이다. 마케팅 전략은 기업이 특정한 경쟁상황에서 장기적인 고객과 이윤 목적을 달성하기 위한, 일관되고 적절하고 가능한 행동 원칙들이다. 구체적으로 마케팅 전략은 변화하는 환경 및 경쟁 상황에 적응하기 위하여 또는 상황적인 요소와 상관없이 기업의 마케팅 관련 노력들, 즉 마케팅 노력의 수준이나 마케팅 믹스나 자원의 배분과 같은 것들의 결정에 장기적인 영향을 미치는 목표나 정책 또는 법칙들이라고 할 수 있다. 마케팅 전략의 가장 기본적인 요소는 시장 세분화(segmentation)와 목표시장의 선정(target market selection), 포지셔닝(positioning) 및 마케팅 믹스(4P) 결정에 관한 의사결정 과정을 포함한다. 4P란 Product(제품), Price(가격), Place(유통),

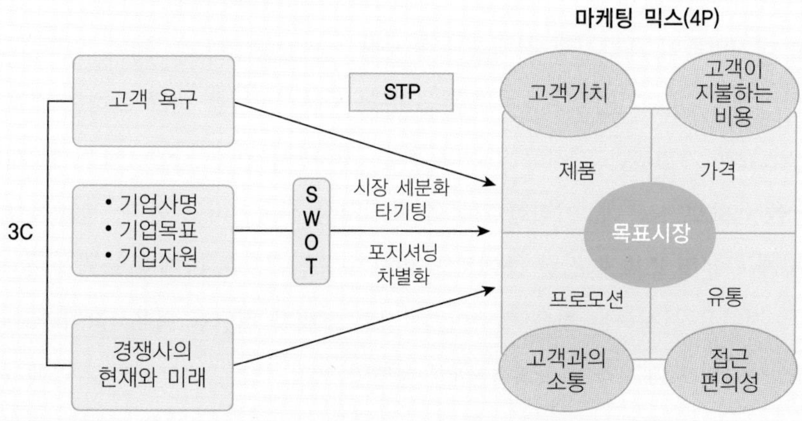

[그림 2-2] 마케팅 전략 수립 과정도

Promotion(프로모션)을 말한다. 이 네 가지 요소를 어떻게 잘 혼합하느냐에 따라 마케팅 효과를 극대화할 수도 그렇지 않을 수도 있다. [그림 2-2]는 마케팅 전략 수립에 관한 전체 과정을 그린 것이다.

(1) 시장 세분화와 목표시장 선정

시장 세분화는 마케팅 관련 의사결정의 가장 기본이라고 할 수 있는 분석이다. 시장 세분화는 곧 기업의 소비자가 누구인지를 파악하는 단계이기 때문이다. 시장 세분화는 자사 제품 혹은 경쟁 제품들을 살 가능성이 있는 사람들을 비슷한 사람들끼리 집단을 이뤄 놓는 것을 말한다. 즉, 시장 세분화란 소비자들의 다양한 욕구를 파악하고, 그 욕구들을 적절한 기준에 의하여 여러 개의 세분시장으로 나눈 것을 말한다. 욕구가 다르다는 것은 욕구를 충족시키는 방법이 다르다는 것을 뜻하며 이 때문에 서로 다른 욕구를 가진 시장을 충족시키기 위해서는 서로 다른 전략적 수단이 필요하게 된다. 만약 기업이 많은 자원을 가지고 있으면 시장의 다양한 욕구를 충족시킬 수 있는 다양한 수단을 개발할 수 있을 것이다. 그러나 기업의 자원은 한계가 있기 때문에 다양한 세분시장 전체의 개별 욕구를 모두 충족시키기보다는 경쟁의 강도, 경쟁 기업의 전략, 자사의 특성 등을 고려하여 소수의 세분시장만을 표적시장으로 선정할 수밖에 없다.

흔히 대기업들이 세분시장 전체를 목표시장으로 삼는 경우를 볼 수 있다. 그러나 자원의 한계가 있는 기업들은 1개 또는 소수의 세분시장만을 목표로 하는 경우가 많다. 이와 같은 기업들은 가지고 있는 자원을 고려하여 전부, 소수, 또는 한 개의 세분시장을 목표로 삼는데, 이러한 활동을 표적시장 선정이라고 한다. 목표시장 선정은 이렇게 구분된 소비자 집단 중에서 자회사가 중점적으로 마케팅 노력을 쏟아붓고자 하는 집단을 선정하는 것을 말하며, 선정된 소비자 집단을 **목표시장**이라고 한다. 시장 세분화 및 목표시장 선정과 다음에 설명할 포지셔닝은 대부분의 기업에서 일관되게 이루어지고 밀접하게 연관되어 있기 때문에 이러한 전략들을 통칭하여 STP 전략이라고 한다. 효과적인 시장 세분화를 위하여 세분시장이 갖춰야 할 요건은 측정

용이성(measurability), 접근 가능성(accessibility), 수익성(substantiality), 실행 가능성(actionability)으로 집약할 수 있다.

① 측정 용이성: 세분시장의 규모나 구매력 등을 측정할 수 있어야 한다.
② 접근 가능성: 기업의 특정한 마케팅 믹스 노력이 선정된 세분시장에 도달하기 쉬워야 한다. 어떤 세분시장은 법규나 사회적 제약, 유통상의 제약 요인으로 인하여 도달하기 어려운 경우도 있다.
③ 수익성: 세분시장의 규모가 충분하여 이들에게 적합한 마케팅 프로그램을 수행하는 데 들어가는 비용을 충분히 회수하고 이익을 창출할 수 있어야 한다.
④ 실행 가능성: 선정된 세분시장에 효과적인 마케팅 프로그램을 수립하고 집행할 수 있는 마케팅 관리자의 능력이나 자질을 말한다.

한편, 시장 세분화 변수란 전체 시장을 세분시장으로 나누기 위해 사용되는 개인이나 집단, 조직의 특성을 말한다. 예를 들어, 지리적 위치나 연령, 성별, 제품 사용률 등은 세분화 목적을 위해 사용될 수 있다. 세분화 변수를 선정하는 일은 시장을 세분화하는 데 있어 매우 중요한 단서이다. 일반적으로 시장을 세분화하는 데 사용되는 변수는 크게 네 가지 범주의 기준으로 나누어 설명할 수 있으며 〈표 2-2〉와 같다.

표 2-2 시장 세분화의 기준과 변수

시장 세분화 변수	이용 가능한 변수
인구통계적 세분화	연령, 성, 직업, 소득, 교육, 사회계층, 가족 수, 가족 수명 주기, 종교, 인종, 국적 등
지리적 세분화	지역, 도시 · 지방, 인구밀도, 도시규모, 기후 등
심리분석적 세분화	개성, 동기, 라이프스타일 등
행위적 세분화	사용여부, 사용률, 사용용도, 편익, 태도, 상표충성도 등

출처: Kotler et al. (2010).

(2) 포지셔닝

특정 세분시장을 목표시장으로 선정한 다음에는 고객들이 기업의 제품을 이상적인 것으로 인식하게 만들어야 한다. 이러한 과제는 제품의 **포지셔닝**(positioning)을 계획하고 실행하는 활동으로 가능해진다. 포지션(position)은 특정 제품이 소비자에게 중요한 속성을 기준으로 경쟁 제품들과 비교되어 차지하는 상대적 위치를 의미한다. 비교 기준은 가격, 품질, 기능, 스타일, 편익, 용도, 이미지 등의 제품과 관련된 속성과 비관련 속성이다. 한 제품의 포지션은 경쟁 제품과 비교하여 그 제품에 대해 소비자가 갖고 있는 지식, 인상, 느낌 등이 맞물려 형성되는데, 이러한 제품의 포지션을 계획하고 집행하여 선택한 목표시장의 고객들이 자사 제품을 경쟁사 제품과 비교하여 다르고, 뛰어나고, 특별하다고(홍성태, 2019) 인식시키는 활동이 포지셔닝인 것이다.

포지셔닝 전략은 무엇에 초점을 맞추어 강조함으로써 기업의 제품을 차별적으로 인식시키느냐 하는 것으로 그 구체적인 유형은 매우 다양하다. 실제로 기업에서 제품이나 서비스를 포지셔닝할 때, 하나의 전략에만 의존하지 않고 여러 개를 복합적으로 사용하는데, 차별화 요인, 시장 지위, 시장 진입 시기, 시장의 변화 등을 고려하여 어떤 전략 유형을 선택할 것인가를 결정해야 한다. 기업들이 사용하는 포지셔닝 전략의 유형 중에서 일반적으로 많이 사용되는 것들을 살펴보면 다음과 같다(김광규 외, 2017).

① **속성 중심의 포지셔닝**: 기업의 제품이나 서비스가 갖는 독특한 장점이나 특징을 강조하는 것은 가장 빈번히 사용하는 전략이다. 속성 중심의 포지셔닝은 시장 지위에 따라 다르게 추구되는데, 대체로 시장선도자는 가장 기본이 되는 제품의 특징을 강조하고, 추종자들은 경쟁사나 시장선도자가 이미 사용하고 있는 제품의 속성이나 특징보다는 다른 제품의 특징을 이용하여 포지셔닝한다.

② **사용 상황의 포지셔닝**: 사용 상황에 의한 포지셔닝 방법은 소구제품의 적절한 사용 상황을 제시함으로써 포지셔닝을 하는 것이다. 최근 광고를 하는 신선제품

[그림 2-3] 마켓컬리 광고 화면

출처: 데일리팝 홈페이지.

배송 서비스 '마켓컬리'는 '퀄리티있게 새벽배송, 마켓컬리'라는 카피를 가지고 오전 7시 전 배송을 하여 이용할 수 있다는 것을 부각시켰다([그림 2-3] 참조).

③ 사용자 중심의 포지셔닝: 목표시장에 속한 소비자 중에서 자사 제품의 사용자에 초점을 맞춤으로써 제품을 포지셔닝하는 방법이다. 특히 제품 특성이나 사용 상황과 함께 사용자를 표시하면 빠르고 확실하게 포지셔닝할 수 있다.

④ 경쟁 제품과 대비하는 포지셔닝: 경쟁 제품과 대비하여 포지셔닝하는 것은 주로 소비자 마음속에 강하게 인식되고 있는 시장선도 제품과 직접적인 비교를 통하여 경쟁 제품보다 탁월하거나 또는 비슷한 위치로 자리 잡고자 하는 전략이다.

⑤ 시장선도 및 시장선점을 강조하는 포지셔닝: 시장에서 선도적인 위치에 있는 데 초점을 맞춰 포지셔닝하는 것은 경쟁사보다 우월한 위치에 있는 일등 기업들이 많이 사용하는 전략 중 하나다.

⑥ 전통 및 성과를 강조하는 포지셔닝: 선도적인 지위를 과거에 누렸거나 혹은 동일한 업종에서의 사업을 오래 하고 있는 기업들이 주로 사용하는 전략이다. 과거부터 내려온 방법을 사용한다는 것을 강조하거나, 전통성을 이어받았다는 것으

로 일종의 권위를 누리려는 전략이다.

⑦ 사업 영역을 강조하는 포지셔닝: 사업 영역 및 제품계열의 종합성이나 전문성을 강조하여 자사 제품의 우수성을 강조하는 전략이다. 이는 다양한 제품을 포괄적으로 제공한다는 것과 한두 개의 제품만을 전문적으로 취급한다는 것은 각기 다른 인식을 심어 준다(예: 블루보틀 한국 진출 사례).

블루보틀, '커피공화국' 흔든다

[그림 2-4] 국내 주요 스페셜티 커피 전문 카페

스페셜티 커피 전문점 블루보틀이 상륙한 지 두 달여가 지났다. 서울 성수동과 삼청동 블루보틀 매장에는 지금도 긴 줄이 서 있다. 얼마나 기다려야 입장할 수 있는지 실시간으로 알려 주는 '눈치게임 애플리케이션'까지 등장했다. 반짝 유행이라는 주장도 있다. 하지만 전문가들은 짧은 유행에 그치지 않을 것으로 보고 있다. '블루보틀 효과'는 '커피공화국'으로 불리는 한국 시장의 지각 변동으로 이어질 것이라는 분석이다. 조짐이 나타나기 시작했다. 한국 시장을 눈여겨보던 아라비카, 인텔리젠시아 등 해외 스페셜티 커피 브랜드는 직접 진출을 준비하기 시작했다. 국내 업체들은 전략 정비에 나섰다. 스페셜티 커피 브랜드로 시작한 폴바셋은 도심 주요 매장을 접고 있다. 다른 커피 전문점보다 10~20% 이상 높은 가격, 대형 매장 원칙을 버렸다.

스페셜티 커피 수요가 블루보틀 등 다양한 곳으로 분산되자 대형 쇼핑몰과 호텔 내 매장 중심으로 전략을 바꿨다. 공격적으로 출점하던 할리스는 스페셜티 커피 전문 매장을 늘리기로 했다. 스타벅스는 작년에 이어 올해도 스페셜티 커피 전문 '리저브(R) 매장'을 계속 출점하고 있다. 이런 스페셜티 열풍은 홈카페 시장으로 이어졌다. 원두 로스팅기와 커피 분쇄기 등 커피 관련 기기 수입이 작년 3억 890만 달러(약 3,623억 원)로 사상 최대를 기록했다.

블루보틀의 두 번째 매장은 서울 삼청점으로 국립현대미술관 옆 멀리 인왕산이 한눈에 보이는 곳에 있다. 길가에서 공간을 한참 비워 둔 채 안쪽에 자리 잡아 자칫 그냥 지나칠 수도 있을 정도다. 원래 1호점 자리로 낙점됐던 곳. 건축 기간이 길어져 늦게 문을 열었지만 삼청점은 블루보틀의 철학을 온전히 담고 있는 공간이라고 평가받는다. 블루보틀 삼청점에는 카페에서 흔히 보던 의자와 테이블이 없다. 코르크로 만든 스탠딩 테이블이 미술 작품처럼 군데군데 놓여 있고, 붉은 벽돌로 만든 테이블이 있다. 1층은 현대 건축물로, 2층은 전통 가옥으로, 3층은 자연과 어우러지는 공간으로 설계됐다. 노트북을 켜고 일하거나, 누군가와 오래 앉아 이야기할 수 없는 구조이다. 오로지 커피 그 자체와 공간, 풍경에만 집중하도록 했다.

스타벅스 이후 20년간 이어져 온 한국의 전형적인 카페 문화를 블루보틀은 공간만으로도 정면으로 부정하고 있는 듯하다. 이는 스페셜티 커피의 철학과 맞물려 있다. '제3의 물결'이라는 이름으로 스페셜티 커피가 국내에 알려진 것은 몇 년밖에 안 됐다. 하지만 스페셜티 커피의 시작은 미국의 1970년대, 베이비붐 세대로 거슬러 올라간다. 스페셜티 커피는 대량 생산되는 커피에 대한 반항으로 등장했다. 미국의 베이비붐 세대는 1970년대 새로운 것에 목말라 있었다. 20세기 최고의 번영을 누린 세대. 해외여행도 이전 어떤 세대보다 많이 했다. 네슬레와 제너럴푸드, 프록터앤드갬블(P&G) 등이 커피 시장에서 격전을 벌이던 때였지만 사람들은 새로운 것, 더 좋은 것에 열광했다.

당시 커피 가격이 급등한 것도 스페셜티 커피 시장이 커지는 데 영향을 미쳤다. '검은 서리'라 불리는 20세기 최악의 혹한이 브라질을 덮치면서 커피 값이 크게 올랐다. 싸구려 커피 값까지 폭등하자 사람들은 "돈 조금 더 보태면 훨씬 맛있는 커피를 마실 수 있다"고 생각하며 스페셜티 커피를 찾기 시작했다. 1980년대 들어 미국 동서부 연안 대도시는 물론 시골 마을까지 스페셜티 커피 문화가 전파됐다. 하지만 1990년대 스타벅스가 공격적으로 확장을 시작하고, 글로벌 브랜드로 올라서면서 스페셜티 커피 문화는 잠시 주춤했다. 2000년 전후로 또 한 번의 변화가 생겼다. 획일적인 맛의 스타벅스에 대한 대안으로 블루보틀, 인텔리젠시아, 스텀프타운 등 현재 유명한 미국 스페셜티 커피 브랜드가 대거 등장했다. 이 붐을 일으킨 건 1980년대생, '밀레니얼 세대'들이다.

전문가들은 한국의 커피 시장이 스페셜티 커피 붐이 일었던 1970년대와 1990년대 말 미국 시장과 닮았다고 보고 있다. 인구 1인당 커피 섭취량이 세계 평균을 크게 웃돌고, 커피 시장은 10년째 '포화상태'라는 말이 따라다녔다. 스타벅스와 할리스 등 대형 브랜드가 20년 넘게 커피 시장을 키웠다면, 이제는 뭔가 다른 '퀄리티 커피'를 찾는 시점에 도달했다는 뜻이다. 블루보틀에 길게 늘어선 줄을 보며 해외 스페셜티 브랜드들도 들썩이고 있다. 홍콩에서 시작돼 일본, 프랑스, 싱가포르 등으로 확장하고 있는 아라비카 커피는 올 하반기 한국에 공식 진출한다. '프랑스의 블루보틀'로 불리며 일본에도 여러 개 매장을 낸 스페셜티 커피 브랜드 '쿠튐(COUTUME)'도 서울 시내에 매장을 낼 자리를 물색하고 있다.

원두 유통 사업을 주로 하던 미국 시카고의 인텔리젠시아 커피는 서울 성수동에 플래그십 매장을 내기로 하고 준비를 시작했다. 패션 브랜드 랄프로렌이 운영하는 '랄프커피'도 하반기 서울 1호점을 낸다. 커피업계 관계자는 "블루보틀 이전까지 대형 매장을 내는 것에 부담을 느끼던 스페셜티 브랜드들이 한국 시장의 가능성을 보고 공격적으로 진출을 준비하고 있다"고 말했다.

국내 커피업계는 전략을 전면 수정하고 있다. 스페셜티 커피 전문점으로 2009년부터 대형 매장, 프리미엄 가격 전략을 고수하던 폴바셋이 대표적이다. 최근 서울 세관사거리점, 목동점, 시청역점 등 약 10개 매장을 철수했거나 철수 준비 중이다. 대신 고정 수요가 있고, 임차료 리스크가 작은 쇼핑몰과 호텔 안 매장, 은행 내 '숍 인 숍' 등으로 자리를 옮기고 있다. 스타벅스는 2014년 1개에 불과하던 스페셜티 커피 전문매장 리저브바를 50여 개로 늘렸다.

토종 스페셜티 커피 브랜드도 주목받고 있다. 스타벅스가 20년 전 에스프레소 기반의 아메리카노 문화를 전파했다면 국내에는 2010년 전후로 개성 강한 자신만의 원두를 선보이는 브랜드들이 대거 생겨났다. 이들은 3~4년 전부터 매장을 2개 이상 복수로 운영하거나 홈카페 시장을 겨냥한 사업을 시작했다.

서울 도화동에서 시작한 프릳츠커피컴퍼니는 3개 지점을 운영하고 있다. 2000년 초 강원도 강릉에서 시작한 테라로사는 서울 광화문, 여의도 등 전국에 약 20개 매장을 냈다. 어니언카페, 펠트커피, 커피리브레, 앤트러사이트, 나무사이로 등 커피 브랜드들은 요즘 대기업의 플래그십 매장이나 주요 갤러리 등으로부터 입점과 협업 요청을 끊임없이 받고 있다. 삼성전자는 최근 '비스포크 냉장고'를 내놓으며 전시장으로 프릳츠커피를 택했다. 신세계 레스케이프 호텔은 헬카페를 입점시켰다.

출처: 한국경제(2019. 07. 20.).

(3) 마케팅 믹스

포지셔닝 전략이 수립된 후에는 표적시장의 범위 안에서 기업의 고객 집단과 경쟁사가 확정되며, 이로써 기업은 구체적인 마케팅 믹스 전략을 수립하게 된다. 마케팅 믹스(marketing mix)란 마케팅 전략이 추구하는 목표를 달성하기 위하여 흔히 4P라고 불리는 제품(Product), 가격(Price), 유통(Place), 촉진(Promotion)의 제요소를 효과적으로 결합하는 것으로, 마케팅 활동에 관한 의사결정의 중심적 과제이자 마케팅제 활동의 통합이다. 즉, 마케팅 목표에 대하여 형성된 표적시장에 따라 마케팅 관리자가 통제할 수 있는 마케팅 수단이나 각 요소를 조합하여 마케팅 전략을 전개하는 것이다. 즉, **마케팅 믹스**는 마케팅 전략을 구성하는 핵심으로서 표적시장에 대한 마케팅 수단, 방법을 선택하고 편성하는 것이라고 할 수 있다. 효과적인 마케팅 실행 프로그램을 수립하기 위해서는 통제 가능한 마케팅 변수들을 적절히 어울리게 믹스하여야 한다. 보통 4P의 영역이 마케팅의 주요 각론 영역이 되고 있지만, 오늘날에는 제품 변수 영역의 일부로 취급되었던 서비스의 중요성이 확대되고 있으므로 서비스를 독립적 변수 영역으로 다루기도 한다.

① 제품(Product): 상품, 서비스, 포장, 디자인, 브랜드, 품질 등을 포함하는 요소로 소비자의 욕구를 충족시키는 제품과 서비스를 개발하는 가장 핵심적인 마케팅 활동이다.

② 가격(Price): 기업이 제품에 매기는 가격으로, 가격 결정의 주요 요인으로 제품의 콘셉트, 타깃 소비자층, 마진율, 경쟁업체 등 여러 요인을 파악하여 가장 합리적인 가격을 결정해 판매를 극대화할 수 있어야 한다.

③ 유통(Place): 기업이 재화나 서비스를 판매하거나 유통시키는 장소를 말한다. 자사의 제품과 서비스가 어떤 경로로 어디에서 타깃 고객에게 판매할 수 있는지 파악한 후 알맞은 장소에 자사의 제품을 판매시키는 것이 중요하다.

④ 촉진(Promotion): 광고, PR, 다이렉트 마케팅, 판매 촉진 등 고객과의 커뮤니케이션을 의미한다. 광고 목표 설정, 시각적 정보와 광고 카피의 개발, 광고매

체 선택, 광고 기간 선택 등을 잘 파악하여 효과적으로 프로모션 활동을 해야 한다.

⑤ 서비스(Service): 제조업에서의 서비스는 주로 제품에 수반되는 부수 서비스를 말하나 서비스업에서는 서비스 자체가 제품이다.

마케팅 믹스의 구성요소와 그 내용을 정리하면 〈표 2-3〉과 같다.

표 2-3 생산 지향적 제품 계획과 소비자 지향적 제품 계획의 비교

구성요소	구체적 전개와 그 내용	
제품 (제품 믹스)	• 제품 계열의 구성: 제품 계열의 길이, 확대 축소 • 제품 수명 주기: 단계별 특성과 전략 • 제품 특성: 품질(가격), 상표, 포장, 스타일, 색상	제품 믹스
가격 (가격 믹스)	• 가격의 결정: 기본적 가격, 판매 가격의 결정, 마진, 할인율, 지불 조건 • 제품 믹스에 포함할 수도 있다.	가격 믹스
유통 (경로 믹스)	• 경로의 형태: 판매 경로, 물적 유통 경로 • 판매 경로의 선정: 직접 유통, 간접 유통	• 판매 경로 믹스 • 물적 유통 믹스
촉진 (촉진 믹스)	• 촉진의 형태: 인적 판매, 물적 유통 경로 • 인적 판매: 판매원 • 광고: 광고매체, 광고량, 광고비 • 판매 촉진: 여타 촉진 요소들의 편성	• 판매 촉진 믹스 • 인적 판매 믹스 • 광고 믹스 • 서비스 믹스

출처: 변명식, 신문식, 조은미, 김영기(2015).

(4) 광고 전략의 수립

광고 전략은 전략적 마케팅 계획을 토대로 한다. 광고 전략은 반드시 통합적이어야 한다. 즉, **광고 전략**은 광고 목표를 달성하기 위한 각 수단들이 유기적으로 결합하여 하나의 방향을 가져야 한다. 광고는 표적 집단에 대하여 소구를 얼마만큼 강도 있게 실시할 수 있는가에 따라 그 효용이 좌우된다. 광고의 표현 전략이란 전달 내용, 즉 "무엇을 소구할 것인가"와 표현 아이디어, 즉 "어떻게 소구할 것인가"의 구성

요소로 이루어진다. 광고 메시지는 광고 메시지의 작성, 메시지의 평가와 선택, 그리고 메시지의 실현이라는 크리에이티브 전략의 개발을 위한 세 단계를 거쳐 이루어진다. 광고 메시지는 바람직하거나 흥미를 끌 만한 내용을 담고 있는가, 독창적이고 차별화된 것을 담고 있는가, 믿을 만한 내용을 담고 있는가의 세 가지 기준을 가지고 평가하여야 한다.

또한 매체란 광고의 메시지를 표적 고객인 소비자에게 전달하는 수단으로 광고가 실리게 되는 광고매체의 지면이나 시간을 의미한다. 이때 광고 지면이나 시간에 대한 제품 가치는 그 지면과 시간이 제공하는 매체의 광고매체로서의 가치에 따라 결정되는 것이다. 따라서 매체 전략이란 광고주의 메시지를 소구 대상층에게 노출시킴에 있어 대중매체와 온라인 등의 매체를 가장 효과적으로 이용할 수 있도록 계획된 프로그램이라고 할 수 있다.

3. 마케팅 전략과 광고

광고는 "광고주가 유료의 비인적 매체를 통하여 자신의 아이디어, 제품, 서비스 등을 제시하고 촉진하는 과정"이라고 할 수 있다. 광고는 광고주가 대가를 지불하고 시행하는 커뮤니케이션 방법이다. 기업은 각 매체별 광고비용을 고려하여 자사에 맞는 광고매체와 메시지를 선택하는 것이 필요하다. 또한 광고는 목표청중을 대상으로 한다. 그리고 각 매체별로 시청하거나 구독하는 사람들의 특성이 다르다. 따라서 자사가 정한 목표시장을 가장 잘 도달할 수 있는 매체들을 선택하여 광고해야 한다. 아울러 광고는 비인적 커뮤니케이션 수단이다. 광고는 전파 또는 인쇄 매체 외에도 모바일, 교통수단, 포스터 등 다양한 방법으로 커뮤니케이션할 수 있다. 광고는 마케팅 목표를 달성하는 데 있어서 중요한 역할을 한다.

1) 광고와 제품

제품이란 구매자에게 제공되는 물리적이고 기능적인 실체를 말한다. 넓은 의미로서 제품에는 포장, 상표, 배달서비스 등을 포함한다. 마케팅의 네 가지 기능, 즉 4P 중 가장 기초적인 기능이다. 제품은 크게 소비용품과 산업용품으로 나눌 수 있다. 소비용품은 최종 소비자나 가정이 소비를 목적으로 구매하는 제품을 말하고, 산업용품은 구매자가 제품이나 서비스를 생산할 목적으로 구매하는 제품을 말한다. 동일한 제품일지라도 사는 사람과 용도에 따라서 소비용품으로 구분될 수도 있고 산업용품이 될 수도 있다. 이를테면 컴퓨터를 개인이 사면 소비용품으로 분류되나 기업이 사면 산업용품으로 분류된다. 한편, 제품의 유형에 따라 광고의 중요성도 상대적으로 달라진다. 예컨대 소비용품이 산업용품에 비해 광고 의존도가 높고, 소비용품도 저가품인 경우가 고가품인 경우보다 광고의존도가 높다.

기업의 관점에서 제품을 정의하면 생산설비, 제조공정, 그리고 근로자의 노동 등으로 생산되며 유통단계를 거쳐 소비자에게 구매되어 소비되는 제품을 소비자가 편리하게 구매할 수 있도록 제공되는 부가서비스를 포함한다. 소비자의 관점에서 제품은 소비자가 구매하여 소비함으로써 얻게 되는 유형 또는 무형의 혜택 또는 효용을 말한다. 마케팅 관점에서 보면 목표 소비자의 욕구를 만족시키기 위해 개발되고 가격을 결정하고 유통시키고 촉진활동을 통하여 소비자의 만족을 달성할 대상이라고 할 수 있다. 오늘날의 시장은 단순히 좋은 제품을 생산하여 공급하는 것만으로 자사의 제품을 판매하기는 어려운 상황이다. 수많은 경쟁기업이 다양한 제품을 판매하고 있는 오늘날의 시장에서는, 경쟁기업에 앞서 소비자에게 자사의 제품에 관한 정보를 제공하고 설득하지 않고서는 성공을 기대하기가 어려워졌다. 특히 많은 경쟁자로 인해 만성적인 공급과잉 상태에 처해 있는 시장 상황에서는 아무리 우수한 품질의 제품이라도 소비자들에게 충분히 커뮤니케이션하지 않으면 시장에서 도태되기 쉽다.

한편, 제품은 시장에서 영원히 존재하는 것이 아니라 수명을 다하는 과정을 갖는다. 아무리 잘 만들어진 제품이라도 소비자 욕구의 변화, 경쟁사의 공격, 기술의 진보 등으로 인하여 언젠가는 시장에서 경쟁력을 잃어 간다. 따라서 마케팅 관리자는 자사의 제품 수명 주기를 이해하고 제품 수명 주기에 따른 적절한 전략이 필요하다. 마케터는 푸시(puch) 또는 풀(pull) 전략이라는 두 가지 촉진 믹스 전략 중 하나를 선택할 수 있다. 푸시 전략은 마케팅 채널을 통하여 최종 소비자에게 제품을 밀어내는 것이다. 풀 전략을 사용하는 생산자는 소비자의 제품 구매를 유도하기 위하여 최종 소비자를 대상으로 광고를 한다. 대부분의 기업은 이 두 전략을 적절히 조합하여 사용한다(변명식 외, 2015).

2) 광고와 가격

가격이란 소비자가 제품 및 서비스를 구매하는 대가로 지불하는 금액을 말한다. 기업 입장에서 가격은 제품 및 서비스를 파는 대가로 회수하는 금액을 뜻한다. 가격은 소비자들이 제품을 구매하는 반대급부로 지불하는 금전적 대가이다. 실제로 소비자들이 제품을 구매하기 위해 들이는 부담은 금전 외에도 제품에 관한 정보를 찾는다든지, 다른 제품과 비교한다든지, 다른 사람들의 의견을 물어본다든지 등 여러 가지가 있다. 물론 제품을 구매할 때 소비자가 부담하는 노력이나 대가 중에서 소비자들이 가장 중요하게 고려하는 것은 가격이다. 기업들도 이러한 소비자의 특성을 고려하여 제품의 가격 결정에 매우 신중을 기한다. 오늘날 대부분의 제품 가격은 기업과 유통 채널이 결정하며, 소비자는 판매 가격과 제품을 비교하여 구매결정을 한다. 가격은 제품 판매에 직접적인 영향을 미치므로 기업의 입장에서는 가격 결정이 중요한 마케팅 요인이 된다. 기업이 가격을 결정할 때 고려해야 하는 요인 중에, 고객의 수요 특성, 경쟁사의 마케팅, 정부의 가격 규제 등의 외부 요인과 기업의 제품 원가, 자사의 마케팅, 자사의 마케팅 역량 등이 중요하다(김광규 외, 2017).

가격은 광고와 깊은 관련을 맺고 있다. 즉, 가격은 제품의 성격을 반영하고, 그 자체로 소구점이 될 수 있으며, 마케팅 예산 책정에 영향을 줄 뿐만 아니라, 마케팅 믹스의 형성 방향을 제시해 준다. 기업은 여러 요인을 검토하여 자사 제품에 가장 적절한 가격 수준을 찾아야 한다. 이때 외부적 요인에 주로 의존하여 가격을 결정하면 마케팅 활동이 수동적으로 위축될 가능성이 있으며, 내부적 요인만을 강조하면 시장에서 자사의 마케팅 활동이 실패할 위험에 놓인다. 적절한 가격 결정을 통해 최적의 매출과 최대의 이익을 달성할 수 있다는 사실을 인식하여 외부적 요인과 내부적 요인을 균형적으로 고려하는 의사결정 과정을 구축해야 한다.

3) 광고와 유통

경제란 생산과 유통, 소비자의 사이클이다. **유통**은 생산과 유통이란 생산자나 서비스 제공자들로부터 최종 소비자에까지 이르는 다양한 조직 사이의 관계들을 연결시켜 주며, 주문, 거래협상, 지불, 금융 및 수송, 보관과 같은 마케팅 기능의 흐름을 촉진한다. 이와 같은 역할을 수행하는 일련의 연결시스템을 유통 경로라고 한다. 유통 경로는 수도관이나 가스관과 같은 파이프라인(pipeline)으로 비유할 수 있다. 마케팅에서 유통 경로는 다음과 같이 정의한다. "유통 경로란 상품과 서비스를 생산업자로부터 소비자 및 최종 사용자에게 이전하는 과정에 참여하는 모든 개인 및 기업을 말한다"(이수동, 박상준, 김주영, 이형채, 2009).

유통 경로는 생산과정을 통하여 얻어진 제품의 사용가치에 추가적인 효용을 부가함으로써 제품의 교환가치를 높여 주고, 시장에서 거래될 수 있는 완전한 상품이 되게 한다. 완전한 제품을 제공해 준다는 것은 소비자가 원하는 시간에 원하는 장소에서 원하는 형태의 상품과 서비스를 소유할 수 있도록 하는 것을 의미한다. 즉, 유통 경로에는 네 가지 기능이 있다. 첫째, 시간 효용 기능이다. 이는 소비자가 구매하길 원할 때 구매하게 해 주는 기능을 뜻한다. 둘째, 장소 효용 기능이다. 이는 소비자가 구매하기 용이한 장소로 전달하는 기능을 뜻한다. 셋째, 형태 효용 기능이다. 이는 소비자가 구매하기 좋은 상품 및 서비스의 형태로 변형시켜 상품가치를 높이는 기능을 뜻한다. 넷째, 소유 효용 기능이다. 생산자나 중간상으로부터 구매자에게로 상품이나 서비스가 거래되어 소유권을 이전시키는 기능을 뜻한다. 유통 경로는 마케팅

경로라고도 하는데 여기에는 생산자와 최종 사용자 그리고 중간상이 있다.

4) 광고와 촉진

기업의 성과를 높이기 위해서는 제품, 가격, 유통에 대한 관리뿐만 아니라 이에 대한 정보를 효과적으로 전달하기 위한 마케팅 커뮤니케이션이 중요하다. **촉진**은 소비자가 제품을 알리고, 호의적인 태도를 갖도록 하여 구매하도록 하는 커뮤니케이션 활동이다. 마케팅에서 촉진은 기업이 표적고객으로부터 원하는 반응을 얻기 위해 의도된 설득 메시지를 인적 혹은 비인적 매체를 통해 커뮤니케이션하는 행위다. 즉, 촉진믹스는 고객가치를 커뮤니케이션하고 고객과 관계를 구축하기 위해 사용되는 광고, 공중관계(public relation), 인적판매, 판매촉진, 다이렉트 마케팅 도구의 조합을 의미한다.

다섯 가지 주요 촉진도구에 대한 정의는 다음과 같다. **광고**는 공개된 후원사가 비용을 지불하고 이루어지는 아이디어, 제품 또는 서비스에 대한 비대면적인 프레젠테이션과 촉진이고, 공중관계는 긍정적인 퍼블리시티를 확보하고 호의적인 기업 이미지를 구축하고 부정적인 이미지를 시정함으로써 회사와 관련된 다양한 공중과 우호적인 관계를 구축하는 것이다. 인적판매는 판매 및 고객 관계를 구축하기 위한 목적으로 수행되는 영업 사원의 대면적인 프레젠테이션이다. 판매촉진은 제품 혹은 서비스의 구매고객 혹은 판매를 조장하기 위한 단기적인 인센티브이다. 직접 마케팅은 즉각적인 반응을 확보하고 지속적인 고객 관계를 키워 나가기 위해 주의 깊게 선별된 개별 소비자들과의 직접적인 연결이다. 촉진에 따른 효과는 소비자에게 제품에 관한 정보를 제공하여 소비자가 제품을 알게 하며, 제품에 대한 호의적인 태도를 가지도록 하여 제품의 구매를 이끌어 낼 수 있도록 한다. ■

마케팅 믹스 - 4P 사례분석: 클린 앤 클리어 모이스처라이저

① 제품: 내가 처음 클린 앤 클리어 모이스처라이저를 알게 된 것은 TV광고를 통해서였다. 난 지성 피부이기 때문에 유분이 많은 로션을 사용할 수 없었다. 또 나는 로션 냄새가 자극적인 것을 싫어한다. 그래서 유분이 적게 들어 있고 냄새도 순한 것을 찾다가 유분을 조절해 주고 피부를 촉촉하게 가꿔 준다는 것과 "깨끗하게 맑게 자신 있게!"라는 광고 카피도 마음에 들어서 구입하기로 결정했다.

② 가격: 클린 앤 클리어 모이스처라이저는 다른 로션에 비해 가격이 좀 비쌌다. 그러나 TV 광고를 통해 그 제품의 장점에 대해서 잘 알고 있었기 때문에 가격이 좀 비싸도 구입하기로 결정했다.

③ 유통: 그래서 가까운 화장품 전문점을 찾았다. 클린 앤 클리어 모이스처라이저는 가까운 화장품 전문점에서 누구나 손쉽게 구입할 수 있어서 구입하는 데 어려움이 없었다.

④ 촉진: 소비자들이 화장품을 구매하기까지 판촉이 가장 중요하게 작용한다. 그래서 판촉이 무엇보다 중요하다. 나는 클린 앤 클리어 모이스처라이저를 TV광고와 패션 잡지에 실린 인쇄 광고를 보고 알게 됐고, 그 광고 카피가 마음에 들었다. 그리고 이 로션을 구입해서 써 본 친구의 조언과 그 친구가 준 샘플을 써 보고 내 피부에 잘 맞고 향기도 은은해서 구입하기로 했던 것이다.

제3장

광고와 통합 마케팅 커뮤니케이션

안대천(인하대학교 경영학과 교수)

1. 통합 마케팅 커뮤니케이션
2. 커뮤니케이션 과정 모델
3. IMC 전략과 실행 계획의 수립
4. IMC 채널 요소들의 특징
5. 디지털 마케팅 커뮤니케이션의 변화와
광고의 기능

◈◇◈

마케팅은 고객과의 의미 있는 교환을 창출하기 위하여 기업에 의하여 수행되는 활동으로서 교환을 원활하게 창출하기 위하여 목표시장 고객은 물론 미래의 잠재고객, 그리고 다양한 이해관계자와의 소통을 위한 커뮤니케이션 활동을 마케팅 커뮤니케이션이라고 한다. 구체적으로 마케팅 커뮤니케이션은 TV나 신문, 인터넷과 같은 대중매체를 통한 광고활동은 물론 인적판매, 판매촉진, PR, 직접판매, 이벤트 등과 같은 도구들을 사용하여 제품의 정보를 제공하거나, 고객들과의 장기적인 관계를 구축하고, 브랜드 이미지를 창출하고 유지하기 위한 커뮤니케이션 활동을 말한다. 그리고 광고나 PR과 같은 요소들을 개별적 활동을 분리하여 취급하는 것이 아니라 효과적으로 통합, 조정, 통제함으로써 메시지 효과를 제고하고 브랜드 이미지의 일관성을 얻고자 하는 활동이 바로 **통합 마케팅 커뮤니케이션**(Integrated Marketing Communication: IMC) 활동이다.

2000년대 이후 '기업의 마케팅 활동은 바로 커뮤니케이션 활동이며, 커뮤니케이션 자체가 마케팅이다'라는 주장이 제기될 정도로 마케팅 커뮤니케이션의 중요성이 크게 부각되고 있으며, 특히 커뮤니케이션 수단들을 통합, 조정하여 관리해야 한다는 통합 마케팅 커뮤니케이션이 목표달성의 절대적 핵심으로 강조되고 있다(Schultz & Schultz, 1993). 마케팅 커뮤니케이션 활동에 사용되는 도구들을 흔히 **촉진믹스**(promotional mix) 또는 채널믹스(channel mix)라고 부르는데, 광고, 판매촉진, 인적판매, PR, 협찬, 직접판매 등이 포함된다. 이 장에서는 먼저 통합 마케팅 커뮤니케이션의 개념과 특징을 살펴본 후, 기본적인 커뮤니케이션 과정에 대하여 설명하고, IMC 전략 수립 과정과 IMC 채널믹스 요소들의 특징과 역할을 살펴보고자 한다. 이어서 디지털매체 환경에서 IMC의 변화와 광고의 새로운 역할을 살펴보고자 한다.

1. 통합 마케팅 커뮤니케이션

1) 통합 마케팅 커뮤니케이션의 개념

통합 마케팅 커뮤니케이션(Integrated Marketing Communication: IMC)은 광고, PR, 인적판매, 판매촉진, 직접판매 등 다양한 커뮤니케이션 수단들의 전략적 역할을 비교, 검토하여 고객 및 잠재고객의 인식, 태도, 행동 등에 직간접적인 영향을 미치기 위한 커뮤니케이션 프로그램을 개발, 실행하는 과정을 말한다. 1990년대 중반 이전만 하더라도 광고, 인적판매, 판매촉진, PR, 이벤트, 텔레마케팅 등과 같은 커뮤니케이션 수단이 각각의 목표와 효과를 얻기 위하여 개별적으로 활동을 수행하였지만, 이제는 대부분의 기업이 하나의 동일한 목표를 달성하기 위하여 이들 수단들의 기능과 역할을 조정하고 통제하는 방식으로 활동을 펼치고 있다. 예를 들면, LG전자의 2019년 트롬건조기 IMC 캠페인에서는 이벤트와 대중매체광고를 적절히 활용하여 큰 효과를 거두고 있다. 소비자들로 하여금 제품을 사용하고 난 후 사용 후기를 인스타그램에 올리게 하여 댓글 반응을 보고 해당 에피소드를 실제 광고로 제작하여 방영하는 이벤트를 진행하였다. TV와 모바일매체에 집행할 광고의 소재를 소비자 참여형 이벤트를 통하여 발굴하여 집행함으로써 소비자의 참여와 몰입을 유도하고 화제를 불러일으키는 새로운 방식의 통합 캠페인을 수행한 것이다.

마케팅 커뮤니케이션 활동을 통하여 기업은 자사 상품에 대한 인지효과는 물론 태도나 선호도와 같은 감정적 반응, 그리고 구매의도와 구매행위와 같은 행동적 반응을 유발하는 등 다양한 효과를 얻을 수 있다. 또한 목표고객들에게 자사 상품에 대하여 강력하고 호의적인 이미지를 심어 주거나, 기존에 형성된 좋은 이미지를 강화하고 유지시키는 효과를 얻을 수 있다. 이러한 효과를 극대화하기 위하여 마치 오케스트라의 여러 악기가 지휘자의 지휘에 따라 조화로운 하나의 음악을 만들어 내는 것과 같이 IMC는 마케팅 목표를 달성하기 위하여 여러 가지 마케팅 커뮤니케이션 도구들이 마케터의 조정과 통제를 통하여 하나의 통합된 목소리를 내는 과정으로 이해할 수 있다.

하나의 통합된 목소리를 내기 위해서는 마케팅 커뮤니케이션 요소들 간에 일관성을 유지하는 것이 중요하다. 각 요소들이 각기 다른 메시지를 전달한다면 목표청중들의 혼란을 야기하여 소기의 목표를 달성하는 데 어려움이 있기 때문이다. 즉, 일관성 있는 커뮤니케이션 노력이 결여된다면 소비자들은 같은 제품에 대하여 여러 다른 내용의 메시지를 접하게 되므로 그만큼 효과를 얻는 데 많은 시간과 노력이 요구된다. 그러므로 소비자들에게 하나의 동일한 핵심 메시지를 전달하기 위하여 여러 가지 커뮤니케이션 요소를 통합적으로 관리해야 하는 것이다.

2) 통합 마케팅 커뮤니케이션의 등장배경

IMC는 1950년대 현대 마케팅의 본격적 태동과 함께 등장하였다. 흔히 '매스(mass)'의 시대라고도 불리는 제2차 세계대전 이후 1960년대 말까지는 시장의 폭발적 성장과 대량화, 표준화, 단일화, 사업다각화 등으로 특징지어지는 시기였다. 소비자 수요가 폭발적으로 늘어나면서 소비재 시장이 급성장하고 거대 기업군들이 탄생하는 등 산업의 전 분야에 걸쳐 성장이 이루어진 시기라고 할 수 있다. 제품을 효율적으로 많이 만들고, 폭넓은 유통망을 확보하고, TV나 신문과 같은 대중매체를 통하여 널리 알리기만 하면 판매가 이루어지는 그야말로 '장사하기 편한 시대'였다. 즉, 대량생산과 유통, 대중광고의 시대라고 할 수 있다.

그러나 불과 20년이 지나지 않아 두 차례의 석유파동, 유통의 세분화, 시장의 포화, 치열한 경쟁, TV광고 가격의 급상승, 매체의 다양화, PC의 등장 등으로 인하여 기업경영과 마케팅 활동의 새로운 패러다임이 등장하게 된다. 시장의 포화와 경쟁으로 인하여 대기업들이 점차 몰락하게 되었고, 대형유통 전문점과 할인점의 등장으로 유통업체의 시장지배력이 커지게 되었다. 또한 다양한 매체가 등장하면서 광고형태도 기존의 TV광고에서 탈피하여 케이블, 잡지, 신문 등으로 세분화되어 TV광고의 효율성이 현저히 저하되기 시작하였다. 더욱이 PC의 대중화로 인하여 개인화, 네트워크화된 정보 유통이 가능해지면서 매체가 개별화, 소형화, 선택적 집중화하는 현상이 두드러지게 나타났다. 개인화(personalized)된 시장과 매체 상황이 전개되었던 것이다.

이러한 시장과 매체환경의 변화 속에서 등장한 것이 바로 IMC이다. 매스의 시대에는 시장이 세분화되지도 않았고, 경쟁도 그다지 치열하지 않았으며, 시장도 지속적으로 성장하는 시기였지만, 1970년대 이후 소비자 욕구가 세분화되고 매체환경의 급격한 변화와 경쟁상황 등으로 과거의 운영방식에서 과감히 벗어나야만 하는 필연적 상황에서 IMC가 등장하게 된 것이다. 즉, 과거에는 TV나 신문과 같은 대중매체의 영향력이 컸기 때문에 불특정 다수를 타깃으로 하는 일방향적인 커뮤니케이션이 효과를 발휘할 수 있었지만, 소비자들의 세분화된 매체 소비와 유통망을 통하여 확보한 소비자 정보를 바탕으로 선별된 목표시장을 타깃으로 하여 맞춤화된 메시지와 소구경로를 취사선택하여 상호작용하는 **양방향 커뮤니케이션**이 가능하게 되었다. 다양한 채널수단의 특성과 소비자 이용행태를 고려하여 최적화된 메시지를 전달함으로써 효과를 높일 수 있게 된 것이다. 이와 같이 마케팅 실행방식과 전통적인 광고의 역할을 변화시킨 현상들을 요약하자면 다음과 같다(김상훈, 안대천, 2012).

- 전통적인 광고 이외의 커뮤니케이션 활동의 중요성 증가: TV와 신문 이외의 다양한 매체 이용이 증가하고, 옥외활동이 증가하면서 기존의 TV광고 이외의 커뮤니케이션 수단의 이용이 증가하고 있다. 세분화된 청중을 대상으로 흔히 BTL(Below the Line)이라고 불리는 다양한 판매촉진 활동이나 이벤트, 협찬, 온라인상의 버즈(buzz) 마케팅, 바이럴(viral) 마케팅 등을 활용한 효율적인 커뮤니케이션 활동이 가능해진 것이다.
- 시장의 세분화 및 매체 세분화(fragmentation) 현상: 소비자들의 소득수준이 향상되

고 기대수명이 증가함에 따라 생활양식과 소비패턴에 변화가 일어나고 있으며, 특히 PC와 인터넷 기술의 발달에 따라 개인화 매체의 이용이 활발해지고 있다. 그에 따라 신세대층, 실버세대층, 취업주부층, 1인가구층, Z세대 등이 유망 소비층으로 부상하고 있다. 또한 세분화된 전문잡지가 증가하고 있고, IPTV와 디지털케이블, 디지털사이니지, 모바일기기가 새로운 광고매체로서 각광을 받고 있다. 이용자 수가 급증하고 있는 SNS도 새로운 커뮤니케이션 플랫폼으로서 지위를 확고히 하고 있다. 이러한 매체들을 통하여 보다 선별적인 타깃을 대상으로 한 효율적인 IMC 활동이 가능해진 것이다.

- 디지털매체로 인한 커뮤니케이션 패러다임의 변화: 최근 컴퓨터 및 인터넷기술의 눈부신 발전은 다양한 디지털매체의 출현을 가능하게 했고, 이들 매체들은 과거의 일방향식 푸시형태의 커뮤니케이션이 아니라 양방향의 상호작용적 커뮤니케이션을 가능하게 하였다. 또한 인터넷의 등장은 청중들이 더 이상 수동적인 메시지 수신자가 아니라 메시지의 생산자로서 역할을 가능하게 해 주었다. 마케터들은 이러한 커뮤니케이션 패러다임의 변화를 적극 활용하여 청중들의 자발적인 메시지 공유와 확산을 유도하는 커뮤니케이션 전략을 구사하고 있다.
- 데이터베이스 마케팅의 중요성 증가: 과거에는 불특정다수에게 동일한 제품을 대량으로 판매하는 이른바 매스마케팅(mass marketing) 전략이 주효했다면, 이제는 소비자 욕구의 다양화와 경쟁심화로 인하여 개별 고객과의 맞춤형 커뮤니케이션과 관계형성이 성공의 열쇠가 되고 있다. 이에 따라 첨단매체와 경영정보시스템을 활용하여 획득한 고객정보를 데이터베이스화하여 1대1 방식으로 소통하는 데이터베이스 마케팅의 중요성이 증가하고 있는 것이다. 기업은 고객의 이름, 주소, 이메일 정보는 물론 구매상품, 시점, 회수, 금액 등과 같은 상세한 구매정보까지도 파악이 가능하고, 나아가 인구통계적 정보, 사회심리적 정보까지도 활용하여 최대한 개인화된 커뮤니케이션을 수행하여 효과를 얻고 있다.

3) 통합 마케팅 커뮤니케이션의 주요 수단

기업이 빈번히 이용하는 마케팅 커뮤니케이션 도구로는 광고, 판매촉진, 인적판매, PR, 텔레마케팅, 협찬, 이벤트, POP 광고 등을 들 수 있다. 각 수단별로 커뮤니케이션 방식의 특성을 요약하자면 다음과 같다.

- 광고(advertising): 제품정보의 전달이나 구매설득과 같은 커뮤니케이션 효과를 달성하기 위하여 명시된 광고주가 유료의 매체를 통하여 다수의 청중을 대상으로 메시지를 전달하는 방식이다. TV, 신문, 잡지, 라디오와 같은 대중매체는 물론 옥외구조물이나 교통수단과 같은 옥외매체, 인터넷과 PC, 그리고 개인매체인 모바일기기 등 다양한 매체를 통하여 이루어지는 비인적(nonpersonal) 커뮤니케이션 활동이다.
- 판매촉진(sales promotion): 소비자들의 즉각적인 구매행위를 유발하거나 단기적인 판매 상승을 위하여 행해지는 다양한 방식의 이벤트를 말한다. 가격할인, 사은품, 할인쿠폰, 리베이트, 무료샘플, 경품, 시연회, 마일리지 프로그램 등 다양한 형식으로 소비자들에게 금전적 또는 비금전적 혜택을 제공하여 제품 시용(trial)과 구매를 촉진하는 활동이다.
- 인적판매(personal selling): 영업사원이 목표고객과의 직접적인 접촉을 통하여 상품을 구매하도록 설득하는 일련의 커뮤니케이션 활동으로서 광고와는 달리 면대면의 개인적(personal) 대면(face-to-face) 방식으로 행해진다.
- PR(public relations): 기업의 다양한 이해관계자와 호혜적인 관계를 구축하기 위하여 행해지는 비대면적(nonpersonal) 커뮤니케이션 활동이다. 관계형성의 대상에 따라 다양한 방식의 활동으로 구성되지만 가장 대표적인 PR활동이라고 할 수 있는 퍼블리시티(publicity)의 경우 광고와는 달리 무료로 기업의 제품을 뉴스로 취급하거나 특집기사로 싣는 비대면적 커뮤니케이션 형식으로 이루어진다.

- 텔레마케팅(telemarketing): 전문지식을 갖춘 텔레마케터가 정보통신기술을 활용하여 고객에게 상품정보를 제공하여 판매를 권유하거나, 고객 불만사항에 응대하거나, 시장조사 등의 다양한 목적으로 수행되는 커뮤니케이션 활동이다. 구축된 고객 데이터베이스를 활용하는 일대일의 대면적 커뮤니케이션 방식을 취한다.
- 협찬(sponsorship): 기업이 스포츠경기나 공익단체, 자선활동 등과 같은 이벤트를 지원하는 방식의 커뮤니케이션 활동이다. 지원방식이나 전달하는 커뮤니케이션 요소에 따라 다양한 방식으로 구성되는데 기업이나 상품에 대한 관심과 이미지를 제고하기 위한 목적으로 수행되는 활동이다.
- POP(Point Of Purchase) 광고: 구매시점에서 소비자의 구매의사결정에 영향을 미치기 위한 목적으로 수행되는 커뮤니케이션 활동이다. 특히 바겐세일, 특별판매, 할인판매를 알리기 위한 목적으로 매장에서 쓰이는 메시지로서 소비자와 제품을 한 장소에 직접 연결해 주어 소비자의 구매욕구를 행동으로 옮기게 하는 광고활동이다. 판매원의 안내가 없더라도 디스플레이, 포스터, 사진 등과 같은 시각화된 문자광고를 통해 직접구매에 이르게 하는 방식의 활동이다.
- 직접판매(direct marketing): 상품을 중간유통과정 없이 최종 소비자에게 면대면 구전 방식을 통하여 전달, 판매하는 방식의 커뮤니케이션 또는 유통 방식이다. 인터넷의 대중화로 인하여 급성장하고 있는 온라인 쇼핑과 같은 효율적 방식의 직접판매 방식이 대표적인 유형이다.

4) 통합 마케팅 커뮤니케이션의 주요 특징

앞에서 설명한 IMC 요소들의 개념적 정의와 효과 등을 바탕으로 IMC의 특징을 정리하자면 다음과 같다.

- IMC의 목표는 궁극적으로 소비자의 행동적 반응을 이끌어 내는 데 있다. 광고

나 PR과 같은 대중매체 커뮤니케이션 요소들을 활용하여 제품정보 전달이나 인지도 상승과 같은 인지효과, 그리고 제품 선호도나 애호도, 태도와 같은 감정효과를 달성하고, 인적판매, 판매촉진, 직접판매와 같은 요소들을 통하여 행동효과로 나타날 수 있도록 수행되어야 함을 말한다.

- IMC는 소비자와 접촉 가능한 모든 커뮤니케이션 수단을 활용함으로써 목표를 달성할 수 있다. 가장 대표적인 접촉수단인 대중매체광고는 물론 접근 가능한 모든 접촉수단을 적극적으로 활용하여 표적청중과 소통해야 함을 의미한다.
- IMC의 핵심적인 성공요소는 여러 수단이 일관성 있게 동일한 목소리를 내야한다는 것이다. 형식은 다를 수 있지만 광고와 PR메시지와 구매시점 광고, 인적판매, 판매촉진 메시지들이 동일한 소구 포인트를 제시할 때 시너지(synergy)효과를 얻을 수 있다.
- 디지털매체 이전의 IMC의 핵심전략이 TV나 신문을 중심으로 한 대중매체들의 수직적 정렬을 통하여 일관되고 반복적인 메시지 전달에 있다면, 이제는 다양한 IMC 도구들을 수직적으로 생각하지 않고 목표에 따라 소비자와 브랜드 간의 모든 접점에서 브랜드에 대한 소비자의 경험을 최적화할 수 있도록 하는 수평적 전략이 중요하다고 할 수 있다. 예를 들면, 매장의 청결상태, 제품배송 트럭의 안전운행, 고객상담원의 친절한 응대 등도 소비자의 브랜드 경험에 커다란 영향을 줄 수 있으므로 이들에 대한 관리도 중요하다는 것이다.
- 성공적인 IMC 캠페인이 되기 위해서는 목표고객들과의 장기적인 관계구축을 통하여 브랜드 애호도와 충성도를 제고해야 한다. 많은 기업이 고객관계관리(Customer Relationship Mamagement: CRM)를 통하여 시장성과를 높이고 있듯이 항공사 마일리지 프로그램이나 신용카드사의 현금포인트 제도와 같은 '상용고객' 우대 프로그램 등을 적극 활용함으로써 효과를 얻을 수 있는 것이다.

2. 커뮤니케이션 과정 모델

기업의 마케팅 커뮤니케이션 활동은 정교하게 목표청중을 선정하고 다양한 IMC 수단들을 적절히 활용하여 원하는 청중의 반응을 얻기 위한 커뮤니케이션 과정이라고 할 수 있다. 흔히 목표청중을 대상으로 즉각적인 인지효과나 선호도 제고를 위한 촉진활동으로 이해할 수도 있지만, 넓은 의미에서 보면 목표시장 고객과의 장기적인 관계(customer relationship) 구축을 위한 커뮤니케이션 프로그램이라고 할 수 있다. 앞서도 살펴본 바와 같이 고객욕구와 시장 세분화 현상으로 인하여 커뮤니케이션 캠페인은 과거와 같이 불특정 다수를 목표청중으로 하는 것이 아니라 세분화된 특정 소비자층, 틈새시장, 개인과의 일대일 수준에서 청중과의 소통을 추구하고 있다. 또한 매체의 세분화와 양방향 매체의 등장으로 인하여 '고객과 어떤 경로를 통하여 소통할 것인가'를 찾는 것과 함께 '어떤 경로를 통하여 고객이 우리 메시지에 접근하는가'를 찾는 것이 매우 중요한 전략적 요소가 되고 있다.

따라서 마케팅 커뮤니케이션 전략 수립은 고객과의 가능한 모든 접촉점을 찾는 것에서 시작된다. 예를 들면, 새 냉장고를 구입하려는 소비자는 다른 소비자에게 물어보기도 하고, TV광고에 주목하기도 하며, 신문이나 잡지의 기사나 광고를 보기도 하며, 제품정보를 구하기 위하여 웹사이트도 방문해 보고, 직접 매장에 들러 보기도 한다. 마케터들은 이러한 모든 커뮤니케이션 접점에서 소비자들의 경험이 각각의 구매의사결정 과정에 어떠한 영향을 미치는지 평가하고, 그것을 바탕으로 적절히 예산을 분배해야 한다. 이와 함께 효과적인 커뮤니케이션 활동을 위하여 커뮤니케이션 과정에 대한 이해가 필수적이다. [그림 3-1]에 제시된 것처럼 커뮤니케이션 과정은 모두 7개의 요소로 구성된다(Pride & Ferrell, 2015). 이 중 두 개의 핵심요소는 메시지 송신자(source/sender)와 수신자(target audience)이고, 커뮤니케이션 통로인 채널을 포함한다. 또한 부호화(encoding), 해독(decoding), 피드백(feedback) 등 커뮤니케이션 기능을 수행하는 세 가지 요소가 포함되며, 마지막으로 잡음(noise) 요소

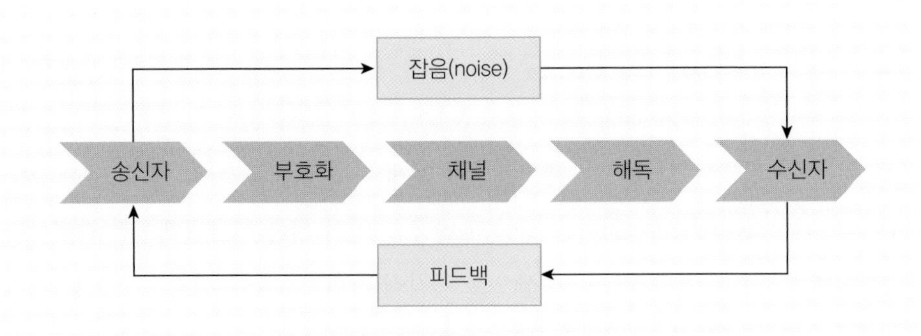

[그림 3-1] 커뮤니케이션 과정 모델

가 포함된다. 이들에 대하여 간략히 설명하자면 다음과 같다.

- 송신자(sender): 청중에게 메시지를 전달하려는 주체로서 개인, 조직, 또는 기관을 말한다. 대중매체 광고의 광고주를 말한다.
- 부호화(encoding): 청중과 공유하고자 하는 의미를 사인(sign)이나 상징(symbol)을 이용하여 메시지 형태로 표현하는 것을 말한다. 광고대행사의 제작부서에서 문자와 비주얼을 사용하여 광고 메시지를 만들어 내는 과정이 이에 해당된다.
- 매체(media): 송신자가 수신자에게 메시지를 전달하기 위하여 사용하는 수단 또는 채널을 말하는데, TV, 신문, 잡지 등이 이에 해당된다.
- 해독(decoding): 메시지 수신자가 부호화된 메시지(상징물)에게 의미를 부여하는 과정으로서 청중이 광고에 노출되어 메시지의 의미를 해석하는 것을 의미한다.
- 수신자(receiver): 송신자에 의하여 발송된 메시지를 수신하는 주체로서 흔히 청중이라고 불린다.
- 피드백(feedback): 메시지 수신 후 송신자에게 전달되는 수신자의 반응을 말한다.
- 잡음(noise): 송신자와 수신자 간의 원활한 커뮤니케이션 과정을 방해하는 모든

요소를 의미하는데, 광고혼잡현상, 약한 방송 또는 통신 신호, 수신자의 감정 상태 등을 포함한다.

송신자가 전달하고자 하는 상징물들의 총체로서 실제 광고물의 핵심 내용인 메시지가 의도한 효과를 얻기 위해서는 송신자가 부호화에 사용한 단어나 상징물이 수신자에게 친숙하여 메시지의 의미가 의도한 대로 해독되어야 한다. 즉, 송신자가 수신자의 과거 경험, 지식수준, 배경 등을 잘 이해하고 그에 합당한 메시지를 전달해야 효과적인 커뮤니케이션이 가능한 것이다. 따라서 송신자는 목표청중이 누구인지 명확하게 파악하여야 하며, 얻고자 하는 목표를 명확하게 설정하여야 한다. 또한 수신자들이 메시지의 의미를 어떻게 해독할지를 신중히 고려하여 부호화 작업을 수행해야 하고, 수신자들의 이용행태를 고려하여 매체를 선정해야 하며, 브랜드 인지, 선호, 구매행동 등과 같은 청중들의 반응을 정확하게 파악하기 위하여 적절한 피드백 채널을 제공해야 한다.

3. IMC 전략과 실행 계획의 수립

기업은 마케팅목표와 STP(Segmentation, Targeting, Positioning) 전략을 토대로 하여 마케팅 전략의 전체적인 틀을 수립하고, 그것을 토대로 구체적인 4P믹스 전략을 수립하게 된다. 4P믹스 중 촉진(promotion)에 해당하는 것이 통합 마케팅 커뮤니케이션(IMC) 전략인데, 효과적인 IMC 전략은 [그림 3-2]와 같이 ① 목표청중 선정, ② 마케팅 커뮤니케이션 목표 설정, ③ 메시지 전략 수립, ④ 채널믹스 전략 수립, ⑤ 집행 및 효과 측정, ⑥ IMC 통합 관리 등 여섯 단계에 걸쳐 수립하게 된다(Kotler et al., 2017). 이들 과정에 대하여 단계별로 살펴보면 다음과 같다.

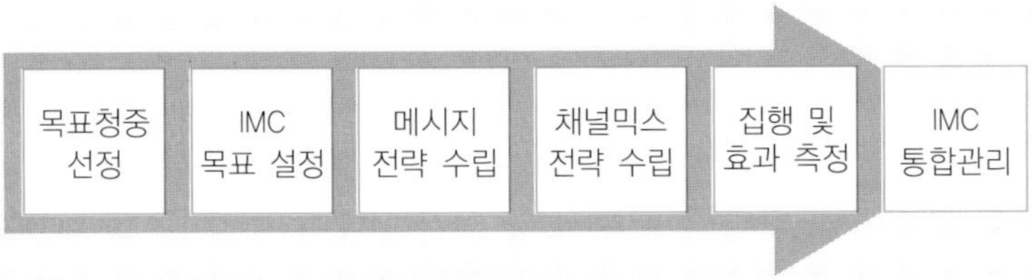

[그림 3-2] IMC 전략 수립 과정

1) 목표청중 선정

어떠한 목표청중을 대상으로 캠페인을 전개할 것인가는 마케팅 커뮤니케이션 전략 수립의 시발점이다. 일반적으로 마케팅 전략 단계에서 선정된 목표시장 소비자들을 마케팅 커뮤니케이션 활동의 목표청중으로 선정할 수 있지만, 이들이 갖고 있는 인구통계적, 사회심리적, 행동적 특성 등을 중심으로 좀 더 명확하게 정의하여야 한다. 목표청중의 선정은 메시지 전략, 표현전략, 매체전략, 정보원 전략 등 커뮤니케이션의 전 부분에 걸쳐 영향을 미치므로 매우 신중하게 이루어져야 한다.

2) 마케팅 커뮤니케이션 목표 설정

목표청중이 선정되면 커뮤니케이션 활동을 통하여 얻고자 하는 실행 가능한 세부목표를 설정하여야 한다. 물론 마케터들이 얻고자 하는 최종목표는 구매행위를 유발하는 것이지만 구매는 소비자들의 의사결정 과정의 마지막 단계에 해당된다. 인지 → 지식 → 감정 → 선호 → 확신 → 구매로 이어지는 의사결정 과정의 어느 단계에서 어떠한 효과를 얻기 위한 것인지를 명확히 해야 한다. 제한된 시간에 수행되는 단일 캠페인을 통하여 의사결정 전 단계에 걸쳐 영향을 미치는 것은 매우 힘들기 때문에 의사결정 단계에 알맞은 목표를 설정하여야 한다.

3) 메시지 전략 수립

커뮤니케이션 목표를 명확히 설정한 후, 목표청중의 의사결정 단계에 적합한 메시지를 개발해야 한다. 예를 들면, 목표시장 소비자들이 제품에 대한 충분한 인지와 지식이 갖춰져 있다면 감정적 반응을 목표를 설정하고 그에 걸맞은 핵심 메시지를 개발해야 한다. 즉, 브랜드명을 강조하거나 제품의 특장점을 알리기 위한 이성소구 메시지보다는 제품의 이미지나 상징성을 내포하는 감성소구 메시지가 적합할 것이다. 또한 제품의 본질적 요소나 비본질적 요소들과 관련하여 메시지를 개발하여야 한다. 이와 함께 메시지를 전달하기 위한 표현전략이 강구되어야 한다. IMC 수단별 특성을 감안하여 메시지의 형식(structure)과 포맷(format), 그리고 메시지 원천(source)을 결정하여야 한다. 메시지 형식은 결론 또는 강한 주장을 광고의 시작(primacy)과 끝(recency) 중 어느 부분에 제시할지, 일면적(one-sided) 메시지 또는 양면적(two-sided) 메시지의 사용 여부, 드라마(drama)식과 강의(lecture)식 중 어느 것을 사용할지에 대한 결정을 포함한다. 또한 메시지를 어떻게 제시할 것인가와 관련하여 주입식(straightforward), 시연(demonstration), 비교(comparison), 문제해결/회피(problem solution/problem avoidance), 생활단면(slice of life), 정보원(endorsers), 티저(teasers) 방식 중에서 적절한 방식을 선택하여야 한다. 메시지 원천은 전문성, 신뢰성, 호감도 등을 고려하여 연예인, 정치인, 스포츠스타와 같은 유명인을 활용할 것인지에 대한 결정을 해야 한다.

4) 채널믹스 전략 수립

메시지 형식과 포맷에 대한 결정과 함께 메시지의 전달 경로인 매체전략을 수립하여야 한다. IMC 매체는 크게 인적매체(personal communication channel)와 비대인적매체(nonpersonal communication channel)로 구분할 수 있다. 먼저 **인적매체**는 두 명 이상의 사람들 간의 직접적인 커뮤니케이션에 사용되는 매체이다. 면대면(face-to-face), 전화, 우편, 전자우편 등의 방식이 있고 인터넷채팅 방식도 여기에 해당된다. 인적매체는 개인적인 의견의 교환과 즉각적인 피드백이 가능하기 때문에 설득 커뮤니케이션의 목적을 달성하는 데 효과적이라고 할 수 있다. 대표적인 인적매체로는 영업사원(salespeople)을 들 수 있다. 영업사원들을 고용하여 목표고객과 직접 접촉을 통하여 제품정보를 제공하고 구매를 설득하는 방식으로서 기업의 직접적인 통제가 가능한 매체이다. 한편, 기업이 통제할 수는 없지만 소비자들의 의사결정에 영향을 미치는 개인적 매체로는 전문가집단이나 소비자단체 또는 의견선도자 등이 있고 이들에 의하여 생성되고 전파되는 구전(word-of-mouth)은 IMC 매체전략에서 고려되어야 할 중요한 요소이다.

개인적 접촉이나 피드백 없이 목표청중에게 메시지를 전달할 수 있는 **비대인적 매체**로는 TV나 신문과 같은 대중매체와 이벤트를 포함한다. 대중매체는 신문, 잡지, DM과 같은 인쇄매체와 TV, 라디오와 같은 방송매체, 빌보드, 간판, 포스터 등의 디스플레이매체, 그리고 이메일, 웹사이트, SNS 등의 온라인 매체를 포함한다. 이벤트는 PR활동에 포함되는 매체로서 무대와 같이 미리 준비된 장소와 공간을 활용하여 목표청중에게 메시지를 전달하는 매체이다. 예를 들어, 기자회견, 제품 프레젠테이션, 전시회 등이 해당된다.

5) 집행 및 효과 측정

수립된 IMC 전략은 기업이 직접 실행하거나, 종합광고대행사 또는 세부 전문대행사를 통하여 실행한다. 캠페인이 집행되고 나면 목표달성 여부와 관련하여 효과 측정이 이루어져야 한다. 각 활동, 수단별로 적절한 성과지표를 활용하여 성과를 측정하고, 분석하여 피드백을 얻어야 한다. 예를 들면, 인지도, 상기도와 같은 인지적 효과는 물론 애호도나 태도와 관련한 감정적 효과, 그리고 구매효과 등 사전에 설정한 목표를 얼마만큼 달성했는지 객관적인 방법을 이용하여 조사하고, 성공 및 실패 원인 등을 분석하여 다음 캠페인에 반영하여야 한다.

6) IMC 통합 관리

앞의 다섯 단계를 거쳐 실행되는 IMC 프로그램을 전체적으로 조정, 통제하는 단계로서 전달하고자 하는 차별적 메시지가 명료하고 일관성 있게 전달되고 있는지, 사용된 채널들이 가능한 고객 접점들을 모두 활용하고 있는지를 관리해야 하며, 동일한 메시지가 다양한 채널을 통하여 고객경험을 기반으로 확산, 전파되도록 관리해야 한다. 특히 디지털 시대에는 고객이 자발적인 메시지 발신자의 역할을 하도록 하는 것이 중요하다.

4. IMC 채널 요소들의 특징

앞에서 살펴본 것과 같이 IMC는 TV, 라디오, 신문, 잡지와 같은 대중매체는 물론 판매촉진, 옥외매체, 이벤트, 인터넷 등 활용 가능한 모든 수단을 동원하여 커뮤니케이션 목표를 달성하기 위한 마케팅 커뮤니케이션 활동이다. 일관성 있는 브랜드 메시지를 통하여 고객가치를 효과적으로 전달하기 위하여 사용하는 이러한 IMC 채널들은 각각 어떠한 특징이 있고 어떠한 효과를 얻을 수 있는지 자세히 살펴보고자 한다. 특히 대표적인 IMC 수단인 광고를 중심으로 다른 수단들의 장단점을 비교하여 설명하고자 한다.

1) PR

PR(Public Relations)은 기업의 다양한 공중을 대상으로 한 커뮤니케이션 활동으로서 종업원, 주주, 임원 등 내부공중은 물론 정부, 협력사, 지역사회, 매체사, 시민단체 등과 같은 외부공중들과의 호혜적인 관계를 구축하고, 기업에 대한 긍정적 이미지, 즉 호의(goodwill)을 형성하고 유지하기 위한 마케팅 커뮤니케이션 활동이다. 장기적으로 기업 자산으로서 이미지와 명성을 관리하기 위한 포괄적인 커뮤니케이션 활동이라고 할 수 있다. 흔히 PR은 홍보(弘報)라고도 불리는데 다른 MC수단들과 효과적으로 통합, 관리되면 호혜적 관계 구축이라는 기본적인 목표 이외에도 기업 및 제품 인지도는 물론 호의적 태도 형성, 구매행동 촉진 등 다양한 효과를 거둘 수 있다.

전통적으로 PR활동은 주로 기업홍보, 즉 기업에 대한 호의적 태도 형성의 목적으로 실시되어 왔기 때문에 마케팅 부서가 아니라 기업의 홍보 부서에서 독립적으로 수행되어 왔다. 그러나 IMC의 전략적 목표를 달성하기 위하여 많은 기업이 통합적 관리 차원에서 다른 IMC 수단들과 PR을 통합하여 관리하는 추세이다. 특히 PR의 여러 수단 중 MPR(Marketing PR)은 제품에 대한 인지도 제고, 소비자에 대한 정보제공 및 교육, 기업 및 제품에 대한 이해 증진, 신뢰 구축, 소비자의 시험 구매 유도의 목적으로 마케팅 부서에서 수행하고 있다. 이렇듯 PR 부서와 마케팅 부서 간의 긴밀한 협조하에 IMC의 한 구성요소로서, 또는 광고와 마케팅 노력을 지원, 대체하는 도구로서 PR의 중요성이 확대되고 있다. PR이 특정 브랜드보다는 기업 전체에 대해 다양한 공중들과의 관계를 구축하기 위한 활동이라면 MPR은 PR의 전반적인 활동 중 특히 '소비자'라는 공중을 타깃으로 그들의 욕구충족을 도모하는 커뮤니케이션 활동이라고 할 수 있다. PR의 다양한 전술적 도구와 기존의 퍼블리시티를 효율적으로 접목시켜 마케팅에 직접 도움을 주는 전략으로서 제품 인지도를 높이고, 구매를 자극하고, 커뮤니케이션을 원활하게 하며, 소비자와 기업과 브랜드 간에 관계를 만들어 나가는 커뮤니케이션 활동이다.

PR의 고유 목표가 공중과의 관계 관리라는 점에서 관계 관리의 대상에 따라 PR활동의 영역은 다음과 같이 구분할 수 있다.

- 매체관계: TV 또는 신문과 같은 언론매체와의 원활한 접촉 관리
- 직원관계: 기업의 임직원들에게 기업 사안을 내부적으로 알리고 호소하는 활동
- 재계관계: 기업을 평가하는 여러 기관에게 기업에 대한 정보를 알리는 활동
- 주주관계: 주주 또는 투자자와의 신뢰구축을 위한 활동

• 정부관계: 정부와의 원활한 관계 형성 및 유지를 위한 활동(이슈관리, 로비 등)

기업명성과 위기관리 기능도 PR의 중요한 기능으로 포함된다.

• 기업명성관리(corporate reputation management): 기업에 대한 긍정적 이미지와 명성을 관리하기 위하여 공중과의 신뢰를 강화하는 활동
• 위기관리(crisis management): 기업 경영활동과 관련한 위기상황을 예측하고 대비함으로써 위기상황 발생을 방지하거나 실제 발생 시 부정적 효과를 최소화하기 위한 활동

PR활동을 위하여 자주 사용되는 커뮤니케이션 도구로는 크게 퍼블리시티, 기업광고, 이벤트, 협찬, PPL 등을 들 수 있다. 각각에 대하여 설명하자면 다음과 같다.

• 퍼블리시티(publicity): 기업이나 제품 관련 정보를 매체를 통하여 기사화하는 활동으로서, 흔히 퍼블리시티가 PR 활동의 의미로 사용될 만큼 중요한 수단이다. 외부 정보원으로부터의 정보가 뉴스가치로 인하여 매체에 실리게 되는 것으로서 기업이나 브랜드 관련 정보가 매체를 통하여 기사화되는 것을 말한다. 매체의 높은 신뢰도에 편승하여 강한 설득효과를 얻을 수 있고, 다른 IMC 수단들과 연계되어 수행될 때 효과가 배가될 수 있다. 그러나 퍼블리시티의 실현 여부는 기본적으로 매체사의 결정에 달려 있기 때문에 PR 담당자가 매체사의 호의적인 의사결정을 유도하기 위한 노력을 기울이는 것이 중요하다.
• 기업광고(corporate advertising): 퍼블리시티가 매체에 의존하는 형태의 활동이라면 기업광고는 원하는 매체에 기업이 원하는 방식으로 광고 메시지를 전달하여 소비자의 호의적 의견과 태도를 유도하는 형태의 활동이다. 기업광고의 목적은 단기 매출증대 효과보다는 장기적으로 기업에 대한 호의적 이미지를 형성하거나 사회적, 환경적 이슈에 대한 기업의 철학이나 비전을 전달하는 데 있다.

- 이벤트(event): 기업이 뚜렷한 목표를 가지고 특정 기간 동안 특정 장소에서 특정 집단을 대상으로 메시지를 직접 전달하기 위하여 실시하는 행사를 말한다. 주로 기업의 마케팅 목표인 판매촉진과 수익창출을 위한 수단으로 활용된다. 전시회/박람회, 컨벤션, 지역축제, 스포츠 이벤트 등을 주관하거나 참여하여 목표청중을 직접 현장에서 만나 상호작용하고 반응하는 형식으로 수행된다. 메시지가 오감(시각, 청각, 촉각, 후각, 미각)을 통하여 전달될 수 있으므로 뛰어난 공감성을 갖고 있지만, 참여자의 수가 제한적이라는 단점이 있다. 따라서 메시지의 표적청중이 특정 집단으로 국한되는 경우에 매우 효율적인 커뮤니케이션 도구라고 할 수 있다.
- 협찬(sponsorship): 스포츠나 음악행사 혹은 자선단체 행사 등을 재정적으로 지원하거나 물품이나 서비스의 형태로 지원하면서 기업을 홍보하는 활동이다. 기업이미지를 개선하고 기업의 사회적 책임활동을 알려 대중의 신뢰와 이해를 획득하기 위하여 많은 기업이 활발히 참여하고 있다. 또한 제품 수준에서 브랜드 연상효과나 브랜드 가치상승 효과도 기대할 수 있다. 특히 대중에게 많은 영향을 미치는 인기 있는 스포츠의 협찬을 활용하는 스포츠마케팅은 독자적인 영역을 구축하고 있을 만큼 매우 중요한 협찬 도구이다. 스포츠마케팅은 크게 관중과의 직접 경로, 경기 참여를 통한 접촉, 협찬상품을 통한 접촉 등 세 가지 형태의 상호작용으로 홍보효과를 얻을 수 있다.
- PPL(Product Placement): 광고의 일종으로서 흔히 간접광고라고도 불리는데 매체의 특정 프로그램이나 공공기관이나 사회단체의 행사를 재정적으로 후원하면서 프로그램이나 행사장소에 회사 또는 제품의 상표를 삽입하거나 협찬사실을 공표하는 활동을 말한다. 최근에는 협찬방법이 이벤트후원, 여행경비제공, 의상협찬, 상품협찬 등으로 다양해지고 있으며, 소비자의 상표 인지도와 친숙도를 높이고 구매의도를 높이는 효과를 얻을 수 있다. 드라마나 영화의 장소협찬뿐만 아니라 뮤직비디오에도 PPL이 이루어지는 등 다양한 방법이 활용되고 있다.

2) 판매촉진

판매촉진(sales promotion)은 단기 매출증대를 위하여 중간상, 소비자 판매원 등을 대상으로 다양한 인센티브를 제공하는 활동을 의미한다. 광고의 주목적이 제품 인지도의 창출과 호의적 상표태도 형성에 있다면, 판매촉진의 주목적은 소비자들의 즉각적인 구매의도 유발에 있다고 할 수 있다. 또한 판매촉진은 경쟁사 제품에 대한 상표충성도를 깨뜨리는 수단으로도 활용될 수 있으며, 신규 소비자의 시험구매를 유도하거나 충성도가 높은 소비자에 대한 보상 등 기업이 설정하는 목표에 따라 다양하게 사용될 수 있다. 그러나 장기적인 소비자 선호와 상표에 대한 충성도를 끌어내기보다는 단기적인 판매증대 효과를 가져다주며, 그 효과가 오래 지속되기 어렵다는 단점이 있다. 흔히 사용되는 소비자 판매촉진 활동의 도구로는 가격할인, 샘플링, 쿠폰, 프리미엄, 콘테스트와 경품행사, 리베이트 또는 리펀드 등을 들 수 있다, 이들 수단에 대하여 좀 더 자세히 설명하자면 다음과 같다.

- 가격할인: 소매가격을 직접적으로 인하하는 형태의 촉진으로서 소매업자의 마진은 유지하면서 제조업자의 마진폭을 희생시키는 방식으로 실행하게 되므로 소매업자들의 협조를 기대할 수 있다. 가격할인은 상표 간 가격비교가 일어나는 구매시점에 소비자들에게 강한 영향을 미칠 수 있고, 소비자들의 대량구매를 촉진할 수 있으므로 경쟁사 제품의 촉진을 통제하는 데 효과적이다. 그러나 소매점들이 가격할인에 대하여 호의적이지 않을 수 있고, 비사용자를 유도하기보다는 정규 사용자들에 의해 주로 이용될 수 있다는 한계가 따른다.
- 샘플링(sampling): 소비자에게 무료로 제품을 제공하여 사용하게 하는 방법으로서 주로 신제품 도입시나 제품에 변경이 발생할 때 시용을 유발하려는 목적으로 사용된다. 특히 식품, 화장품, 건강용품 등과 같은 패키지 용품 제조업체들에 의하여 빈번히 사용된다. 제조단가가 낮아 샘플비용이 적게 들거나 소량의 샘플만으로도 상표의 특성과 장점을 잘 파악할 수 있고 제품사용기간이 짧아

소비자의 즉각적인 구매가 이루어지거나 다음 구매시점까지 상표를 기억할 수 있을 만큼 구매주기가 짧은 제품에 효과적이다.

- 쿠폰(coupon): 표시된 금액만큼 구매시점에 인하된 가격으로 구매할 수 있음을 보장하는 일종의 증서를 제공하여 구매를 유도하는 방식의 촉진활동이다. 가격 민감도가 높은 제품의 경우 시용과 반복구매를 촉진할 수 있고 소매업자의 협조 없이 제품가격을 인하하는 효과를 얻을 수 있기 때문에 효과적인 촉진도구로 널리 사용되고 있다. 쿠폰은 신문이나 잡지에 삽입하거나 우편으로 전달하는 방법, 포장에 인쇄하거나 포장 안에 집어넣는 방법으로 배포된다. 요즘에는 모바일 기기나 PC 등을 이용한 전자식 쿠폰이 널리 사용되고 있다. 그러나 실제 쿠폰 사용량을 추정하기 어렵고, 자사상표 애용자들의 쿠폰 사용을 방지하기 어려우며, 쿠폰 발행에 상당한 비용이 발생한다는 단점이 있다.
- 프리미엄(premium): 제품을 구매한 고객에게 무료 또는 저렴한 가격으로 특정 제품을 추가로 제공하는 방식의 촉진활동이다. 지나친 가격인하 경쟁을 피하는 데 효과적인 방법으로서 상품패키지에 삽입하거나 영수증을 보내면 우편으로 우송되는 형식의 무료우편형, 소비자들이 구매증빙자료와 일정액을 보내면 소매가격보다 저렴한 가격으로 특정제품을 우편으로 보내는 방식의 소비자 부담형 프리미엄 등이 있다. 또한 제품생산 과정에서 프리미엄을 패키지 형태로 포함시키는 패키지 방식, 여러 개의 제품을 구매해야만 완전한 세트의 프리미엄 제품이 갖춰지도록 여러 개로 제공되는 연속형 방식, 새로운 소비자를 소개해 주는 고객에게 제공하는 소개식 방식 등도 활용된다.
- 콘테스트(contest)와 경품행사(sweepstakes): 콘테스트는 제품을 구매한 소비자들에게 상금이나 상품의 획득기회를 제공하는 방식을 말하며, 경품은 제품구매 여부와 상관없이 추첨을 통하여 상품이나 상금을 제공하는 방식의 판촉도구를 말한다. 콘테스트나 경품은 모두 사전에 정한 기준을 만족시키면 상품이나 상금이 제공되는 일종의 게임이지만 콘테스트는 경쟁방식이고 경품은 추첨방식이라는 차이점이 있다. 이들은 모두 해당 제품에 대한 소비자 관여도를 제고하

는 데 효과적이며, 참여 소비자들의 제품에 대한 감정적 유대관계를 높여 호의적 태도를 형성할 수 있다. 그러나 소비자의 충성도 제고에 효과적이지 못하며 여러 가지 법적 제약이 따른다는 한계가 있다.

- 리베이트(rebate) 또는 리펀드(refund): 소비자가 영수증과 같은 제품구매 증빙서류를 보내면 구매금액의 일정액을 돌려주는 방식의 판촉도구이다. 돌려받는 액수가 클수록 반응률이 높게 나타나며 패키지 용품에서 자동차까지 거의 모든 유형의 제품의 판촉에 활용되는 방식이다. 새로운 사용자를 창출하거나 경쟁상표 구매자의 상표전환을 촉진하는 데 효과적인 도구로서 일시적인 가격할인의 수단으로 활용되기도 한다. 그러나 시간과 노력이 많이 들기 때문에 소비자의 참여가 높지 않을 수 있다는 점이 단점으로 지적되며, 너무 빈번한 리베이트는 소비자들로 하여금 실제 제품가격에 대한 의심을 유발할 수 있다.

3) 인적판매

인적판매(personal selling)는 영업사원 또는 판매사원이 잠재구매자를 설득하여 구매에 이르게 하는 목적으로 수행되는 IMC 도구이다. 다른 IMC 도구들에 비하여 판매자와 구매자 간에 직접적인 상호작용이 가장 활발하여 설득효과가 높은 반면, 목표청중 도달력은 다른 도구들에 비하여 떨어진다는 단점이 있다. 따라서 다른 도구들과 마찬가지로 하나의 동일한 마케팅목표 달성을 위하여 통합 커뮤니케이션 관점에서 다른 여러 수단과 통합적으로 관리되어야 한다. 예를 들면, 대중매체광고나 PR 활동이 원활하게 이루어져 인지도나 이미지 측면에서 장점을 갖더라도 영업망이 제대로 갖춰지지 못하거나 판매망이 유지되지 못한다면 원하는 효과를 얻기 어려울 것이다. 인적판매의 주된 목적으로는 고객에 대한 교육, 제품사용법 제공, 판매후 서비스 등을 포함한다. 이들 모두 소비자와의 일대일, 면대면 방식을 통하여 이루어진다는 특징이 있다. 다른 IMC 수단들과 비교하여 인적판매가 갖는 장점을 요약하자면 다음과 같다.

- 소비자들의 욕구와 관심사항에 맞도록 메시지를 개별화하여 전달할 수 있다.
- 즉각적인 소비자의 피드백을 얻을 수 있고, 커뮤니케이션 효과를 파악하기 용이하다.
- 다른 수단들에 비하여 복잡하고 기술적인 정보를 상세히 전달할 수 있다.
- 빈번한 상호작용을 통하여 장기적인 신뢰관계를 구축하고 이해도를 높일 수 있다.
- 소비자들의 높은 수준의 주의를 유발하기에 용이하다.

4) 직접판매

직접판매(direct marketing)란 기업이 다이렉트메일, 텔레마케팅, 양방향TV, 인쇄매체, 인터넷 등과 같은 직접반응매체를 통하여 표적고객의 반응이나 구매를 유도하기 위하여 수행되는 활동을 의미한다. 전통적인 촉진수단인 광고, 판촉, 인적판매가 브랜드 인지도와 이미지 구축과 정보제공에 효과적이라면 직접판매는 소비자들의 즉각적인 행동반응을 유도하는 데 목적이 있다. 소매업계는 물론 출판, 컴퓨터, 금융 서비스 등 여러 분야의 기업들이 적극적으로 직접판매 활동에 참여하고 있다. 직접판매는 사용되는 커뮤니케이션 수단에 따라 크게 통신(우편)판매, 텔레마케팅, TV 마케팅, 온라인마케팅, 방문판매 등 다섯 가지로 구분할 수 있다(안광호, 이유재, 유창조, 2014). 이들 수단들의 특징을 설명하자면 다음과 같다.

- **통신(우편)판매**(direct mail): 우편으로 발송되는 카탈로그를 통하여 제품광고 또는 정보를 제공하고 전화, 팩스, 반송우편 등을 통하여 고객으로부터 주문받은 제품을 직접 또는 우편으로 배달하는 방식이다. 취급하는 제품들은 대개 표준화, 규격화된 제품들이 주류를 이루고 있지만 변질 가능성이 높은 식료품을 제외한 거의 모든 제품이 포함된다. 통신판매는 제조업체, 농수산물생산업체, 점포형 도·소매상들이 기존의 판매방식을 보완하는 수단으로 많이 활용되지만

미국의 샤퍼이미지(The Sharper Image)와 같이 카탈로그 판매만을 전문으로 하는 기업도 존재한다. 명확한 목표고객의 선정과 명단 확보 그리고 적절한 상품을 제공하는 것이 통신판매 성공의 관건이라고 할 수 있다.

• 텔레마케팅(telemarketing): 전화로 목표고객에게 제품정보를 제공하여 구매를 유도하는 활동과 소비자들로 하여금 방송이나 우편광고를 보고 수신자부담 전화를 무료로 이용하여 주문을 하게 하는 형태의 판매방식이다. 전자를 발신(outbound) 텔레마케팅이라고 한다면 후자는 수신(inbound) 텔레마케팅 방식이라고 할 수 있다. 역시 구매가능성이 높은 잠재고객의 명단을 확보하고 잘 훈련된 전문성 있는 텔레마케터의 역할이 중요한 성공요소이다.

• TV마케팅: TV광고를 통하여 목표고객의 구매를 유도하는 방식으로서 인포머셜(informercial)과 TV홈쇼핑으로 구분할 수 있다. 흔히 직접반응광고(direct response advertising)라고도 불리는 인포머셜은 30초~1분간의 TV광고를 통하여 제품을 소개하고 주문용 무료 전화번호를 통하여 소비자의 주문을 유도하는 방식을 말한다. 정보(information)와 광고(commercial)의 합성어인 인포머셜은 제품정보제공과 주문을 목적으로 제작된 광고의 특수한 형태를 의미하는데 주목적은 광고를 통하여 제공된 전화번호를 통하여 주문을 촉진하거나 제품문의를 유도하여 잠재고객의 명단을 확보하고 추가적인 접촉을 통하여 이들을 실구매자로 전환하기 위한 것이다.

한편, TV홈쇼핑은 전문방송국이 방송을 통하여 제품을 소개, 설명하여 시청자들의 주문을 유도하는 무점포 판매방식으로 일종의 원격판매방식이라고 할 수 있다(이정헌, 2011). 특유의 신속 간결한 구매방식이 생활의 편의성과 다양성, 경제성을 추구하는 현대인의 생활방식에 잘 부합하기 때문에 오프라인 시장에 버금가는 중요한 유통형태로 자리 잡고 있다. 우리나라에는 GS홈쇼핑, CJ오쇼핑, NS홈쇼핑, 롯데홈쇼핑, 현대홈쇼핑, 홈앤쇼핑의 모두 6개의 전문 채널이 있고, 대기업은 물론 중소형 제조업체, 소매업체 등 대부분의 기업이 TV홈쇼핑을 통한 제품판매에 참여하고 있다.

- 온라인마케팅: 넓은 의미에서 온라인마케팅은 인터넷을 기반으로 한 모든 형태의 커뮤니케이션과 제품판매 활동을 의미하지만, 직접판매(direct marketing)의 관점에서 좁게 보면 온라인쇼핑을 의미한다고 할 수 있다. 인터넷의 급속한 확산과 소비자들의 온라인 구매 활성화로 인하여 급성장하고 있는 판매방식으로서 대부분의 기업이 자사의 웹사이트나 전문 온라인 쇼핑몰을 통한 제품판매에 적극 참여하고 있다. 유통시장의 무게추가 오프라인에서 온라인으로 급격히 옮겨 가면서 우리나라의 경우 G마켓, 옥션, 11번가, 쿠팡, 위메프, 티몬 등 기존 온라인쇼핑 업계는 물론 롯데, 신세계, 현대백화점 등 전통의 유통 대기업들이 참여하고 있고, 전체 소매시장 매출의 약 1/3 이상을 차지할 정도로 성장을 거듭하고 있다.
- 방문판매: 영업사원을 판매원으로 고용하여 목표고객의 거주지에 직접 방문하여 제품을 판매하는 방식의 활동이다. 미국의 화장품기업인 에이본(Avon)과 주방용품 업체인 타파웨어(Tupperware), 우리나라의 야쿠르트, 웅진, 대교 등이 대표적인 방문판매 업체이다. 업체에 따라 다양한 방식으로 운영되고 있는데, 에이본의 경우 지역별로 책임판매원(sales rep.)을 고용하고 이들이 영업사원을 채용하여 자신의 거주지를 중심으로 독점판매권을 부여받아 판매에 따른 수수료를 받는 방식으로 운영하여 성공을 거두고 있다. 그러나 인건비 증가, 취업주부 증가, 높은 마진율, 교통체증 등으로 인하여 어려움에 직면하고 있다. 최근에는 한국암웨이와 같은 다단계 방식으로 고객관리 시스템을 도입하여 성공을 거둔 사례들도 등장하고 있다.

5) 광고

광고는 TV, 신문, 잡지, 라디오, 인터넷과 같은 대중매체를 사용하여 기업의 제품을 널리 알리고 소비자를 설득하여 제품의 판매를 증가시키기 위한 활동을 말한다. 즉, 잠재고객을 증가시키고, 잠재고객이 자사 제품의 구매자가 되도록 설득시키며,

타사 제품사용자를 자사 제품사용자로 전환시키며, 현재 자사 고객이 더 많은 제품을 구매하도록 설득시키는 커뮤니케이션 활동이라고 할 수 있다. 광고는 사용되는 매체에 따라 크게 방송광고, 인쇄광고, 디지털광고 등으로 구분할 수 있다. 일반적으로 가장 강력한 광고매체로 알려진 TV광고는 넓은 도달범위와 노출당 낮은 비용의 매체로서 생생한 비주얼과 청각효과를 바탕으로 제품의 속성을 실감나게 전달하고 짧은 시간 내에 브랜드 이미지를 강력하게 전달하여 판매에 영향을 미칠 수 있는 장점을 갖고 있다. 라디오광고는 높은 빈도수를 확보하는 데 효과적이고 청취자의 상상을 자극하여 메시지에 대한 몰입을 높일 수 있다. 반면, 신문광고는 세밀한 제품정보를 전달하는 데 효과적이며, 특히 매체의 높은 신뢰도와 영향력을 제품에 전이시켜 긍정적인 반응을 얻을 수 있는 장점이 있다. 이와 비교하여 잡지광고는 선별된 목표청중에게 효율적으로 메시지를 노출시킬 수 있고, 인쇄품질이 높아 제품의 고품격 이미지를 전달하는 데 효과적이다.

한편, 인터넷광고는 청중과의 양방향소통이 가능하며, 기술력을 이용하여 광고효과 측정이 용이하다. 최근에는 페이스북이나 유튜브와 같은 SNS는 물론 기타 다양한 유형의 디지털광고가 소비자의 온라인 이용행태에 대한 분석을 기초로 관심 제품을 찾아서 커뮤니케이션할 수 있는 프로그래매틱(programmatic) 광고의 형태로 발전하고 있다. 일반적으로 광고는 목적에 따라 소비자들의 브랜드 인지나 지식 획득과 같은 인지적 반응은 물론 선호도, 태도와 같은 감정적 반응, 그리고 구매의도와 구매까지 포함하는 행동적 반응을 유발할 수 있고, 브랜드연상, 설득, 확신 등 다양한 효과를 얻을 수 있다.

6) IMC 채널믹스 요소 간의 비교

IMC 채널믹스 요소들의 개념과 효과를 살펴보면 각각의 요소들 간에 수행방식과 효과 측면에서 차이가 있는 것을 알 수 있다. 앞에서 설명한 것처럼 IMC는 기업이나 제품에 대한 메시지를 효과적으로 전달하기 위하여 다양한 IMC 수단을 통합하여 관리하는 마케팅전략이라고 할 수 있다. 즉, 여러 가지 IMC 채널 요소 중에서 동일한 타깃 접점에 있는 최적의 채널믹스를 기획하여 동일한 메시지를 일관성 있게 전달하는 것이 중요하다. 그렇게 하기 위하여 각각의 수단들의 접촉방식과 효과를 종합적으로 비교, 검토해야 한다. 〈표 3-1〉은 소비자와의 접촉방식(mode of contact), 커뮤니케이션 효과, 그리고 그러한 효과가 나타나는 데 필요한 시간 등을 중심으로 IMC 수단들을 비교한 결과이다.

먼저 청중들과의 접촉방식은 광고와 PR이 TV나 신문과 같은 대중매체를 통한 간접적 접촉인 반면 인적판매와 구매시점 광고는 면대면 또는 매장 내에서 포스터나 디스플레이 광고를 활용하는 직접 접촉방식이다. 직접판매와 판매촉진은 유형에 따라 직접 또는 간접 접촉을 모두 포함한다. 주요효과를 살펴보면, 인적판매와 판매촉진은 즉각적인 제품판매의 효과를 얻을 수 있는 반면, 직접판매와 구매시점광고는 구매의도나 구매행위를 유발하는 효과를 발휘한다. 한편, 대중매체를 통한 간접접촉방식의 광고와 PR의 경우에는 메시지 형태와 내용에 따라 정보전달, 감정적 반응 또는 행동효과 등을 얻을 수 있다. 효과가 발생하는 데 필요한 시간을 비교해 보면, 인적판매, 직접판매, 판매촉진 등 면대면 접촉방식의 요소들은 즉각적인 효과를 얻을 수 있는 반면, 광고와 PR과 같이 매체를 통한 비인적 접촉방식의 요소들은 다소 시

표 3-1 IMC 채널 요소들 간의 비교

IMC요소	접촉방식	주요효과	시간
광고	간접(대중매체)	정보, 태도, 행동	중(中) 또는 단(短)
PR	간접(대중매체)	태도	장(長)
인적판매	직접(면대면)	판매	단(短)
직접판매	간접 또는 직접	행동	단(短)
판매촉진	간접 또는 직접	판매	단(短)
구매시점 광고	직접(매장 내 광고)	행동	중(中)

출처: Moriarty, Mitchell, & Wells (2015).

간이 오래 걸리는 것을 알 수 있다. 매장 내 구매시점 광고의 경우에는 전달형식에 따라 길지도 짧지도 않은 중간 정도의 시간이 필요한 것을 알 수 있다. 이 외에 대표적인 IMC 수단인 광고는 PR과 비교하여 메시지에 대한 통제 권한이 있지만 매체비용을 지불해야 하는 유료형 수단으로서 메시지 신뢰도가 떨어지는 반면, PR은 무료형이고 메시지 신뢰도는 높지만 메시지에 대한 기업의 통제력이 적다는 점에서 차이가 있다.

5. 디지털 마케팅 커뮤니케이션의 변화와 광고의 기능

2010년대 이후 디지털 기술에 의한 본격적인 초연결시대가 도래하면서 기업의 마케팅 커뮤니케이션 활동에는 커다란 변화가 초래되었다. 커뮤니케이션 채널의 비중이 TV, 신문과 같은 기존의 전통매체에서 인터넷을 기반으로 하는 디지털매체로 급격히 전환되고 있는 것이다. 즉, 지상파TV와 신문의 비중은 지속적으로 감소하고 있는 데 비하여 온라인광고와 모바일광고는 지속적으로 성장하고 있다. 이러한 변화는 소비자의 매체이용 행태의 변화에 기인한다. 즉, 모바일 기기의 확산에 따라 소비자들이 플랫폼과 상관없이 원하는 콘텐츠를 원하는 시간에 선택하여 이용하는 것이 가능해졌고, 유튜브(YouTube)와 페이스북(Facebook)과 같은 소셜미디어 플랫폼과 실시간 스트리밍 서비스들이 등장하면서 매체의 세분화(fragmentation) 현상이 가속화되고 있기 때문이다. 이제는 시장을 지배하는 일부 매체의 독점적 지위가 사라지게 되었고 소비자들의 선택의 폭은 그만큼 넓어진 것이다. 이와 함께 소비자들이 이용하는 콘텐츠의 유형에도 큰 변화가 일어나고 있다. 과거에는 집중력이 요구되고 다소 긴 시간을 할애하여 소비하는 콘텐츠가 인기를 끌었다면 이제는 짧고 쉽게 임팩트가 전달되는 유형의 이미지, 사진, 동영상 콘텐츠의 소비를 선호하는 경향이 높아지고 있다. 또한 다른 일을 하면서 매체를 이용하는 이른바 멀티태스킹(multi-tasking) 현상이 두드러지게 나타나면서 스마트폰이나 태블릿PC와 같은 모바일 기기에 적합한 콘텐츠가 인기를 끌고 있다.

이러한 환경변화 속에서 소비자들은 더 이상 커뮤니케이션 메시지를 수동적으로 받아들이는 수용자가 아니라 적극적으로 메시지 생산에 참여하고 그것을 타인과 공유하고 확산하는 능동적인 메시지 생산자로서 매체활동에 참여하고 있다. 과거의 소비자들은 정보 접근이 제한되어 기업이 주도하는 커뮤니케이션 정보에 수동적으로 노출되었다면 지금은 정보의 비대칭성이 해소됨에 따라 정보의 홍수 속에서 옥석을 가려낼 수 있는 이른바 스마트한 소비자로 진화하고 있는 것이다. 또한 소비자들은 과거처럼 광고에 의존하기보다는 본인의 관심에 따라 광고를 얼마든지 회피할 수 있게 되었고, 원하는 광고와 정보를 직접 찾아보는 적극적인 광고회피자 또는 광고검색자로 변화하고 있다.

이러한 변화에 따라 마케팅 커뮤니케이션의 흐름에도 큰 변화가 찾아오고 있다. 전통적 마케팅에서는 고객, 기업, 협력자, 경쟁자, 환경의 맥락에서 인사이트를 찾아 4P믹스 마케팅전략을 수립하여 집행하였다면, 디지털 시대의 새로운 마케팅은 소비자로부터 듣고(listen) 관계를 맺은(engage) 후 촉진(promotion) 활동을 수행하는 체계로 변화하고 있는 것이다. 듣기 단계에서 과거의 인사이트를 찾는 작업이 이루어지고 촉진 단계에서 4P믹스 마케팅을 연계하는 것이다.

이러한 소비자와 매체환경의 변화는 IMC의 채널전략에도 큰 변화를 요구하고 있고, 광고매체 전략과 실행이 애드테크(ad tech)를 기반으로 자동화된 수준으로 진화하고 있다. 애드테크는 ad와 technology의 합성어로서 이용자의 과거 이용기록을 분석하여 향후 매체이용과 구매행위를 예측하여 목표고객에게 맞춤화된 광고를 제공하는 제반 기술을 의미한다. 모바일 환경에서 효과적인 광고를 위하여 애드테크는 계속 진화 중이며, 최근에는 빅데이터 분석과 인공지능을 활용하여 광고집행의 모든 과정을 자동화하는 이른바 **프로그래매틱**(programmatic) **광고**의 비중이 급속히 증가하고 있다. ■

제4장

광고의 소비자 동기유발

이혜진(한양대학교 광고홍보학과 겸임교수)

1. 동기
2. 동기이론
3. 소비자 욕구와 동기유발
4. 광고의 소비자 동기유발

◈◇◈

미디어 환경의 급속한 구조변화로 광고의 생산과 유통 방식이 변모하고 있다. 이같은 변화의 중심에 광고효과를 결정짓는 소비자가 있다. 광고는 소비자의 욕구를 충족시켜 동기를 유발하여 태도 형성에 영향을 미치는 마케팅 커뮤니케이션 도구이다. 소비자를 대상으로 하는 광고가 마케팅 측면에서 효율적으로 작동되는지에 대한 세밀한 탐색이 필요하다. 광고를 통한 마케팅의 성공 주체는 바로 소비자이기 때문이다. 따라서 소비자 행동에 영향을 미치는 동기에 주목한다. 특히 소비자 행동은 소비자의 물리적인 측면뿐만 아니라 심리적 측면을 융합한 것으로써 태도 형성 및 구매결정과 관련하여 발생하는 소비자의 내 · 외적 행동을 의미한다. 그러므로 이 장에서는 효율적인 광고와 마케팅을 위해 소비자 행동의 심리요소인 동기와 관련한 욕구이론을 바탕으로 광고의 소비자 동기유발에 대해 살펴보고자 한다.

1. 동기

동기(motivation)는 라틴어 'Movere'에서 유래하였으며 개인의 욕구(needs), 욕망(wants), 동인(drives) 등의 의미를 내포하고 있다. 동기는 동기부여, 동기유발, 동기화라고도 불리며 소비자의 행동을 유발하는 내적 요인이다(손주영, 2013). 동기는 특정 행동을 위해 소비자에게 작용되는 힘이며 소비자로 하여금 움직이게 하는 작용을 한다. 즉, 배가 고프면 먹을 것을 찾으려는 욕구, 목이 마르면 갈증을 해소할 음료나 물을 찾으려는 욕구가 유발된다. 또한 동기는 소비자로 하여금 특정한 목표를 향해 반복적으로 행동하게 한다. 긴장상태를 부여하여 행동의 반복을 일관되게 지속시키도록 한다. 그뿐만 아니라 동기의 강도에 따라 행동의 지속성 여부가 결정된다. 다시 말해, 동기가 강할수록 행동의 지속성은 유지된다(정원식, 2001). 따라서 동기는 소비자 행동의 방향을 결정해 주는 역할을 한다.

동기의 개념

소비자 행동의 원인이 되는 동기는 행동을 유발하고 행동의 방향과 지속에 영향을 미치는 중요한 요인이 된다. 동기는 기본적으로 소비자가 추구해야 할 것과 그로 인한 목표물을 인지시켜 주며 소비자의 제품 선택기준에 영향을 미치기도 한다(조은미, 2006).

이처럼 소비자 행동을 유발하는 동기의 개념들을 〈표 4-1〉을 통해 정리해 보면 다음과 같다.

표 4-1 동기의 개념

연구자	내용
정원식(2001)	특정 행동을 위해 작용하는 내 · 외적인 어떤 힘
김완석(2000)	행동을 일으켜 특정목표를 향하게 하며 행동을 유지시켜 주는 긴장상태
남승규(2009)	어떤 행동을 하게 되는 이유이며 그 행동이 특정한 방향과 강도를 지니고 일관성 있는 행동을 유지하도록 하는 것
손주영(2013)	욕구, 욕망, 동인 등을 포함하는 개인의 내면적 추진력이며 인간행동을 유발하는 내적인 심리상태
김염제(1992)	육체적 에너지를 자극하는 힘과 메카니즘에 내포된 내적 상태로써 외적 상태에 있는 목적을 향해 선택적으로 방향지우는 것
Arnold, Robertson, & Cooper(1995)	목표의 방향이며 원하는 것을 얻기 위한 노력과 지속성 및 강도
Schunk, Pintrich, & Meece(2010)	목적을 위한 행동을 시작하게 하고 지속하도록 하는 정신적, 육체적 과정
MacInnis, Moorman, & Jaworski(1991)	정보처리를 위한 열망이나 준비 상태

2. 동기이론

심리학에 따르면 동기(motivation)의 정의는 사람을 움직이게 하는 힘이며 특정의 방식으로 행동하게 하는 과정이다(우석봉, 2017). 이때 동기는 자발적이고 능동적인 자세로 일관성 있는 행동을 유지하도록 한다. 따라서 일관된 행동은 소비자의 동기에 의해 나타나므로 소비자의 동기와 행동은 매우 밀접하다.

동기이론(motivation theory)은 **내용이론**(content theory)과 **과정이론**(process theory)으로 구분한다. 내용이론은 동기의 유발요인 내용을 규명하는 이론이며 과정이론은 동기의 유발 단계 및 진행과정을 설명하는 이론이다. 내용이론에는 매슬로(Maslow)의 욕구계층이론, 앨더퍼(Alderfer)의 ERG이론, 허츠버그(Herzberg)의 2요인이론, 맥클랜드(McClelland)의 성취동기이론, 맥그리거(McGregor)의 XY이론, 아기리스(Argyris)의 성숙이론, 맥과이어(McGuire)의 심리적 동기 등이 있다. 과정이론에는 브룸(Vroom)의 기대 · 유인가 이론, 로크(Locke)의 목표설정이론, 애덤스(Adams)의 형평이론, 페스팅어(Festinger)의 인지부조화이론, 데시(Deci)의 내적 동기이론, 스키너(Skinner)의 행동수정이론, 레빈(Lewin)의 장이론 등이 있다(남승규, 2009). 소비자의 욕구는 내적인 요소, 외적인 요소, 개인적인 특성과 환경, 심리적 요인 등 다양한 변수에 의해 충족될 수 있으므로 특정 요인에 의해 한정 지을 수는 없다. 그만큼 소비자 행동은 포괄적이며 다양한 관점에서 바라볼 수 있어야 한다.

이상으로 제시한 동기이론 중에서 인간의 욕구를 바탕으로 한 내용이론인 매슬로의 욕구계층이론에 대해 설명하면 다음과 같다.

■ 욕구계층이론

심리학자인 **매슬로**(Maslow, 1943)는 인간의 근본적인 생물학적 측면과 심리학적 측면의 수준을 반영한 욕구를 5단계로 구분하였다. 이는 인간의 욕구가 낮은 수준의 단계에서부터 시작하여 한 단계씩 높은 수준의 단계로 충족시켜 나간다는 것이다. 매슬로의 욕구계층이론(hierarchy of need theory)은 인간의 욕구를 일으키는 동기유발을 이해하는 데 유용한 이론이다. 따라서 매슬로가 제시한 하위욕구에서부터 상위욕구에 이르기까지 인간에게 발생되는 세부적인 욕구는 다음과 같이 정리할 수 있다.

(1) 생리적 욕구(physiological needs)

인간이 살아가는 데 가장 기본적인 욕구이며 육체적 · 생리적으로 필요한 욕구로서 욕구계층의 1단계에 속한다. 이 단계에서는 식욕, 공기, 의복, 주거, 성욕 등의 욕구가 해당된다.

(2) 안전욕구(security needs)

인간은 가장 기본적인 생리적 욕구가 충족되면 2단계인 신체의 위험이나 사회적 또는 정서적 위협, 경제적 불안 등으로부터 안전하게 보호받으려는 욕구를 추구한다.

(3) 사회적 욕구(social needs)

집단이나 조직에 소속되기를 원하는 욕구로서 속해 있는 다른 사람으로부터 인정받거나 사랑을 나누고 싶어 하는 욕구이다. 즉, 사회구성원들과 교제를 나누고 구성원으로서의 소속감, 동료애, 그리고 가족애 등 상호 관계 속에서 의미를 느끼게 되는 욕구이다.

(4) 자존욕구(self-esteem needs)

자아를 존중하고 타인으로부터 존경받고자 하는 욕구이다. 지위, 명성, 성공, 인정 등을 원하는 욕구로서 타인에게 존경과 인정, 관심을 받고 스스로를 존중하며 가치 있는 사람으로 여기는 욕구이다.

(5) 자아실현욕구(self-actualization needs)

욕구계층 구조 5단계 중에서 가장 상위 욕구단계이다. 이 단계에서는 자신의 능력을 실현하여 성취와 만족을 통해 자기 존재를 확인하고 인식하려는 욕구를 말한다.

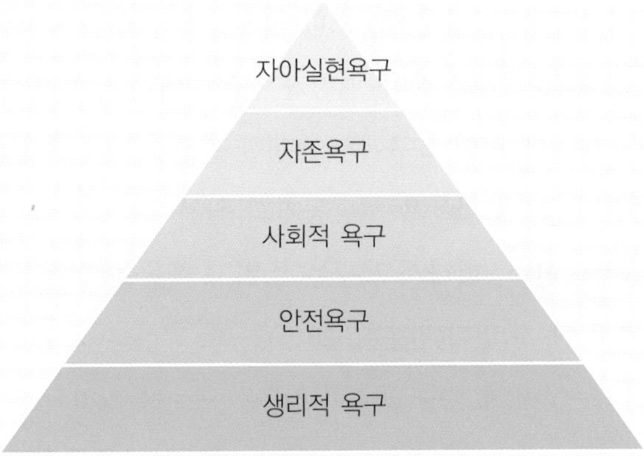

[그림 4-1] 매슬로의 욕구계층이론

매슬로의 욕구계층이론을 요약하면 〈표 4-2〉와 같다.

표 4-2 매슬로의 욕구계층이론에 따른 세부 내용

단계	충족 욕구	목적	충족 욕구의 세부 내용
1	생리적 욕구	기본 욕구	식욕, 성욕, 의복, 음식, 주거
2	안전욕구	안전, 보호	신체적 및 경제적 위험, 고용불안, 생존위협
3	사회적 욕구	인간 · 사회적 관계	사랑, 우정, 소속감, 동료, 이웃, 가족
4	자존욕구	자부심, 자신감	존경, 명성, 지위, 관심, 인정, 칭찬
5	자아실현욕구	자기완성	성장, 성취, 자기발현, 공헌

3. 소비자 욕구와 동기유발

소비자는 어떤 제품이 필요하다고 느낄 때 욕구가 생기며 때로는 필요한 것을 충족시키려는 욕구가 일정 수준 이상으로 커져서 해결하지 않으면 안 되는 상태에 놓이기도 한다(조은미, 2006). 다시 말해, 소비자의 잠재적 욕구는 어떤 계기로 인해 활성화되고 욕구가 충족되지 않을 때 불편함과 긴장상태에 놓이게 된다. 즉, 현재 상황에서 느끼는 욕구와 이상적인 욕구에서 발생한 긴장감 해소를 위해 욕구가 충족되도록 동기를 유발한다. 그러므로 욕구는 동기의 원천이며 소비자 행동의 방향을 결정짓는 데 의미를 부여한다. 따라서 욕구는 소비자 행동을 표출하도록 하는 동기유발의 필요조건이라고 할 수 있다(김은희, 2015).

■ 소비자 동기유발의 이해

소비자 행동에 영향을 미치는 내적 요인들은 동기, 가치, 태도, 학습, 성격, 라이프스타일 등 매우 다양하다. 가치는 소비자가 중요하다고 여기거나 선호하는 개인의 판단이 작용하는 요인이다. 또한 소비자 행동의 중요한 요인 중에는 태도를 들 수 있다. 태도는 개인적 성향으로 어떤 대상이나 사물, 생각에 대한 호의를 의미한다. 이외에도 오늘날 기업이 효과적인 마케팅 수행을 위한 목적으로 관심을 기울이는 것 중에 하나가 소비자의 라이프스타일이다. 이는 소비자가 시간을 소비하는 방법과 일상생활의 활동을 뜻하는 것으로 개인이 추구하는 관심과 활동범위에 대한 이해를 통해 소비자 행동양식을 파악할 수 있다는 점에서 의미가 있다.

소비자의 일상생활은 의식적, 무의식적으로 수많은 제품이나 브랜드의 정보전달을 받고 제품이나 서비스를 이용하는 것으로 반복된다(김영균, 2014). 이처럼 기업들이 매일, 매 순간 소비자에게 노출하는 다양한 광고 자극을 소비자는 얼마나 기억하며 소비자 행동에 적극적으로 반영하는지 소비자의 욕구와 동기유발에 대한 이해가 필요하다.

그렇다면 광고에서 소비자의 욕구를 충족시켜 동기를 유발하는 중요한 요소는 무엇일까? 이것은 '무엇을 말하느냐(what to say)' 하는 전략적인 측면에 중점을 두어야 함을 의미한다. 즉, 전략(strategy)과 표현(creative)이 얼마나 적합하고 조화롭게 구사되었는지에 달려 있다(이성구, 1999). 소비자는 현실적이며 욕구 충족을 위해 느긋하게 기다리지 않는다. 소비자는 불만족을 당장 해결해 줄 수 있는 메시지 제안에 주의를 기울인다(김훈철, 1992). 잘 전달된 광고 메시지는 소비자의 욕구를 자극하여 의미를 부여함으로써 행동을 유발한다. 이렇듯 소비자의 욕구를 어떻게, 얼마나 만족스럽게 충족시켜 주느냐에 따라 **광고효과**는 달라진다.

이상과 같이 소비자 행동을 촉구하고 유발하는 내적 요인들 중, 구매의도를 유발하는 대표적 변수인 동기에 주목하고자 한다. 소비자는 충족시키고자 하는 욕구(needs)가 발생할 때 행동을 시작한다는 점에서 소비자의 욕구는 동기를 유발하는 요인이 된다. 따라서 광고에서 소비자의 욕구를 반영한 등장인물의 스토리와 구현된 이미지는 소비자의 동기를 효과적으로 유발할 수 있다. 나아가 의미를 생성하여 재생산됨으로써 사회적, 문화적 가치로 인식된다. 따라서 소비자의 마음에 남는 것, 소비자의 의식을 움직이게 하는 것, 즉 소비자가 필요로 하는 욕구가 무엇인지 파악하는 것이야말로 올바른 광고와 마케팅의 방향이며 진정한 역할이라고 할 수 있다.

이와 관련한 광고소구의 바탕은 동기이론에서 찾을 수 있다. 동기이론 중 하나인 매슬로의 욕구계층이론은 욕구충족을 위한 동기를 소비자 관점에서 바라볼 수 있으므로 현재까지 유용하게 많이 활용되고 있다. 그러나 특정 제품의 광고소구를 선정할 때에는 소비자의 동기가 단순히 하나로만 이루어지지 않고 복합적으로 형성되거나 작용하여 다수의 동기로 연결되는 것에 주목해야 한다. 예를 들면, 아파트의 경우 편리함, 휴식, 안전, 가족, 이웃 등 소비자의 다양한 동기가 복합적으로 작용할 수 있기 때문이다. 그리고 이 같은 동기요인들은 시대상황에 따라 얼마든지 변화될 수 있다. 그러므로 광고소구와 관련하여 소비자의 어떤 욕구를 중점적으로 충족시킬지에 대한 숙고가 뒷받침되어야 한다(김염제, 1992).

따라서 하나의 특정 제품이 소비자의 특정 욕구를 충족시킨다고 단정하기 어렵다. 소비자에 따라 그 제품을 통해 충족되는 욕구는 모두 다를 수 있기 때문이다. 그래서 소비자의 어떤 욕구를 충족시킬 수 있는지, 소비자의 욕구 본성(김완석, 2000)은 무엇인지에 대한 지속적인 탐색이 필요하다. 이처럼 매슬로의 욕구계층이론은 다소 한계성을 지니고 있지만 소비자의 욕구를 추구하는 데 영향을 미치는 동기와 유발요인을 이해하는 데 효과적이다.

4. 광고의 소비자 동기유발

TV광고에서 배우 이영애가 아파트 광고모델로 등장하여 아파트를 소개하고 있을 경우, 그것을 지켜본 여성소비자는 '나도 저 아파트에 살고 싶다'라는 동기가 유발될 수 있다. 또한 배우 이병헌이 운전하는 자동차 TV광고에서 강조된 장면을 지각한 남성소비자로 하여금 그 자동차에 대한 소유 욕구를 느끼게 한다. 이 외에 해당 제품이 필요한 시점에 있는 소비자, 즉 시장 진입시점에 있는 소비자일 경우 특정 장면을 지각하여 구매행동으로 이어질 수 있다. 또한 해당 제품을 바로 구매하지 않더라도 소비자는 **광고자극**을 통해 기업이나 제품에 대해 호의적인 태도가 형성되기도 한다. 이로써 동기화된 소비자는 광고자극을 통해 잠재고객이 될 수 있다.

이처럼 광고는 소비자의 심리상태에 영향을 미쳐 노출된 특정 제품에 대해 호의적인 태도를 형성하게 하는 동기를 유발한다. 다시 말해, 광고는 소비자의 지각효과를 통해 소비자 행동에 영향을 미치는 동기를 유발하는 것이다. 소비자는 광고를 통해 특정 장면을 지각하며 동기, 감정, 태도, 학습, 기억, 성격 등의 심리과정을 경험한다. 이 같은 광고효과의 심리과정 요인들 중에서 특히 동기는 소비자의 욕구와 매우 밀접한 **심리기제**이다. 소비자의 욕구는 광고가 어떤 내용을 어떻게 보여 주는지를 통해 소비자가 특정 제품을 구매하거나 서비스를 이용하도록 자극받는다. 그리고 이 같은 광고는 소비자로 하여금 그 제품을 선택하는 방향으로 움직이도록 동기를 유발하는 역할을 한다.

한편, 매슬로의 욕구계층이론은 실증적 측면의 불확실성으로 인해 일부 비판을 받기도 했다. 그러나 인간의 다양한 욕구와 동기유발을 설득력 있게 고찰했다는 측면에서 유용하다. 매슬로의 욕구계층이론은 광고와 마케팅, 경영학, 심리학, 교육학 등 학문영역은 물론이고 기업조직을 비롯한 여러 분야에서 다양하게 응용되고 있다. 이 장에서는 매슬로의 욕구계층이론을 중심으로 광고에서 소비자의 욕구충족을 위해 동기를 유발하는 메시지는 무엇인지 살펴본다. 광고에서 추구하는 소비자 욕구와 동기를 유발하는 메시지 특성을 검토함으로써 광고와 마케팅의 방향을 추론해 본다.

1) 자존욕구: 타인 지향적 소비가치

현대사회에서 소비자는 소유하고 있는 것이 바로 '자신'이라고 할 수 있을 만큼 소유한 것을 통해 자신을 표출한다. 즉, 옷, 자동차, 아파트 등은 소비자의 표현수단으로서 기능한다(김정탁, 2000). 특히 오늘날 현대사회에서 나를 표현하는 수단이기도 한 제품으로는 자동차를 들 수 있다. 자동차를 대상으로 하는 광고 메시지는 차의 안전성, 성능 등을 강조하거나 또는 인생, 삶 등으로 확장하여 소비자의 품위, 품격이라는 상징가치를 덧입혀 소비자의 동기를 유발한다. 이 같은 상징가치는 고관여 제품에 속하는 자동차 광고에 효과적이다. 광고에서 고급 자동차는 사회적 지위나 명성, 또는 부를 상징하는 매개체로 표현된다. 자동차는 소비자의 자신감이며 자부심이라는 **상징적 기호**로서 인식한다. 현대사회를 상징적 기호와 이미지의 소비사회로 예견했던 **보드리야르**(Baudrillard)의 "나는 소비한다. 고로 존재한다."라는 주장(김정탁, 2000)은 오늘날 현대소비사회의 단면을 뒷받침해 주고 있다. 특히 고급 자동차 광고는 기능이나 성능을 중심으로 하는 이성소구보다는 감성소구, 즉 제품과 직접적인 관련이 없는 사회적 가치, 상징적 의미를 통해 소비자의 동기를 유발하는 대표적인 광고라고 할 수 있다.

[그림 4-2] 현대자동차 TV광고 <그랜저> 편(2009)
출처: 광고정보센터 홈페이지.

표 4-3 현대자동차 TV광고 〈그랜저〉 편(2009): 카피

카피	남자: "요즘 어떻게 지내냐는 친구의 말에 그랜저로 대답했습니다." Na: 당신의 오늘을 말해 줍니다. Na: 그랜저, 뉴 럭셔리

현대자동차 TV광고 〈그랜저〉 편(2009)은 타인으로부터의 인정과 명성, 지위를 상징적 의미로서 자동차의 사회적 가치에 의존하여 소비자의 **자존욕구**를 반영한 광고이다. 그랜저는 사회적으로 성공하거나 부유함의 상징적 기호로 인식되고 있다. 현재까지도 자동차는 사회문화적 가치와 결합되어 나를 표현하는 상징적 이미지로 현존한다. 광고는 오랜만에 만난 친구가 어떻게 지냈냐며 건넨 안부에 특별한 인사가 필요 없을 만큼 그랜저가 나의 모든 것을 말해 준다는 내용이다. 이는 '차이'에 대한 욕구로서 사회적 의미에 대한 욕망(Baudrillard, 1970: 최효찬, 2016에서 재인용)을 표현한 것이다. 즉, 자신을 돋보이게 함과 동시에 사회적 지위를 나타내고 인정을 받고자 하는 **사회적 차이화**를 의미한다(최효찬, 2016). 광고카피의 구조적 특성인 발단, 전개, 종결 과정을 자연스러운 흐름(flow)으로 연결하여 타인으로부터 인정과 존경을 받고 싶은 자존욕구를 자극하여 소비자의 동기를 유발한다.

기아자동차 온라인광고 〈스팅어〉 편(2019)은 증언형(testimonials) 메시지 전달방식을 취하고 있다. 증언형은 소비자가 등장하여 들려주는 방식으로 등장인물의 진술은 소비자와 동일시하므로 동기를 유발하는 데 효과적이다. 화면 가득히 자동차를 보여 주는 기존 광고와 달리 스팅어 광고는 자동차 노출 시간이 전체 1분 10초 중 10여 초에 불과하다. 특히 자동차의 실제 구매자가 등장하지 않고 주변인의 진술을 **타이포그래피**(typography) 자막으로 제공한다. 주변인의 모습도 최대한 노출하지 않고 목소리 대신 글자로 화면을 구성하는 방식으로 소비자의 **가독성**을 높인다.

특히 스팅어 광고에서는 증언 진술자의 신분을 구체적으로 제공함으로써 소비자로 하여금 동기유발의 효과를 높이는 데 주력한다. 구매자의 아파트 경비원, 누나, 아버지, 그리고 구매자의 트레이너, 아내, 직장후배 등 6명으로 이루어진 구매자의 주변인 진술(〈표 4-4〉 참조)은 진실성과 신뢰도를 강화하여 소비자의 동기를 유발하

[그림 4-3] 기아자동차 온라인광고 <스팅어> 편(2019)

출처: 기아자동차 홈페이지.

표 4-4 기아자동차 온라인광고 〈스팅어〉 편(2019): 카피

카피	자막: 스팅어 출시 620일째. 자막: 2019. 02. 02. 가장 공신력 있는 전문가들의 객관적인 평가를 들어 보았습니다. 자막: 1303호? 알죠. 그 잘생긴 차 타는. (스팅어 오너 OOO 씨의 아파트 경비원 OOO 씨) 자막: 설에 친정 갔는데 애가 삼촌 차만 타겠다고. 좋은 건 알아 가지고. (스팅어 오너 OOO 씨의 누나 OOO 씨) 자막: 스포츠카처럼 예쁘기나 하지 했는데 놀랐어. 넓고 좋더라고. (스팅어 오너 OOO 씨의 아버지 OOO 씨) 자막: 보통 운동신경 좋으신 회원님들이 운동신경 좋은 차 타시더라고요. (스팅어 오너 OOO 씨의 트레이너 OOO 씨) 자막: 우리 차 보고 다들 우리 부부 멋지게 산대요. 처음에 반대했던 게 미안했죠. (스팅어 오너 OOO 씨의 아내 OOO 씨) 자막: 선배님 차 타고 같이 외근 나가면 내 차도 아닌데 괜히 으쓱하더라고요. (스팅어 오너 OOO 씨의 직장후배 OOO 씨) 자막: 진정한 평가란 이렇게 부러움과 질투와 인정으로 평가받는 것 자막: 타는 당신은 만족하고 타는 당신의 주변은 부러워하는 stinger

※ 광고에서는 괄호 안의 이름을 실명으로 제시하고 있으나 여기서는 익명으로 표기함.

는 데 긍정적인 역할을 한다.

그랜저와 스팅어 광고에서 추구하는 주된 욕구는 자존욕구이다. 자존욕구는 타인으로부터 존경과 인정을 받으려는 욕구로 타인의 시선이나 관심 등이 매우 중요하게 작용한다. 이는 타인 지향적 경향에서 비롯된 것으로 내가 구매한 상품이나 서비스는 타인의 관심과 평가의 대상이 될 수 있다고 보는 것이다. 즉, 구매한 것

이 타인으로부터 긍정적인 평가를 받으면 전보다 소비로 인한 행복감이 커진다(이청림, 2018).

이 같은 **타인 지향적 소비가치**(other-oriented consumption)는 제품을 타인의 반응에 초점을 맞춘 것으로 다른 사람에 의해 소비경험이 평가되는 가치이다. 또한 타인 지향적 소비가치는 소비가 지위와 존경을 표현하는 수단으로서 타인에게 긍정적인 인상을 심어 주는 사회적 가치로 작용한다. 이는 자존욕구의 발현이며 소유로 인한 만족감과 자신감, 나아가 타인으로부터 존경받기를 원하는 자부심에서 동기가 유발(Holbrook, 1999)되는 것이라고 볼 수 있다.

소비자 행동을 위한 욕구와 동기유발의 촉진은 제품에 대한 타인의 판단으로 존재하는 **사회적 증거**이다. 사회적 증거는 의사결정을 앞두고 타인의 판단이나 입장이 소비자가 특정한 방향으로 나아갈 수 있도록 방향성을 제시하는 기준이 될 수 있다. 타인의 판단이 옳다고 믿는 것으로 지표, 통계수치, 구전(word of mouth) 등이 해당된다. 특히 소비자는 광고의 정보원으로 등장하는 일반인을 동일시하여 같은 입장으로 바라보기 때문에 더 신뢰할 수 있고 진실하다고 믿는 경향이 있다. 이 같은 **구전 커뮤니케이션**은 소비자가 특정 제품을 지각함에 있어 정확하지 않은 위험에 대한 불

[그림 4-4] 기아자동차 온라인광고 <스팅어> 편(2019)

출처: 기아자동차 홈페이지.

확실성을 줄이기 위해 이용된다(Arndt, 1967).

따라서 스팅어 광고에서는 구전 커뮤니케이션을 광고와 마케팅에 적극 반영하여 소비자의 동기를 유발하는 데 전략적으로 활용하고 있다. **정보원**은 구매자의 주변인, 즉 구매자와 평소에 잘 알고 지내는 가족, 친지, 이웃, 동료 등 지인으로 구성됨으로써 소비자가 자신의 동기를 인식하도록 대안을 구체적으로 제시한다. 특히 정보원과 구매자와의 관계는 물론이고 정보원의 실명을 밝힘으로써 정보원의 가치는 불확실한 소비자에게 행동의 방향을 제시하는 역할을 수행한다. 즉, 구매자의 자동차를 가까이 지켜본 정보원의 제품 평가는 소비자의 욕구를 활성화하여 동기를 유발하는 요인이 될 수 있다.

2) 사회적 욕구: 가족 모티프의 발현

그동안 **가족 모티프**(motif)는 다양한 광고에서 활용되어 제시되어 왔다. 가족은 광고 스토리를 이끌어 가는 구성원으로서 스토리를 전개하는 중요한 요소로 작용한다. 특히 가족 모티프는 한국적인 측면의 정서를 바탕으로 하고 있으며 이를 활용한 광고들은 소비자에게 광고의 목적인 설득 이상의 동기를 부여한다. 가족의 행복을 핵심가치로 주장한 삼성생명의 〈당신에게 남은 시간〉 편(2014) 광고는 가족 모티프를 활용한 광고 중 하나이다. 지금까지 삼성생명은 가족 모티프를 다양한 광고에서 제시해 왔으며, 특히 2018년부터 '인생'을 테마로 결혼, 출산, 은퇴 등의 과정을 통해 사람, 삶, 행복, 사랑, 가족 등의 키워드를 중심으로 인생과 금융을 접목한 광고를 제공하고 있다. 일반적으로 보험은 제품 속성상 소비자의 미래를 약속하는 무형제품으로써 제품과 직접적으로 연관된 정보를 전달한다. 그러나 〈당신에게 남은 시간〉 편 광고에서는 이성적 정보제공이 아닌 가족이라는 사회적 핵심가치를 통해 소비자의 사회적 욕구에 근거하고 있다. 소비자에게 가족이라는 강한 소속감을 부여하고 가족애를 강화함으로써 소비자의 욕구를 **환기**(need arousal)시키는 데 주력한다.

[그림 4-5] 삼성생명 온라인광고 <당신에게 남은 시간> 편(2014)

출처: 삼성생명 홈페이지.

표 4-5 삼성생명 온라인광고 〈당신에게 남은 시간〉 편(2014): 카피

카피	자막: 우리는 함께하는 시간을 미루며 말하곤 합니다 다음에 잘하면 된다고 자막: 하지만, 다음으로 미루기엔 남은 시간은 생각보다 많지 않습니다 자막: 당신에게 남은 〈가족과 함께할〉 시간은 얼마나 될까요? 자막: 지금 가족시간 계산기로 확인해 보세요

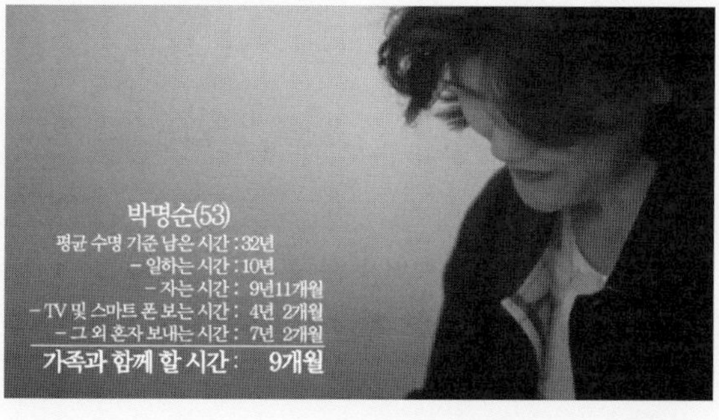

[그림 4-6] 삼성생명 온라인광고 <당신에게 남은 시간> 편(2014)

출처: 삼성생명 홈페이지.

이처럼 가족 모티프는 소비자로 하여금 광고를 상품의 속성을 전달하는 도구로 인식하지 않고, 하나의 '스토리'로 작용하게 한다. 이는 소비자의 감성을 자극하여 공감대 형성에 효과적이라고 할 수 있다. 가족은 기초적 사회집단으로 가족 구성원은 행복하고 이타적이며 조화로운 관계로 존재함으로써 경쟁적인 세상 속에서 안식처와 휴식처를 원하는 이상적인 가족의 모습으로 재생산되어(김선영, 2006) 소비자의 욕구를 충족시킨다.

삼성전자 '또 하나의 가족' 캠페인 편(2008)은 기업과 소비자의 **인터랙션**(interaction)을 실현한 국내 최초로 **IPTV 양방향 광고**로서 주목을 받았다. 질문과 답변 편의 형식으로 광고를 구성하여 소비자가 이벤트에 참여하는 방식으로 소비자에게 직접적인 동기를 부여했다. 가족이 함께 경험할 수 있는 가족 간의 일상생활을 소비자와 공유한다는 것이 광고의 핵심 가치이다. 일상생활에서 발생하는 상황에 대해 등장인물인 훈이 아빠와 엄마의 입장에서 소비자에게 질문하고 소비자의 우수한 의견이나 답변을 지정 사이트를 통해 선정하여 광고를 제작하는 방식으로 이른바 **양방향 커뮤니케이션 광고**를 선보였다(김효실, 2009).

[그림 4-7] 삼성전자 TV광고 '또 하나의 가족' <할머니의 손맛: 답변> 편(2009)
출처: 광고정보센터 홈페이지.

표 4-6 삼성전자 TV광고 '또 하나의 가족' 〈할머니의 손맛: 답변〉 편(2009): 카피

카피	훈이: "할머니!" 할머니: "아이고, 어서 오너라. 내 새끼!" 아빠: "야, 맛있겠다. 역시 우리 어머니 솜씨야." 할머니: "우리 훈이도 많이 먹어라." 훈이: "어? 손으로, 제가 집어 먹을게요." 아빠 · 엄마: "아니, 쟤가?" Na: 훈이 엄마 아빠는 뭐라고 했을까요? 아빠: "훈아, 할머니 손은 장금이 손이야." 훈이: "네~" Na: 또 하나의 가족

'또 하나의 가족' 광고캠페인은 2007년 〈훈이네 가족〉 편으로 시작하여 2008년에는 〈할머니의 손맛〉, 〈훈이네 올림픽〉, 〈게임나라의 훈이〉 등의 시리즈로 구성되었다. 가족 간의 사랑과 정을 따뜻하게 담아냄으로써 소비자의 정서적 동기를 유발하였다. 즉, 가정은 소비자에게 사회의 가장 기초적인 가족애라는 사회적 욕구가 발현되는 하나의 공동체로 인식된다. 등장인물을 찰흙을 이용해 인형으로 만들어 촬영한 클레이 애니메이션(clay animation)으로 제작되었다는 점도 남녀노소를 불문하고 주목을 받았다.

〈할머니의 손맛〉 답변 편에서는 할머니, 아버지, 어머니, 손자(훈이)가 등장하며 할머니 댁을 방문한 훈이네 가족이 할머니와 함께 식사하는 과정 중에 생기는 에피소드를 그려 내고 있다. 한국적인 정서에 맞게 가족 모티프를 통해 '효'와 '공경'이라는 핵심가치를 기반으로 가족 간의 상호교감과 동질성을 추구하는 소비자의 사회적 욕구를 자아내는 데 초점을 두었다. 손자가 사랑스러운 할머니가 손으로 직접 찢은 김치를 훈이에게 주면서 발생하는 작은 갈등은 슬기로운 효자인 아들의 중재를 통해 마무리된다. 그뿐만 아니라 갈등을 해결하는 방법에 대해 소비자에게 질문을 던짐으로써 소비자가 중재역할자로서 이벤트에 참여하도록 하는 이른바 **프로슈머(prosumer) 마케팅**을 전개했다. 이는 다른 광고에서 찾아보기 어려운 신선한 시도로 능동적인 소비자, 생산자로서의 소비자의 역할을 부여함으로써 소비자의 동기를 유

발한 광고로 볼 수 있다.

한편, 1960년대부터 광고를 시작한 박카스는 오랜 시간이 흐른 지금까지도 소비자의 기억 속에 남아 있다. 드링크제의 대명사로 인식될 만큼 소비자에게 오랫동안 브랜드가 각인되어 온 비결은 무엇일까? 이는 소비자의 동기를 유발한 브랜드 전략에 따른 일관성 있는 광고 콘셉트에 있다. 이에 대한 이해를 돕기 위해 소비자의 동기유발을 위한 박카스의 브랜드 전략(김정연, 김병진, 2011)을 살펴보자.

1960년대 시작된 박카스 광고는 격무에 시달리는 샐러리맨의 음주전후 간장보호와 체력증진, 피로회복을 비롯한 신체 보호와 연탄가스 중독에도 필요하다는 슬로건으로 예방차원의 안전욕구를 당시 시대상황에 맞게 전했다. 이후 2000년대에는 인간은 사회적인 존재로서 누군가에게 필요하며 사랑과 배려를 나누고자 하는 사회적 욕구를 담아내었고 현재로까지 확대되어 부부, 직장, 가족, 이웃 등의 세밀한 인간관계성 욕구에 치중했다. 박카스 광고는 시대별 사회현상을 잘 반영한 광고 중에 하나로 손꼽힌다. 사회적 욕구를 근거로 사회적 관계에 소구하는 현실감 있는 스토리를 통해 소비자를 움직이게 하는 **동인**(drives)으로서 신념과 가치를 제공한다.

박카스 TV광고 〈딸의 인사〉 편(2017)은 30여 초에 불과한 짧은 영상이지만 회사에서 격무에 시달리는 젊은 샐러리맨 아빠의 일상을 현실감 있게 보여 준다. 자주 야근하는 아빠의 얼굴을 잊을 만큼 아빠의 존재가 어린 딸에게는 낯선 상황임을 사실적으로 보여 주고 있다.

[그림 4-8] 박카스 TV광고 <딸의 인사> 편(2017)

출처: 박카스 홈페이지.

표 4-7 박카스 TV광고 〈딸의 인사〉 편(2017): 카피

카피	아빠: "아빠 다녀올게!" 딸: "아빠, 또 놀러 오세요~" 아빠: "어?" 아빠: "아자! 오늘은 야근 없다!" Na: 난 오늘 나에게 박카스를 사 줬습니다. 아빠: "아빠 놀러 왔다!" 딸: "아빠!" Na: 나를 아끼자, 박카스 딸: "내일 또 놀러와~" Na: 언제까지나 함께 건강하게 동아제약

아침에 출근하는 아빠에게 "아빠, 또 놀러 오세요."라는 딸의 인사말에 아빠는 회사 야근 대신 가족의 소중함을 깨닫고 서둘러 퇴근한다. 그리고 집에 돌아와 딸과 정겨운 시간을 보낸다. 그러나 "내일 또 놀러 와."라는 어린 딸의 말은 함께 시간을 보내는 것이 현실적으로 쉽지 않음을 보여 준다. 직장인의 야근이라는 사회현실을 반영하여 가족 모티프를 통해 가족의 소중함을 소비자에게 **투영**(projection)시키고 있다. 박카스가 가장의 피로를 풀어 주며 자신을 아끼는 것이 바로 가족을 위함이라는 메시지를 통해 가족애를 정서적으로 일깨워 주는 사회적 욕구에 초점을 맞추고 있다.

광고를 지켜보는 소비자는 다른 사람의 이야기가 아닌 바로 우리 가족, 나의 모습으로 동일시된다. 소비자는 상황을 조망하는 객관적인 제3자의 시각이 아니라 당사자이며 광고에 재현된 인물과 스토리는 일상의 현실이고 경험이다.

따라서 광고 속 가족 모티프는 가족 간의 애정과 사랑을 나누고 싶은 욕구로 확장되고 정서를 공유하는 견고한 공동체로 재생산된다. 그리고 소비자는 우리 사회를 이뤄 가는 가장 작은 공동체로서 근간이 되는 가족의 의미를 확고히 구축한다. 가족이 지향하는 관계중심의 가치를 반영하여 사회적 욕구를 유발하는 동기를 부여하고 활성화한다. 이처럼 현대사회에서 광고는 제품의 효용이나 혜택을 강조하는 이성적 소구 외에 소비자의 사회적 욕구와 관련된 감성적 소구를 통해 가족이라는 정서적

유대기능을 강화하여 동기를 유발한다.

3) 자존욕구에서 안전욕구로: 사물인터넷 시스템의 구현

기업은 소비자의 기본적인 욕구를 파악하여 소비자가 일정한 방향으로 행동하거나 유지하도록 광고를 통해서 마케팅에 활용한다. 이를 위해 소비자가 원하는 것을 알고 소비자의 욕구를 추구하는 데 직간접적으로 동력이 되는 동기요소를 부여하고 있다. 소비자가 추구하는 욕구는 매우 다양하고 소비자의 제품 선택기준에 중요한 역할을 한다. 예를 들면, 냉장고를 구입하려는 주부의 경우 전기료 절감을 위한 경제성이 선택의 기준이 될 수 있다. 때로는 고급스러운 디자인이 선택을 고려하는 결정적인 동기가 되기도 한다. 이는 냉장고가 단순히 음식을 보관하는 기능에서만 머물지 않고 가족이 함께 소통하는 주방의 공간적 가치를 높이는 도구로서의 상징가치가 동기를 촉진하는 역할을 할 수 있기 때문이다. 따라서 광고를 통해 소비자의 어떤 욕구를 충족하거나 만족시킬 수 있는가는 매우 중요한 문제이다.

광고는 소비자 설득을 위해 제품의 **기능적 가치** 외에 **상징적 가치**를 유발하는 메시지에 주력한다. 광고가 추구하는 핵심가치는 제품의 특성, 시대상황, 소비자의 관심 등 다양한 변수에 따라 상황별로 다를 수 있다. 오늘날 소비자의 소비목적은 타인과의 차이와 개인적인 욕구를 위한 상징적 가치 관점에서 선택하는 경우가 많아졌으며 이를 반영하듯 광고는 타 기업과의 차별화를 위해 상징적 가치, 즉 브랜드 가치를 구현하는 추세이다.

특히 아파트 광고는 이 같은 상징적 가치를 기호로서의 이미지로 생산하여 소비자에게 동기를 부여할 수 있는 하나의 **기제**(mechanism)로 작용한다. 영상으로 보여 주는 아파트의 이미지와 사회현실을 반영한 스토리는 소비자의 욕망을 대신하고 있다. 이처럼 아파트 광고는 소비자의 주거공간이 사회적 지위와 신분, 계층을 드러내는 의미로 표현한다. 즉, 살고 있는 아파트가 곧 '나'이며 '우리 가족'으로 표현되는 이른바 자부심과 자신감의 의미로 작용된다.

[그림 4-9] 삼성래미안 TV광고 <동창> 편(2008)

출처: 삼성래미안 홈페이지.

이전의 삼성 래미안 광고를 살펴보면 래미안은 〈남자친구 초대〉 편(2007)과 〈동창〉 편(2008)의 광고를 통해 아파트의 상징적 가치를 부각하는 데 중점을 두었다. 두 편의 광고는 공통적으로 고급 아파트에 거주하는 것이 다른 사람과의 뚜렷한 차이임을 알리고 선망의 대상으로 존재하고 있음을 암시하고 있다. 이 같은 다른 사람과의 차이는 타인에게 인정받고 싶은 욕망으로 확장된다. 이는 타인의 평가로부터 만족감을 느끼고 가치와 행복을 확인하는 자존욕구에서 비롯된다고 볼 수 있다. 또한 2010년도 래미안 광고 '살아 보면 누구나' 〈힐 하우스〉 편은 두 명의 모델이 래미안에서 72시간 동안 지내는 모습을 영상에 담았다. 실제 거주 체험을 현실감 있게 보여 줌으로써 소비자의 정서적 동일시를 이끌어 냈다. 2014년도 '집으로 말합니다' 〈그린라이트〉 편에서는 단지 내 편의시설인 북카페와 키즈룸 등이 지하주차장과 연결되어 자녀를 케어하고 이동하기 편리함을 강조한다. 또한 북카페와 키즈룸 등 편의시설의 존재여부는 차별화된 브랜드로서 주거가치를 타인으로부터 인정받고 싶은 감정의 욕구를 강화할 수 있다.

이처럼 래미안 광고가 그동안 가족을 중심으로 한 사회적 욕구와 단지의 외형적인 면 등을 통한 브랜드 가치를 강조한 자존욕구를 강화해 왔다면 2019년도 삼성래미안 온라인광고 〈집의 미래를 만들어 갑니다〉 편은 소비자 동기유발의 초점을 주

[그림 4-10] 삼성래미안 TV광고 '집으로 말합니다' <그린라이트> 편(2014)
출처: 삼성래미안 홈페이지.

거시스템의 안전욕구에 두고 있다. 즉, 가족의 행복에서 나의 행복으로 변화되었으며 단지의 외형이 부각되는 상징적 가치에서 내부 주거공간의 기능적이고 실질적인 가치로 옮겨왔다. 행복의 주체가 '우리'가 아닌 '나'로 바뀌었으며 상징적 가치보다는 주거의 안전을 위해 기능적, 실용적, 물리적 특성으로부터 획득되는 지각된 효용(Sheth, Newman, & Gross, 1991)을 중요시한다. 즉, 주거를 통해 얻고자하는 동기는 안전욕구에서 비롯된 것으로 이전과는 차별화된 기능과 성능을 의미한다.

한편, 매슬로의 욕구계층이론에 따른 주거욕구(박선영, 김개천, 2013)의 특성을 재구성하여 살펴보자. 먼저 생리적 욕구를 위한 것으로 가장 기본적인 욕구를 의미한다. 즉, 햇빛, 공기, 통풍, 냉난방과 배관시설 등이 있어야 하며 화장실, 수면을 위한 침실 등이 해당된다. 또한 외부로부터 안전하게 거주자를 위험에서 보호하고 재산을 지켜주는 것은 안전욕구이다. 이는 방범, 방화와 외부인의 침입, 도로와 주변 환경 등 견고성과 안전성, 환경성을 위주로 한 구조적인 특성에 기인한다. 또한 주거욕구에서 빼놓을 수 없는 것은 바로 사회적 욕구이다. 이를 위해서는 가족관계 및 이웃관계의 유대감과 소속감이 형성되는 공간이 요구된다. 즉, 거실, 주방, 주민회의실, 카페, 피트니스 센터, 독서실 등은 가족과 이웃 간의 상호교감을 나누는 사회적 욕구충족을 위해 필요한 공간이다. 아울러 이 같은 주민편의시설은 사회적 욕구인 동

[그림 4-11] 삼성래미안 온라인광고 <집의 미래를 만들어 갑니다> 편(2019)
출처: 삼성래미안 홈페이지.

표 4-8 삼성래미안 온라인광고 〈집의 미래를 만들어 갑니다〉 편(2019): 카피

카피	Na: 집이 나를 알아봅니다. 집이 나를 위해 움직입니다. 자막: Welcome to Raemian Life Na: 나를 알아보고 자막: 내 얼굴을 인식해서 자동으로 문을 열어 주는 [얼굴 인식 출입 시스템] Na: 나를 케어하고 자막: 현관에 유입된 미세먼지를 제거하는 [현관 공기청정 시스템] Na: 나와 소통합니다. 자막: 집과 나를 연결하는 [IoT 홈 패드] Model Na: HI, RAEMIAN. 휴식모드! Na: 나를 위해 움직이고 자막: 내가 좋아하는 생활공간으로 맞춰 주는 [홈 IoT 시스템] Na: 내 건강도 챙기는 래미안 자막: 실내 미세먼지를 측정하고 환기시스템과 연동되는 [음성인식 IoT 홈큐브] 자막: 실내 유기농 식물 재배 [스마트 팜] 자막: 요리를 시작하면 자동으로 미세먼지를 제거하는 [렌지후드] Na: 래미안이 다 해 줍니다. 집에 기대하는 모든 상상, 집의 미래를 만들어 갑니다. 래미안

시에 자존욕구를 강화하는 공간으로 작용한다. 편의시설이 잘 갖추어져 있는 주거시스템은 소비자의 자부심과 만족감을 부여하기 때문이다. 그리고 주거의 위치와 브랜드 등에 따라 자존욕구는 보다 강화될 수 있다. 주거가 지위와 부를 표현하는 수단으로 작용하며 사회에서의 성공과 성취의 기준이 주거를 통해 의미가 부여되기도 한다. 또한 취미와 여가 등 다양한 활동의 추구가 주거 내에서 이뤄지는 주거환경의 특성으로 개인의 자아실현욕구에도 영향을 받을 수 있다.

삼성래미안 온라인광고 〈집의 미래를 만들어 갑니다〉 편(2019)에서 요구되는 주거욕구의 특성은 놀이와 여가, 문화 등 라이프스타일을 창출하며 주거공간의 모든 시스템이 '나'를 중심으로 움직이고 있음을 나타내고 있다. 주거공간을 통해 삶을 즐기는 주체가 바로 '나'임을 강조하는 것이다. 그동안 래미안을 비롯한 주거 관련 광고는 가족을 중심으로 '우리'를 표현하고 행복한 삶의 대상이 가족에 국한되었던 것에 반해 대상의 범위를 '나'로 제한했다.

온도, 습도, 환기, 모션, 영상센서 등 내가 있는 위치와 나를 인식하고 필요로 하는 정보서비스 구현을 통한 주거 안전성을 강조하여 동기를 부여한다. 이른바 **사물인터넷**(Internet of Things: IOT) 기술이 접목된 신개념의 주거시스템으로 얼굴 인식

[그림 4-12] 삼성래미안 온라인광고 <집의 미래를 만들어 갑니다> 편(2019)
출처: 삼성래미안 홈페이지.

기능, 미세먼지 제거기능, 환기시스템 기능 등을 통해 외부로부터 나를 보호하고 건강을 지켜 주는 안전욕구를 충족하기 위한 소비자의 안전성을 기반으로 한다. 그뿐만 아니라 휴식, 취미, 여가생활에 적합한 생활공간 시스템을 제공하여 집이 휴식처이고 안식처라는 생리적 욕구도 함께 강화하고 있다. 현관출입문에서부터 시작된 내부공간이 오직 나를 위해 갖춰진 주거환경임을 부각하고 있다. 집의 실질적 가치인 안전욕구를 구체적으로 반영하여 사물인터넷 기술을 적용한 주거 시스템의 기능적 특성을 전달한다. 이로써 삶의 질을 높이는 자아실현공간으로 작용하는 주거욕구를 조장하고 강화하여 소비자의 동기를 활성화하는 데 주력한다. ■

제5장

소비자 정보처리 과정

나준희(한국교통대학교 교통전문대학원/경영학전공 교수)

1. 소비자 정보처리 과정의 이해
2. 노출
3. 주의
4. 이해(지각 과정+해석 과정)

◈◇◈

소비자는 평균적으로 매일 약 2천 개 이상의 셀 수 없을 만큼의 광고를 접한다(Grossman, 1999). 그러나 소비자는 모든 광고에 관심을 갖고 관련된 정보를 모두 처리하지는 못한다. 지각 용량에는 한계가 있다. 소비자는 그들이 접한 수많은 광고 중에서 일부에 대해서만 선택적으로 주의하고 극히 일부만을 기억한다. 즉, 인지적 자원의 한계로 선택적인 정보처리를 할 수밖에 없다. 이러한 상황에서 기업은 과연 어떻게 정보를 제공해야 하는가? 차별화되지 않은 광고는 광고했지만 광고되지 않은 기이한 현상을 맞이할 것이다. 기업으로서는 비용 낭비이다. 이에 따라 많은 기업에서는 목표고객의 주의를 끌기 위해 다양하고 독특한 기법과 크리에이티브적인 요소를 적극적으로 모색하고 있다. 소비자의 정보처리 과정에 대한 이해는 창의적 광고의 시작이다. **소비자 정보처리 과정**은 광고물이 자극으로 노출된 후, 소비자가 이에 대해서 주의를 기울이고, 이해하고 기억하는 일련의 과정이다. 이 장에서는 노출, 주의, 이해과정을 기억과 관련하여 구체적으로 살펴보고자 한다.

1. 소비자 정보처리 과정의 이해

소비자가 자극에 노출되어 주의를 기울이면 소비자 정보처리 과정이 본격적으로 시작된다. 소비자가 자료 및 정보로 사용하기에 노출과 주의 단계까지의 자극은 아직 미흡하거나 부적절한 자료이다. 미흡하고 부적절한 자료를 소비자의 의사결정에 이용하기 위해서는 적절한 정보로 바꾸는 과정이 필요한데, 이러한 과정이 바로 이해 과정이다. **이해 과정**은 지각과 해석으로 구성되어 있다. 소비자는 자극물을 지각하고 해석하는 과정에서 자신의 기존 태도나 신념, 그리고 관여도 등에 영향을 받는다(이두희 2009). 동일한 자극이라도 소비자 개개인마다 다르게 지각하고 해석하는 현상이 발생하는데 이를 선택적 지각이라 하며, 소비자는 자극을 지각하고 조직화, 범주화 및 추론의 과정을 진행한다([그림 5-1] 참조).

소비자의 정보처리 과정(노출-주의-이해)을 제대로 이해하기 위해서는 기억과의 관계를 긴밀하게 살펴야 한다(이학식, 임지훈, 박종철, 2019). 외부에서 유입된 자극은 소비자의 감각기관을 거쳐 감각기억(sensory memory)에서 감지가 된다. 이후 소비자가 감지된 자극에 주의를 기울이면 그 정보는 단기기억(short-term memory)에 이전되어 단기기억에서 본격적인 정보처리를 한다. 이때 소비자의 장기기억(long-term memory)에서 오랫동안 저장되어 있던 정보들이 단기기억에 인출되어 유입된 자극을 처리하는 데 영향을 미친다. 즉, 소비자가 기존에 보유하고 있던 장기기억의 지식이 단기기억에서의 정보처리에 영향을 미친다. 이러한 정보처리 과정을 거쳐 새

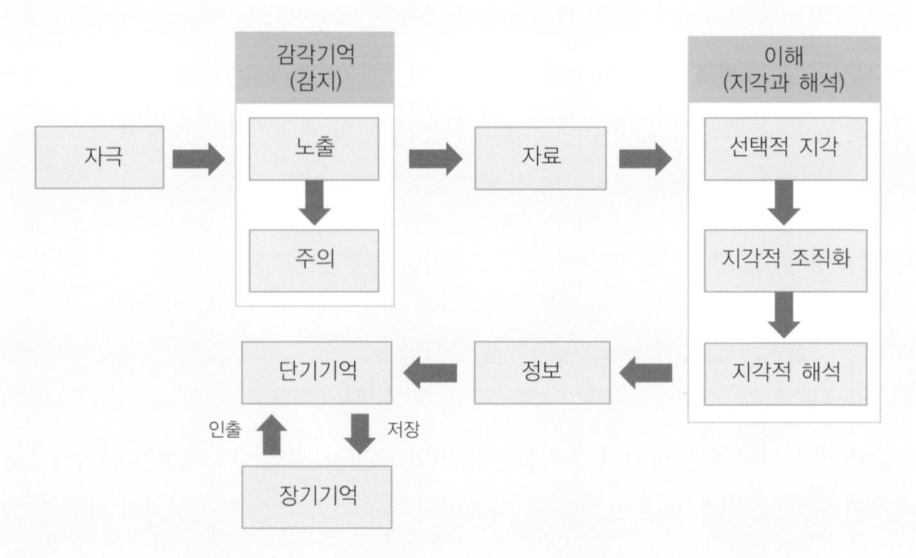

[그림 5-1] 소비자 정보처리 과정

출처: 김성영, 라선아(2014).

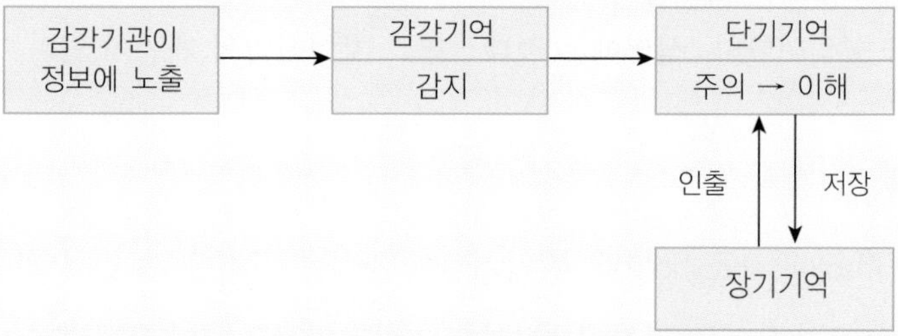

[그림 5-2] 정보처리 과정과 기억과의 관계
출처: 이학식, 안광호, 하영원(2016).

로 만들어진 정보는 소비자의 장기기억에 저장된다. 소비자의 장기기억은 생성된 정보가 축적되는 곳이다. 단기기억이 공장이라면 장기기억은 창고와 같은 역할을 한다. 이렇듯 소비자의 기억은 감각기억, 단기기억, 장기기억으로 구성되며 각각의 기능은 다르다. 소비자의 정보처리 과정은 주로 단기기억에서 수행되며, 소비자의 정보처리 과정과 기억과의 관계는 [그림 5-2]와 같다.

2. 노출

▪ 노출의 개념 이해

노출(exposure)은 정보처리 과정의 첫 번째 단계로, 노출과정이 없으면 정보처리 과정은 발생하지 않는다. **노출**은 소비자의 감각기관(시각, 청각, 후각, 촉각, 미각)이 자극을 접하고 활성화될 준비상태를 의미한다. 감각기관은 오감으로 구성되며, 모든 자극이 오감에 의해 활성화되지는 않는다. 노출된 자극 중 일부분이 소비자에게 선택적으로 주의를 끈다. 인간은 지각 용량의 제한 및 한계로 인해 어떠한 자극이 감각기관에 감지되기 위해서는 식역수준을 넘어야 한다. 감지는 감각기억이 그 자극을 알아차리는 것이며, 식역수준은 자극을 감지하거나 자극의 차이를 감지할 수 있는 자극의 강도를 의미한다. 식역에는 절대식역과 차이식역의 개념이 있다.

(1) 절대식역

절대식역(absolute threshold)은 감각기관이 자극을 감지할 수 있는 최소한의 강도를 의미한다. 절대식역은 지각이 발생하기 위한 자극의 최소한의 양이다. 예를 들면, 옆집의 아이 울음소리를 처음에는 알아차리지 못하다가 아이의 울음소리가 계속 커지면 어느 순간 울음소리임을 알아차릴 수 있는데, 아이의 울음소리를 감지할 수 있는 최소한의 음량이 절대식역에 해당된다. 자극의 강도가 절대식역에 도달해야 비로소 그 자극을 감지할 수 있어 자극에 노출되었다고 할 수 있다. 따라서 소비자에게 제시되는 광고는 절대식역을 초과할 수 있어야 자극으로서 역할이 가능하다. 따라서 광고 기획자는 광고에 대한 소비자의 절대식역이 어느 정도인지에 대한 점검 과정이 필요하다. 아울러 소비자의 절대식역은 개인마다 오감 능력이 다르기 때문에 개개인마다의 편차가 있다. 〈표 5-1〉은 5개 감각기관의 지각이 발생하기 위한 절대식역의 예시이다.

표 5-1 감각기관별 절대식역

감각	절대식역
시각	맑은 날 밤 50km 떨어진 곳의 촛불
청각	조용한 가운데 6m 거리에서 손목시계가 째깍거리는 소리
미각	8ℓ의 물에 녹아 있는 설탕 한 숟갈
후각	3개의 방이 있는 아파트의 향수 한 방울
촉각	1cm 높이에서 뺨 위로 떨어뜨린 벌의 날개

출처: Galanter(1962); 김성영, 라선아(2014).

(2) 차이식역

차이식역(difference threshold)은 두 개의 자극이 있는 경우, 자극 간 차이를 감지할 수 있는 최소한의 차이를 의미한다. 즉, 두 개의 자극이 지각적으로 구분될 수 있는 최소한의 차이가 차이식역이다. 통상 J.N.D.(Just Noticeable Difference)라고 불린다. 차이식역은 자극에 대한 구별이라는 점에서 제품 차별화, 광고 차별화와 관련된 개념이다. 예를 들면, 소주의 알코올 도수에서 25도의 진로그린과 22도의 뉴그린의 도수를 구분한다면 3도는 차이식역이 될 수 있다. 그러나 19도의 처음처럼과 17도의 참이슬 후레쉬의 알코올 도수를 구분하지 못하면 2도는 차이식역이 될 수 없다.

따라서 차별화는 차이식역 이상으로 제시되어야 한다. 이에 따라 기업의 가격 인하 정책은 소비자의 지각에서 기존 가격과 새로운 가격 간의 차이를 감지할 수 있도록 차이식역 이상으로 제시되어야 할 것이다. 그러나 가격 인상에 대한 소비자의 저항이 예상되는 경우에는 소비자가 가격 인상을 감지하지 못하도록 차이식역의 범위 내에서 인상 폭이 결정되어야 한다. 이러한 관점에서 바라볼 때, 가격을 인하할 때 차이식역 이하로 제시하는 경우에는 인하된 가격 폭만큼 기업의 손실이 예상된다. 또한 가격을 인상할 때 차이식역 이상으로 제시하는 경우에는 소비자의 저항이 예상되며 고객의 이탈 가능성이 있다.

3. 주의

1) 주의의 개념 이해

소비자가 가용할 수 있는 인지적 자원은 제한적이다. 이러한 지각 용량의 한계로 외부에서 유입되는 모든 자극을 한 번에 처리할 수 없다. 이에 따라 소비자는 자신에게 필요한 자극에 대해서 우선적으로 집중하고 그렇지 않은 나머지 자극에 대해서는 상대적으로 방치하는 경향이 있는데 자극을 선택하고 걸러 내는 과정을 **주의**(attention)라고 한다. 예를 들면, 모든 스포츠에 관심이 있는 사람이라 할지라도 모든 스포츠 자극에 주의할 수는 없다. 스포츠 관련 수많은 자극이 제시될 때, 의식적/무의식적으로 우선순위에 따라 주의 관련 인지적 자원을 안배할 수밖에 없다. 이러한 측면에서 모든 자극에 대해서 주의할 수 없는 한계로 인해, 주의는 통상적으로 선택적 주의(selective attention)로 나타나는 경향이 있다. 일종의 선택과 집중에 의한 주의 용량의 분배 과정이 나타난다고 할 수 있다.

2) 주의에 영향을 미치는 결정적인 요인들

(1) 소비자의 개인적 측면

소비자 측면에서 주의에 영향을 미치는 요소는 매우 많다. 대표적인 요인으로는 동기, 관여도, 무드(감정적 상태)가 있다. 즉, 동기가 강할수록, 관여도가 높을수록, 무드가 좋을수록 소비자의 주의력이 강하게 나타나는 경향이 있다. 이와 관련하여 동기 관련 사항은 제4장에서, 관여도 관련 사항은 제7장에서 자세히 설명하고 있다. 소비자가 어떠한 제품군에 대한 관여도가 높은 경우, 관련 정보를 제공해 주는 광고에 대해서 자발적으로 주의를 기울일 가능성이 높다. 그렇지만 관여도가 낮은 제품군에 대한 광고에 대해서는 주의를 기울이지 않을 가능성이 높다. 또한 소비자가 무드(기분)가 좋은 경우에는 노출된 많은 정보 중에서 제품의 긍정적인 속성(혜택)에 대해서 선택적으로 주의를 기울일 가능성이 높다. 이에 따라 구매가능성도 높아진다. 반면에 무드가 나쁜 경우에는 제품의 부정적인 속성에 더 많은 주의를 기울여 구매하지 않을 가능성이 높아진다.

(2) 기업의 마케팅 활동 측면

마케팅 활동에서 광고의 비중은 매우 크다. 광고는 소비자에게 정보의 자극이 된다. 따라서 광고를 기획하는 과정에서 광고에 주의하는 영향요인의 파악은 필수적이다. 예를 들면, 소비자가 선호하는 광고모델(예: 매력도 높은 광고모델 선정), 소비자가 기존에 갖고 있는 신념 및 지식 관련 스키마(예: 스키마와 연관 또는 단절된 광고 메시지), 광고의 수사적 기법(예: 과장법, 역설법, 반어법, 모순법을 활용한 광고), 광고의 현저성 유발(예: 눈에 띄는 밝은 색상, 큰 사이즈, 큰 소리), 소비자의 호기심 유발(예: 티저광고), 긍정적 무드 형성(예: 즐거운 유머 광고, 재밌는 패러디 광고, 따뜻한 느낌의 캐릭터 이용 광고), 성적소구 광고, 신기한(novel) 광고 등 소비자의 주의를 유도할 수 있는 다양한 광고 유형이 있다.

[그림 5-3] 우유 광고(왼쪽: 저지방 우유 광고, 오른쪽: 고칼슘 우유 광고)
출처: Parmalat 홈페이지.

[그림 5-3]의 우유 광고는 과장법이라는 수사적 기법을 이용하고 있다. 왼쪽의 저지방 우유 광고는 광고 속 우유를 마시면 날씬해져서 핸드백으로 비를 피할 수 있다는 과장 광고이다. 오른쪽의 고칼슘 우유 광고는 어린아이가 광고 속 우유를 마시면 키가 엄청 커져 성인의 키보다 더 높은 위치의 벽에 낙서를 할 수 있다는 과장광고이다. 이와 같은 과장법과 같은 수사적 기법은 소비자의 주의를 끄는 데 효과적이다.

[그림 5-4]의 신협 광고는 '어부바' 광고로 불린다. 캐릭터를 활용하여 돼지 엄마가 돼지 삼 형제를 업어 주는 이 광고는 신협의 고객들을 가족처럼 생각하고 평생 어부바를 해 주겠다는 가슴 따뜻해지는 광고 메시지로 소비자의 주의를 끌었고 신협의 이미지를 긍정적으로 제고하였다.

[그림 5-4] 신협 어부바 광고

출처: TVCF 홈페이지.

[그림 5-5]는 농심 새우깡의 나이키 패러디 옥외 버스광고이다. 나이키 패러디 광고는 재미있게 나이키의 로고를 새우의 형태로 제시하였고 나이키의 슬로건인 'Just Do It'을 'Just Eat It'으로 유쾌하게 패러디하여 소비자의 주의를 끄는 데 성공하였다.

[그림 5-5] 농심 새우깡의 나이키 패러디 광고

출처: 미디어펜 홈페이지.

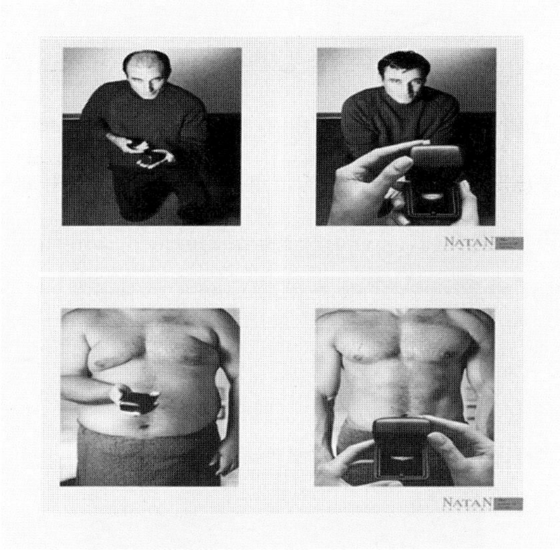

[그림 5-6] 유머소구 광고

출처: AEF 홈페이지.

[그림 5-6]의 광고는 다이아몬드 반지가 머리숱이 적은 남성을 머리숱이 많은 멋진 남성으로 보이게 하고, 뚱뚱한 남성도 근육질의 섹시한 남자로 보이게 한다는 내용을 제시하고 있다. 즐거운 유머소구 광고는 소비자의 무드를 긍정적으로 유도하여 주의를 집중시킬 수 있다.

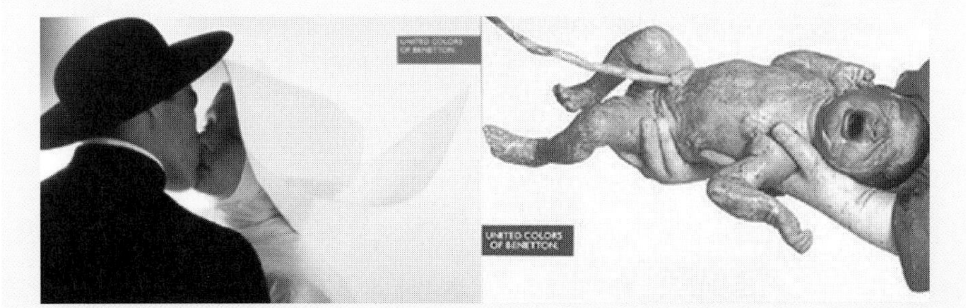

[그림 5-7] 신기한 자극으로 주의를 끄는 베네통 광고

출처: 베네통 그룹 홈페이지.

[그림 5-7]의 베네통 광고는 신기한 자극으로 파문을 일으킨 광고이다. 신성불가침의 성직자인 수녀와 사제복 남성의 키스는 사회적 반향을 일으키기에 충분했다. 이 베네통 광고는 소비자의 기존 스키마 체계를 전면적으로 부정하는 강한 사회적 이슈를 제기하여 소비자의 주의를 획기적으로 집중시킨 광고이다. 광고를 이용하여 제품과 기업의 이미지 및 태도 증대와는 별개로 최소한 소비자의 주의 집중의 관점에서만큼은 효과적인 광고였다.

[그림 5-8] 모순법을 이용한 TV광고

출처: TVCF 홈페이지.

[그림 5-8]의 LG 하이카드 광고는 모순법을 이용한 광고이다. 카드를 많이 쓸수록 비용 지출이 많아지는 것이 상식이다. 이러한 점에서 "쓸수록 버는 카드"는 상식에 배치되는 모순으로 소비자의 주의를 집중시킨 광고이다. 카드를 많이 쓸수록 이익이 많아진다는 카피로 소비자를 주의를 유도하고 있다.

[그림 5-9]의 초록우산 어린이재단 광고는 반어법을 활용한 공익광고이다. 광고에서 제시된 아이를 꼭 기억해 달라는 메시지를 "이 아이를 기억하지 마세요."라며 반어법으로 제시하고 있다. 광고에서 보여 주는 아이는 누가 보더라도 꼭 도와줘야 할 아이이다. 그런데 광고에서는 "기억하지 마라, 신경 쓰지 마라, 곧 사라질 아이"라며

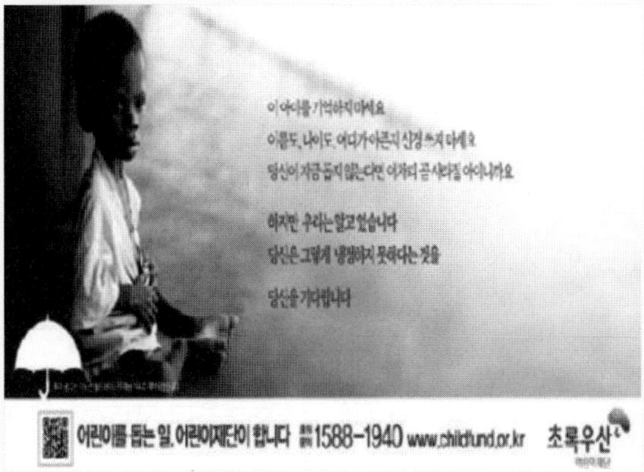

[그림 5-9] 반어법을 이용한 공익광고

출처: 초록우산 어린이재단 홈페이지.

도와주지 말라고 제시하고 있다. 반어적 표현은 보는 이들에게 큰 충격을 주는 방식으로 주의를 집중시킬 수 있다. 그렇지만 광고는 뒤이어 "당신은 그렇게 냉정하지 못하다"는 강력한 메시지를 통해 적극적인 후원을 강력하게 요청하고 있다. 거부감 없는 창의적 메시지로 이 광고는 2012년 12월 '베스트 크리에이티브 광고상'을 수상하였다.

[그림 5-10]의 옥외광고 역시 반어법을 활용한 광고이다. 운전과 관련한 통상의 광고 메시지는 운전할 때에는 운전에만 집중하라고 한다. 그러나 이 광고 카피는 반어적으로 "Text and Drive(운전 중에 문자하세요)"이다. 캐나다의 한 고속도로에 있는 이 옥외광고는 통상의 상식을 깬 광고 카피로 사회적으로 큰 이슈를 일으켰다. 큰 글자로 Text and Drive를 제시하고 있지만 하단의 작은 글자인 Wathan Funeral Home(와튼 장례식장)과의 연결시켜 운전 중 문자 행위가 죽음에 이르는 길이라는 주의를 환기시켰다. Wathan Funeral Home(와튼 장례식장)은 가상의 장례식장 웹사이트로 이 사이트에 들어가면 스마트폰으로 인한 교통사고 관련 통계를 보여 줘 운전 중 문자 행위의 위험성을 강력히 경고하고 있다.

[그림 5-10] 반어법을 이용한 간판 옥외광고

출처: 테크홀릭 홈페이지.

4. 이해(지각 과정+해석 과정)

소비자 정보처리 과정을 구체적으로 살펴보면 노출 → 주의 → 이해에 대한 정보처리 과정이다. 소비자가 감각기관에 노출되어 주의 과정을 통해 도출된 자료(data)를 지각하고 해석하는 과정이 **이해**이다. 이해(comprehension) 과정은 지각(perception)과 해석(interpretation) 과정으로 구성된다. 그러나 보다 세부적으로 보면 ① 선택적 지각, ② 지각적 조직화, ③ 지각적 해석의 세 단계로 진행된다.

소비자의 감각기관을 통해 외부에서 유입된 자극은 제한된 인지적 자원으로 인한 지각 용량의 한계로 극히 일부만이 주의과정을 거쳐 개인의 인지시스템 내에 입력된다. 그러나 이러한 자극은 주의 과정을 거쳤음에도 불구하고 아직 가공되지 않은 자료로서 미흡한 상태이다. 자료로서 유용성을 갖춘 충분 상태가 되기 위해서는 소비자의 지각과 해석 과정을 거쳐야 한다. 물론 지각의 범위는 학자마다 견해가 다르다. 일부 학자들은 노출부터 해석까지의 전체 정보처리 과정을 지각으로 보기도 한다. 그러나 자극의 노출시점부터 선택적 지각과 지각적 조직화까지를 지각 과정으로 간주하고, 지각적 해석을 해석 과정으로 간주하는 견해도 있다. 이 장의 내용은 후자의 견해에 기초한다.

광고 기획자 및 마케터가 소비자의 이해 과정을 제대로 이해해야 하는 이유는 광고 및 제품 그리고 기업에 대한 평가가 소비자의 이해 과정에서 주로 진행되기 때문이다. 이해 과정은 태도형성 및 태도변화에 직접적인 영향을 미쳐 구매 의사결정에 영향을 미칠 수 있다. 따라서 소비자의 긍정적인 평가를 기대한다면 이해 과정을 충분히 고려한 관련 정보를 제시해야 할 것이다.

1) 소비자의 지각 과정

(1) 선택적 지각

소비자의 일상에는 많은 자극이 항상 존재한다. 그러나 소비자는 그 많은 자극을 모두 받아들이지 못한다. 제한된 인지적 자원 및 그로 인한 지각 용량의 한계 때문에 일부 자극에 대해서만 받아들인다. 즉, 소비자는 자신에게 필요한 자극은 우선적으로 선택하여 지각하고 나머지 필요 없는 자극은 무시하는 경향이 있다. 이를 선택적 지각(selective perception)이라 한다. 따라서 동일한 자극이라 할지라도 이에 대한 소비자의 기억은 저마다 다르다. 이는 자극을 지각하는 소비자 개개인이 다르기 때문이다. 어떤 사람들은 자극에 대해서 전혀 기억하지 못하고 어떤 사람들은 긍정적인 속성만을 기억하고 또 어떤 사람들은 부정적인 속성만을 기억한다. 선택적 지각으로 인해 나타나는 현상이다.

(2) 지각적 조직화

지각적 조직화(perceptual organization)는 각각의 나무를 모아 숲의 관점으로 바라보는 시각이다. 미술작품을 감상할 때 작품 속 인물 또는 각 소재를 개별적으로 감상하고 기억하기보다는 전체적 이미지의 관점에서 감상하고 평가하는 경향이 많다. 지각적 조직화는 각 자극물을 '의미 있는 덩어리'로 조직화하여 지각하는 경향을 의미한다. 따라서 지각적 조직화 과정은 '지각적 통합화(perceptual integration)'를 통해 수행된다. 지각적 통합화는 여러 개의 자극물을 별개의 다른 것이 아니라, 하나의 조직된 덩어리 속의 개별 자극물로 인식하여 통합적 관점에서 사물을 인식하는 것을 의미한다.

게슈탈트(Gestalt) 심리학은 지각적 통합의 원리를 연구하는 학문 분야이다. 게슈탈트는 전체적인 형상을 의미하며, 게슈탈트 심리학자들은 전체는 부분의 합보다 더 크다고 간주한다. 이에 따라 사람들은 어떤 지각대상에 대해서 가급적이면 단순하고 완전(완결)하고 의미 있는 지각을 의미하는 '좋은 게슈탈트(good Gestalt)'를 위해 노력한다고 보았다. 이러한 경향은 무의식적이며 자동적이다.

광고 및 마케팅 상황에서 게슈탈트의 개념은 이미지의 관점에서 적용할 수 있다. 제품 및 기업과 관련한 많은 정보는 소비자에게 자극으로 지각되며 개별 자극은 독립적이기보다는 게슈탈트적 관점에서 소비자에게 이미지로 기억된다. 따라서 명쾌한 형태의 긍정적인 이미지를 형성하기 위해서는 제품 및 기업의 물리적인 특징, 소

[그림 5-11] 점묘화 작품(조르주 쇠라, 그랑드 자트섬의 일요일 오후)

비/사용 경험, 제품의 감성적/사회적/상징적 효익, 가격, 유통 경로, 광고, 판매촉진 활동 등의 개별 요소가 게슈탈트적 관점하에 소비자에게 제시되어야 할 것이다.

[그림 5-11]은 캔버스와 팔레트에서 화구를 직접 혼합하지 않고 작고 균일한 크기의 점묘(點描)로 서로 다른 원색을 찍어 표현하는 신인상파의 점묘파 기법(divisionnisme) 작품인 조르주 쇠라(Georges Pierre Seurat, 1859~1891)의 '그랑드 자트섬의 일요일 오후(Sunday Afternoon on the Island of La Grande Jatte)'이다.

점묘파 작품인 이 작품을 가까이서 보면 모두 작은 점으로 구성되었다. 그러나 작품은 감상하는 사람들은 그 하나하나의 점을 별개로 지각하지 않고 전체의 모습으로 지각한다. 사람들은 무의식적이며 자동적으로 지각적 통합화를 하고 있는 것이다. 지각적 통합화 과정에는 '단순화' '완결성' '집단화' '형상과 배경'의 네 가지 원리가 있다.

① 단순화

단순화(simplicity)는 자극대상의 각 요소를 통합하여 전체로서 이해할 때 가급적이면 매우 단순한 형태로 이해하려는 경향을 의미한다. [그림 5-12]의 A를 보면 여덟 개의 점으로 구성되었다. 이때에 사람들은 대부분 A를 볼 때, B처럼 원의 형태로

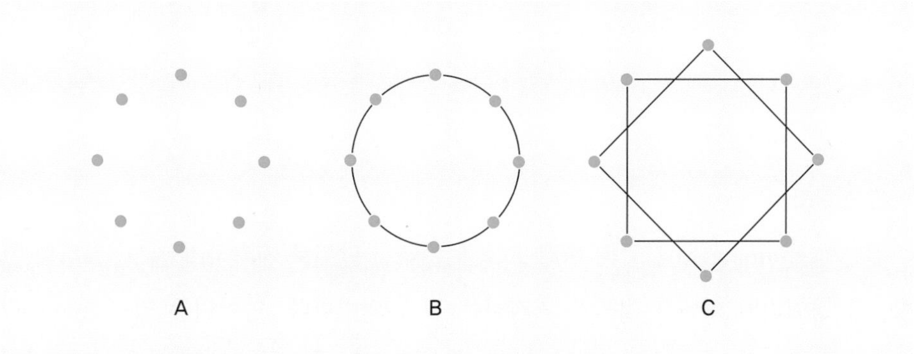

[그림 5-12] 단순화의 예시

출처: 김성영, 라선아(2014).

단순하게 지각하는 경향이 많다. 굳이 C처럼 복잡하게 두 개의 정사각형이 겹쳐 있는 형태로 보는 경우는 매우 드물다. 이처럼 자극대상의 각 요소를 통합하여 전체로 이해하는 원리를 단순화라고 한다.

② 완결성

완결성(closure)은 자극이 불완전하게 제시될 때, 사람들은 불완전한 부분 혹은 잘못된 요소를 스스로 고치거나 빈 부분을 채워 완전한 형태로 완결하여 지각하는 경향을 의미한다. [그림 5-13]의 왼쪽 그림은 모든 선이 연결되지 않고 각 부분이 채워지지 않은 미완성의 그림이다. 그러나 사람들은 이 그림을 보고 스스로 선을 유추하고 빈 부분을 채워 호랑이로 해석하는 경향이 있다. 오른쪽 그림 역시 선이 연결되지 않은 도형이다. 그러나 사람들은 스스로 선을 연결하여 W로 지각하는 경향이 있다. 불완전한 것을 스스로 완전하게 하여 지각하는 원리가 완결성이다.

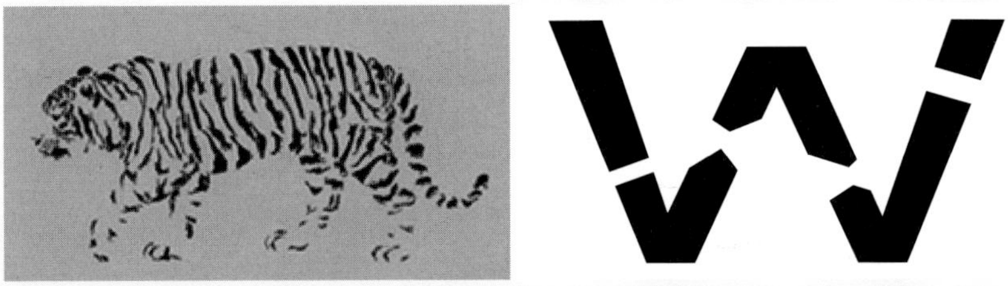

[그림 5-13] 완결성의 예시

출처: 김성영, 라선아(2014).

③ 집단화

집단화(grouping)는 자극의 여러 요소를 분리된 단위로 지각하지 않고, 하나의 그룹, 즉 덩어리의 형태로 자극을 지각하는 것을 의미한다. 덩어리는 청크(chunk)라고도 하는데, 청크는 의미를 가진 최소 단위를 뜻한다. 집단화의 원리에는 근접성(proximity), 유사성(similarity), 연속성(continuity)이 있다.

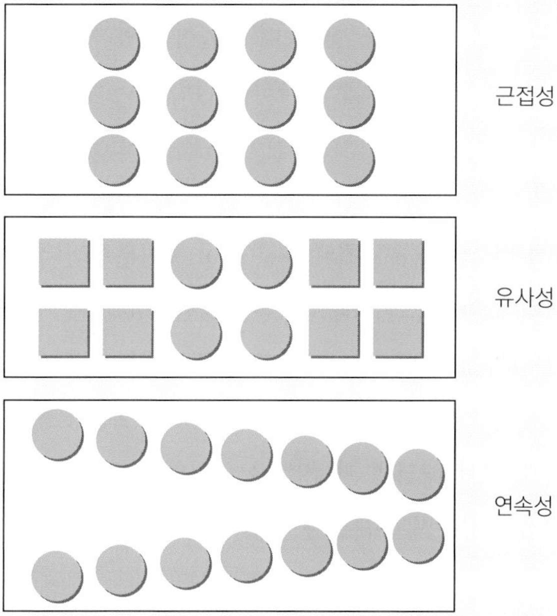

[그림 5-14] 집단화의 예시

출처: 김성영, 라선아(2014).

이를 [그림 5-14]의 집단화의 예시를 통해 구체적으로 살펴보면 다음과 같다.

근접성은 가장 가까운 요소끼리 연결하여 지각하는 경향이다. [그림 5-14]의 상단 그림이 근접성에 해당한다. 12개의 점을 볼 때, 사람들은 3행의 4개 원보다는 4열의 3개 원으로 지각하는 경향이 더 많을 것이다. 이는 세로로 나열된 점이 가로로 나열된 점보다 거리상 가깝기 때문이다. 따라서 [그림 5-14] 상단 그림의 근접성은 가로보다는 세로가 기준이 되고 있다.

유사성은 유사한 것끼리 연결하여 묶어 지각하는 경향이다. [그림 5-14]의 중간 그림을 볼 때, 각 행의 사각형 2개, 원 2개, 사각형 2개의 형태로 보지 않고 사각형 4개짜리 두 세트, 원 4개짜리 한 세트로 지각하는 경향이 더 많을 것이다. 즉, 원은 원끼리 사각형은 사각형끼리 묶어 지각한다.

연속성은 자극을 단속적으로 지각하지 않고 연속적으로 지각하는 경향이다. [그림 5-14]의 하단 그림을 볼 때, 원을 7열 종대로 늘어서 있다고 보기보다는 원이 오른쪽으로 방향성을 갖고 모이는 것으로 지각하는 경향이 더 많을 것이다.

④ 형상과 배경

자극물을 바라볼 때, 사람들은 주된 부분(figure)과 부수적 부분(ground)의 두 가지 요소로 조직화하여 바라보는 경향이 있다. 형상(figure)은 자극물에서 보다 두드러진 부분이고, 배경(ground)은 상대적으로 덜 두드러진 부수적인 부분이다. 즉, 형상은 중요하고 의미를 가진 부분이고 배경은 상대적으로 덜 중요한 보조적 역할의 부수적 부분이다. 따라서 배경은 형상이 잘 드러나게 하는 역할을 한다. 그렇지만 형상과 배경은 고정적이지 않고 보는 사람의 초점이 어디에 있냐에 따라 뒤바뀔 수 있다.

[그림 5-15]를 언뜻 보면 왼쪽 그림은 꽃병이 형상으로 보이고 오른쪽 그림은 마주 본 사람의 얼굴이 형상으로 보인다. 즉, 동일한 그림이라 할지라도 어디에 초점

[그림 5-15] 형상과 배경의 예시(Rubin's Vase)

을 맞추어 보는지에 따라 자극물의 형상과 배경이 달라질 수 있다. [그림 5-16]의 그림도 형상과 배경에 대한 예시이다. 하얀 천사가 형상이 되기도 하며 악마가 주된 형상이 되기도 한다.

광고 실행에서 광고 기획자 및 마케터는 형상과 배경에 대한 다각적인 이해가 필요하다. 즉, 제품 및 기업 광고에서 유명한 모델에 초점을 맞추게 되면, 자칫 제품 및 기업이 형상이 아닌 배경으로 전락할 가능성이 있다. 이러한 측면에서 매우 매력적인 유명한 광고모델을 기용하는 경우, 광고모델만 기억나고 제품 및 기업이 사라지는 경우도 빈번하게 발생하고 있다. 따라서 광고 기획자 및 마케터는 광고의 기획 단계에서부터 형상과 배경이 전도되지 않고 배경이 형상을 돋보이게 하는 광고를 기획하고 실행해야 할 것이다.

[그림 5-16] 형상과 배경의 예시

2) 소비자의 해석 과정

소비자는 외부 자극에 노출된 후, 선택적 주의를 하고, 주의과정을 거친 자극에 대한 지각적 조직화 과정을 거친 후, 지각적 해석(perceptual interpretation)을 한다. 통상 지각적 조직화 과정이 지각적 해석 과정보다 순서상 선행단계라고는 하지만 실제로는 거의 찰나의 차이라 할 정도로 동시에 순간적으로 진행되는 경향이 있다. 지각적 해석은 외부 자극에 대해서 소비자 자신의 동기, 신념, 경험, 욕구 등이 투영되어 자극을 새롭게 해석하는 과정이다. 이 과정을 통해 정제된 정보는 의사결정을 위한 유용한 정보로 활용된다. 지각적 해석에는 지각적 범주화와 지각적 추론의 두 가지 원리가 있다.

(1) 지각적 범주화

지각적 범주화(perceptual categorization)는 지각상에서의 분류 과정이다. 소비자가 자극에 노출되면 그 자극을 소비자가 기존에 지니고 있는 지식 및 신념체계인 스키마(schema)와 관련지어 자신의 방식으로 이해하는 것을 의미한다. 지각적 범주화 과정은 무의식적으로 매우 순간적으로 진행되는 경향이 있다.

예를 들어, 소비자가 '아이폰 11' 신상품에 대한 정보를 접했을 때, 애플 및 휴대폰과 관련된 소비자의 스키마가 활성화되며 이 스키마 구조와 아이폰 11과의 관련성 등에 대한 점검을 통해 자극의 이해 과정인 지각적 범주화가 시도된다. 이에 따라 설사 아이폰 11에 대한 정보가 미흡하다 할지라도 소비자는 애플과 휴대폰과 관련된 지각적 범주화 과정을 통해 아이폰 11에 대해서 대략적으로나마 이해할 수 있다. [그림 5-17]은 소비자의 아이폰 11과 관련된 스키마 예시이다.

한편, 시장에 유사 제품이 없는 완전히 새로운 제품군이 최초로 출시된 경우에는 기존 스키마로 분류하기 어렵다. 이러한 경우에는 상대적으로 지각적 범주화 역시 어렵다. 예를 들면, 남양유업의 '니어워터 오투'라는 미과즙음료 브랜드는 미과즙 음료군을 최초로 개척한 브랜드이다. 이 제품은 제품 출시 초창기에 "처음 만나는 새

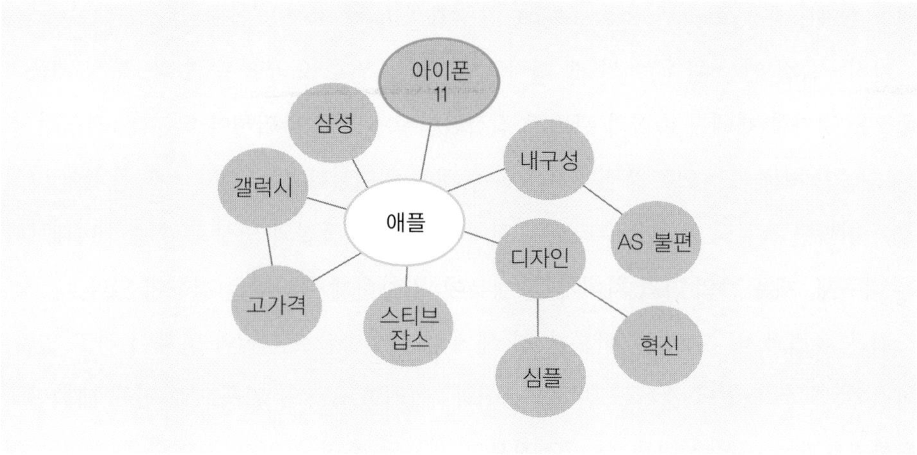

[그림 5-17] '아이폰 11'에 대한 소비자의 스키마

로운 물"이라는 광고 메시지로 '물'과의 지각적 범주화를 유도하였다. 그러나 니어워터 오투를 마셔 본 소비자는 '이건 물이 아닌데 왜 물이라고 하지?' 하며 지각적 범주화에 실패하여 제품의 시장 정착에 어려움이 있었다.

(2) 지각적 추론

지각적 추론(perceptual inference)은 어떤 자극에 대해서 평가할 때, 그 자극 자체 이외의 다른 단서로 간접적으로 추리하는 것을 의미한다. 예를 들면, 어떤 사람에 대해서 평가하라고 할 때 그 사람이 벤츠에서 내리는 모습을 보고 '그 사람은 부자일 거야' 또는 '사치가 심한 사람일 거야'라는 방향에 집중하여 쉽게 추리하는 것은 지각적 추론에 의한 현상이다. 이와 유사한 현상으로 영어를 잘하는 사람을 보고 그 사람은 똑똑할 것이라는 추리 역시 직접적인 근거 없는 간접적인 추리이다. 영어와 똑똑함은 별개의 대상이며, 간접적인 단서임에도 불구하고 사람들은 직접적인 단서인 것처럼 쉽게 판단하는 경향이 있다. 이처럼 간접적인 단서(예: 직업, 근무 회사의 명성, 옷차림, 액세서리, 말투, 영어의 유창성 등)에 의해 어떠한 대상을 평가하는 것을 지각적 추론이라 한다. 마케팅 상황에서 지각적 추론의 대표적인 예로는 가격-품질 연상 관계(price-quality relationship), 후광효과(halo effect) 등이 있다.

가격-품질 연상 관계는 '싼 게 비지떡이다'라는 말로 요약할 수 있다. 특정 제품의 품질을 평가할 때에는 품질과 관련된 직접적인 속성으로 추리해야 하는데, 간접적 추론 속성인 제품 가격으로 품질을 예측하는 것을 의미한다. 즉, 값이 싸면 품질이 낮고 값이 비싸면 품질도 좋다고 추리하는 것이다. 가격과 품질의 연상 관계는 소비재보다는 내구재, 제품 간의 가격 차이가 큰 경우에 더 강하게 나타나는 경향이 있다.

최근 유럽과 미주지역을 비롯한 전 세계에 BTS(방탄소년단)의 열풍이 불고 있다. 이전에 볼 수 없었던 강력한 한류열풍이다. 이러한 BTS의 열풍으로 인해 대한민국 원산지효과는 이전에 비해 더 긍정적으로 제고된 측면이 있다. BTS와 대한민국 원산지효과의 관계와 같이 BTS의 긍정적 이미지가 'Made in Korea'의 문화적 가치에 긍정적으로 전이되어 마케팅 성과가 제고된 것은 BTS에 의한 후광효과 때문이다. [그림 5-18]의 '이니스프리'는 아모레퍼시픽의 하위 브랜드로 국내 시장에서는 중저가 브랜드이다. 그러나 최근 들어 강한 한류의 후광효과를 이용하여 중국에서는 프리미엄 브랜드로 포지셔닝을 시도하고 있다.

[그림 5-18] 중국 베이징에 오픈한 '이니스프리' 브랜드 매장

출처: 이투데이 홈페이지.

(3) 소비자의 해석 과정에 영향을 미치는 요인

소비자는 동일한 정보라 할지라도 저마다 자신만의 방식, 자신이 처한 상황에 따라 다르게 해석하는 경향이 있다. 이는 소비자의 해석 과정에 다양한 요인이 제각각의 형태로 영향을 미치기 때문이다. 영향요인은 크게 개인적 요인과 자극적 요인으로 구분할 수 있다.

① 개인적 요인

자극에 대한 소비자의 해석에 영향을 미치는 개인적 요인을 설명하면 다음과 같다.

첫째, 소비자가 처한 상황과 동기의 정도에 따라 해석이 달라진다. 즉, 동일한 자극이라 할지라도 소비자가 어떠한 동기를 갖고 있는지에 따라 자극물에 대한 해석과 이해 과정은 다르다. 사회적 가치를 중시하는 소비자는 사회의 각 현상에 대해서 공익적 가치에 우선점을 두고 해석하는 경향이 있다. 반면에 개인적 가치를 중시하는 소비자는 사회의 각 현상에 대해서 개인적 이익에 우선점을 두는 경향이 있다. 동일한 현상이라 할지라도 소비자가 어떠한 가치를 중시하느냐에 따라 해석의 결과는 상이하다. 마케팅적 관점에서 디젤 자동차를 환경적 개념으로 볼지, 연료 효율로 볼지는 소비자 개인의 상황과 동기에 따라 다르다.

둘째, 소비자의 지식과 경험의 차이에 따라 해석이 달라진다. 통상적으로 소비자가 노출된 정보에 지식과 경험이 많을수록 자극의 정보를 더 정확하게 해석하고 이해하는 경향이 있다. 예를 들면, 증강현실(Augmented Reality: AR)과 가상현실(Virtual Reality: VR)은 다른 개념이다. 이에 대한 지식과 경험이 많은 소비자는 두 개념이 다르다는 것을 안다. 그러나 그렇지 않은 소비자는 두 개념의 차이점을 이해하지 못해 동일하다고 판단하는 경향이 있다. 다르다는 것을 안다는 것은 차이를 지각한다는 것이며, 차이 지각에 지식과 경험이 영향을 미친다. 마케팅적 관점에서 제품에 대한 이해도가 높은 소비자는 광고가 전달하고자 하는 핵심 메시지에 집중하는 경향이 있다. 그러나 제품 이해도가 낮은 소비자는 핵심 메시지에 대한 이해가 어려워 광고의 배경이 되는 모델, 음악, 분위기 등에 더 관심을 갖는 경향이 있다.

셋째, 소비자의 기대수준에 따라 해석이 달라진다. 레이블드 테스트에서는 브랜드 효과가 비교적 그대로 유지되는 경향이 있다. 이는 유명 브랜드의 품질이 더 우수할 것이라는 기대가 소비자의 해석에 영향을 미쳤기 때문이다. 반면에 블라인드 테스트는 브랜드 효과를 상당 부분 감소시키는 경향이 있다. 기대가 반영되지 않기 때문이다. 마케팅적 관점에서 유명 브랜드는 현재의 경쟁 관점이 계속 유지되어야 유명 브랜드로서의 브랜드 지위가 확고해질 수 있다. 그러나 그렇지 않은 브랜드는 유명 브랜드가 설정하여 기존 시장에서 유용하게 사용하고 있는 경쟁 관점을 변경시켜야 새로운 브랜드 지위를 확보할 수 있다.

② 자극적 요인

기업이 자극을 어떻게 제시하느냐에 따라 소비자의 자극 해석은 다르게 나타난다. 자극에 대한 소비자의 해석에 영향을 미치는 자극적 요인을 설명하면 다음과 같다.

첫째, 동일한 자극이라도 향기, 색상, 맛, 패키지 등의 감각적 요소에 따라 소비자의 해석은 달라진다. 즉, 자극을 자극만으로 제시하기보다는 감각적 트렌드를 첨가하여 제시하는 것의 효과성이 더 높다. 마케팅적 관점에서 동일한 커피라 할지라도 어떤 잔으로 마시냐에 따라 커피 맛에 대한 해석이 달라질 수 있다. 동일한 우유라도 패키지의 디자인에 따라 우유의 프리미엄적 가치는 달라진다.

둘째, 커뮤니케이션의 표현 방식에 따라 소비자의 해석은 달라진다. 즉, 광고 속 언어적/시각적 표현이 소비자의 해석에 영향을 미친다. 일상의 언어를 사용하는 경우 쉽게 이해되고 쉽게 기억되는 경향이 있지만 망각도 쉬워져 순응을 이끌어 내기 어렵다. 그러나 반어법, 역설법, 모순법, 과장법 등의 수사법을 사용하는 경우 바로 이해하기는 어렵지만 이해가 되면 자극물에 대해서 더 창의적이며 혁신적으로 평가하는 경향이 있다. “소리 없는 아우성”과 같은 모순형용이 의미를 더 강조하는 경향이 있다.

마케팅적 관점에서 복잡한 커뮤니케이션이 소비자의 해석을 어렵게 하는 측면도

[그림 5-19] 미국 아이스크림 브랜드 하겐다즈

출처: 하겐다즈 홈페이지.

있지만 광고 홍수인 상황에서 쉬운 커뮤니케이션은 광고로서의 존재감을 잃을 가능성도 상존하고 있다. 프랑스어를 이용한 브랜드명은 우아함을 주고 독일어를 이용한 브랜드명에서 전문성을 느낄 수 있다는 것도 광고의 언어적 효과이다. '하겐다즈'는 미국의 아이스크림 브랜드이지만 프리미엄 이미지를 주기 위해 미국인이 느끼기에 유럽에서 온 브랜드처럼 보이도록 독일어적 느낌을 주었다. 초창기에는 미국의 보드카 브랜드였지만 현재는 영국 보드카 브랜드인 '스미르노프' 역시 보드카의 특성을 반영하여 브랜드에서 러시아적 느낌을 주고 있다.

셋째, 순서효과(order effect)에 따라 소비자의 해석은 달라진다. 순서효과에는 초두효과(primacy effect)와 최근효과(recency effect)가 있다. 초두효과는 제시되는 자극의 앞부분을 잘 지각하는 현상이며, 최근효과는 자극의 뒷부분을 잘 지각하는 현상이다. 초두효과에 의하면 여러 개의 정보가 제시될 때 처음 제시된 정보를 가장 잘 기억하고, 최신효과에 의하면 나중에 제시된 것을 가장 잘 기억한다. 통상적으로 많은 정보가 제시되는 경우에는 처음에 제시된 정보를 기초로 인상(impression)을 형성하고 기억(memory)은 나중에 제시된 정보가 더 잘 되는 경향이 있다. 마케팅적 관점에서 브랜드 선점을 위해서는 인상에 강점이 있는 초두효과를 겨냥하는 것이 더 긍정적이다. 그러나 광고 홍수 상황에서 제품 및 브랜드의 기억을 높이기 위해서는 최근효과가 더 유리하다. 광고의 맨 마지막 부분에 브랜드 슬로건을 강조하거나 브랜드 심벌 및 로고를 비교적 오랫동안 노출하는 경우는 최근효과를 고려한 것이다.

넷째, 자극이 노출되는 배경과 분위기에 따라 소비자의 해석은 달라진다. 루이뷔통과 에르메스와 같은 명품 브랜드를 할인점이나 편의점에서 판매하면 어떻게 될까? 가장 먼저 떠오르는 생각은 '과연 진품일까?'일 것이다. 할인점과 편의점의 배경 및 분위기가 명품의 고급스러운 이미지와는 거리감이 있기 때문이다. 사랑고백의 효과가 장소에 영향을 받듯이 제품 및 브랜드와 소비자와의 커뮤니케이션 역시 배경 및 분위기에 영향을 받는다. 마케팅적 관점에서 배경과 분위기는 브랜드 아이덴티티를 고려해야 한다. 중저가 브랜드는 대중성을 바탕으로 한 많은 노출이 필요하지만 명품 브랜드는 희소성에 의한 고급스러운 이미지 관리가 필요하다. ■

제6장

소비자 태도이론의 검토

이재록(청주대학교 광고홍보학과 교수)

1. 태도에 대한 정의
2. 태도에 대한 두 가지 이론적 관점
3. 태도 형성의 이론

◈◇◈

행동과학의 다른 개념들과 마찬가지로 태도 또한 일상의 대화에서 많이 사용되고 있는 단어이다(예를 들면, 자신의 '나쁜 태도' 때문에 코치가 벤치에 앉아 있게 하는 선수가 늘 있기 마련이다). 그리고 태도의 개념만큼 마케팅 문헌에서 많이 다루어진 개념은 없다. 태도라는 용어를 보다 정확하게 사용하면 할수록 어떤 대상이나 행동에 대해 긍정적이거나 부정적인 느낌과 관련이 있음을 알 수 있다. 그러나 마케팅 노력에 대한 소비자 반응으로서 태도를 연구하는 학자들은 태도의 개념과 형성에 대해 상당히 다양한 관점을 보여 주고 있다. 태도는 상대적으로 안정된 대상과 관련성이 있다는 견해가 있으며, 기억(인지)을 토대로 정보처리를 통해 형성되거나, 맥락과 감정을 기초로 정보처리가 형성되어 일시적으로 구성된 평가라는 견해가 있다. 이 장에서는 태도 개념의 본질을 명확하게 하고, 태도가 어떻게 형성되는지에 대한 이론적 관점을 살펴보고, 태도 형성 이론을 규명하기 위해 어떠한 새로운 시도가 있는지를 기술한다.

마케팅 연구자들과 경영자들은 제품, 광고와 상표(Grewal et al., 2004; Lee & Labroo, 2004; Pieters, Wedel, & Batra, 2010), 소매점(Yoo, Park, & MacInnis, 1998), 웹사이트(Chen & Wells, 1999; Schlosser, 2003b), 그리고 웹 광고(Bruner & Kumar, 2000; Stevenson, Bruner, & Kumar, 2000)와 같은 마케팅 대상에 대한 사람들의 반응을 평가하기 위하여 태도를 조사하였다. 그러나 마케팅 문헌은 태도에 관한 다양한 견해를 주로 다루고 있다(Cohen & Reed, 2006; Schwarz, 2006). 다양한 견해는 태도 개념과 관련하여 두 가지 이슈로 요약된다. 첫 번째는 태도가 기억 속에 저장되고 떠오르는 대상과 관련된 연관성에 관한 것(Fazio, 1990)인가 또는 판단의 시점에서 그때 형성된 대상의 일시적인 평가(Feldman & Lynch, 1988; Schwarz & Bohner, 2001)인가 하는 것이다. 두 번째는 태도 형성이 엄격한 인지적 과정(Fishbein & Ajzen, 1975; Fishbein & Middlestadt, 1995, 1997)인가 또는 평가 시에 감정이나 느낌에 기초한 정서적인 것(Schwarz, 1997, 1998; Zajonc, 1984)인가 하는 것이다. 이것은 태도에 관한 기능적 관점 대 구성적 관점, 그리고 태도의 형성 과정 사이에 명확한 구분을 지어야 한다는 것을 의미한다.

이 장에서는 태도를 마케팅에서 사용할 때 태도 개념의 본질을 명확하게 하고, 태도가 어떻게 형성되는지에 대한 이론적 관점을 살펴보고, 다양한 마케팅 의사결정 맥락에서 응용 가능한 부분을 기술하고자 한다. 이를 위해 먼저 태도에 대한 정의부터 살펴보고자 한다.

1. 태도에 대한 정의

태도는 마케터가 소비자를 이해하고 소비자에게 영향을 미치기 위하여 이해해야 할 가장 중요한 개념이라고 할 수 있다. 1930년대부터 사회심리학자들은 다양한 방법으로 태도를 개념화하고자 하였다. 초기에 제시된 태도 개념은 비교적 단순하게 이루어졌으며, 그 후 보다 넓게 개념화되었다. 태도에 관한 정의 중 대표적인 것으로 피쉬바인과 아젠(Fishbein & Ajzen)의 정의를 들 수 있으며, 그들은 태도를 "주어진 대상에 대해 호의적이거나 비호의적인 방법으로 일정하게 반응하려는 학습된 선유경향(predisposition)"으로 정의하였다(Fishbein & Ajzen, 1975, p. 6). 이를 좀 더 구체적으로 살펴보면 다음과 같다.[1]

1 이 부분은 주로 다음의 내용을 참고로 하였음. Lutz, R. J. (1991). 「The Role of Attitude Theory in Marketing In H. H. Kassarjian & T. S. Robertson (Eds.), *Perspectives in Consumer Behavior*, 4th ed., Englewood Cliffs, New Jersey: Prentice-Hall, 317-339.

1) 태도는 학습된다

우리는 주어진 환경에서 다양한 대상에 대해 특정한 태도를 가지고 태어나지는 않았다. 오히려 우리는 태도 대상에 대한 정보(예: 광고)를 통해서, 또는 태도 대상에 대한 직접적인 경험(예: 새로운 상표의 맥주를 맛보는 것)을 통해서, 또는 두 가지를 혼합하여 호감이나 비호감을 배우게 된다. 태도는 타고난 것이 아니라 학습되는 것이기 때문에 마케터는 광고, 인적판매, 샘플링과 같은 마케팅 커뮤니케이션 도구를 사용하여 그들의 상표에 대한 태도를 창출하거나 수정하려고 시도할 수 있다. 불행하게도 마케터의 관점에서 볼 때 상표태도는 제품에 대해 비호의적인 원천에 의해 공급된 정보를 토대로 학습될 수 있다. 예를 들어, 많은 사람은 담배가 건강에 해롭다는 정부의 발표로 인하여 담배를 피우는 것에 대해 부정적인 태도를 가지게 된다.

2) 태도는 반응하려는 선유경향이다

태도는 제3자(예: 조사자)에 의해서 직접 관찰될 수 있는 것이 아니다. 태도는 명확한 행동이 아니며, 드러나지 않고, 관찰할 수 없는 내적 반작용이다. 아무도 태도를 보지는 못했으며, 볼 수도 없을 것이다. 태도가 정말 존재하는지에 대해서도 알지 못한다. 그래서 태도는 가설적인 연구 개념으로서 직접 검증될 수 없는 것이다. 태도의 존재는 행동을 설명하기 위하여 이론가들이 공준한 것이다. 사람들이 정말로 태도를 유지하고 있는 것처럼 행동하는 정도에 따라 연구 개념으로서 태도가 유용한 이론적 도구가 된다.

그래서 태도의 드러나지 않는 본질 때문에 직접적으로 관찰할 수는 없지만, 태도는 행동의 선행요소가 된다고 가정되기 때문에 유용하다. 달리 말하면, 태도이론가들은 태도가 명확하게 반응하는 선유경향이며 이러한 선유경향이 실제적인 명확한 행동을 이끈다고 믿는다. 그래서 어떤 사람이 상표에 대해 호의적인 성향을 가지고 있다면 그러한 호의적인 선유경향은 그 상표에 대한 호의적인 행동(예: 구매, 친구에게 추천 등)을 이끌게 된다.

3) 일관된 호의적 또는 비호의적 반응

태도는 조직 메커니즘이다. 긍정적 혹은 부정적 느낌의 결과물로서 태도는 개인이 태도 대상에 대해 표현할 수 있는 명확한 행동을 지배한다. 그래서 특별한 상표에 대한 행동을 관찰하면, 호의적이든 비호의적이든 그러한 반응에 대해 기본적으로 일관성을 나타내고 있음을 알 수 있다. 예를 들어, 당신의 가장 친한 친구를 생각해 보라(즉, 당신이 그 사람에 대해 호의적인 태도를 유지하고 있는 친구). 이제 당신의 친구에 대한 당신의 행동을 생각해 보라. 당신은 스포츠 이벤트에도 함께 갈 것이며, 강의노트도 공유할 것이며, 또는 인생의 의미에 대해 오랫동안 토론도 할 것이다. 그리고 당신은 그 사람에 대해서 호감을 가지고 있다고 확신할 것이다. 이제 싫어하는 사람을 생각해 보라. 그 사람과 함께 앞에서 언급한 어떠한 행동이라도 하고 싶은가? 당신이 당신의 친구와 함께하고 있는 모든 행동이 반드시 호의적이지는 않을지라도(어떤 경우에는 친구들끼리 서로 화나게 하기도 한다), 혹은 당신이 싫어하는 사람에 대한 모든 행동이 비호의적이지는 않을지라도, 당신의 행동패턴은 전자의 경우에는 일관되게 호의적이며 후자의 경우에는 일관되게 비호의적일 것이다. 마케터는 그들 상표에 대한 소비자 행동의 일관성(예: 상표충성도, 제품을 보다 자주 소비함, 긍정적인 구전 등과 같은 것)이 반영되어 호의적인 소비자 태도로부터 이익을 얻게 된다.

4) 태도 대상

앞에서도 언급했듯이 태도는 어떤 대상을 지향하고 있다. 이 경우 대상은 보다 넓게 이해된다. 그래서 대상은 실질적인 대상뿐만 아니라(예: 제품군, 특별한 상표 또는 소매점), 개인, 이슈 또는 행동도 될 수 있다. 예를 들어, 대통령 후보들은 유권자들이 자신들에게 대하는 태도에 관심이 있다. 마찬가지로 우리는 시민의 삶의 질 향상과 같은 이슈에 대한 태도를 가지고 있다. 특별한 행동 또한 태도의 목표가 될 수 있다.

요약하면 태도는 대상, 사람, 이슈 또는 행동에 대한 호감 또는 비호감의 느낌이다. 우리는 시간이 흐름에 따라 직접 경험을 통하거나 대상에 대한 정보를 통해서 그러한 대상에 노출되어 태도를 학습하게 된다. 학습된 태도는 일관되게 호의적이거나 비호의적인 반응 패턴을 가지고 태도 대상에 대한 행동의 일반적인 가이드로 쓰인다.

2. 태도에 대한 두 가지 이론적 관점[2]

역사적으로 태도 연구는 두 가지 주요 견해가 있다. 첫 번째는 3요소 견해로서 태도에는 세 가지 요소가 있다는 것이다. 두 번째는 단일차원 견해로서 태도를 하나의 태도 개념으로 다루는 것이다.

1) 세 가지 하위요소 견해

세 가지 하위요소 견해는 태도를 인지적(cognitive), 감정적(affect), 그리고 행동의욕적(conation) 요소로 구성되었다고 보는 것이다. 인지적 요소는 어떤 대상에 대해 개인이 가지는 신념과 관련된 것을 모두 포함한다(예: 우리 동네에서는 K-마트가 가장 저렴한 곳이다). 감정적 요소는 대상에 대한 긍정적 혹은 부정적인 느낌을 말한다(예: 나는 K-마트를 좋아한다). 행동의욕적 요소는 대상에 대한 행동의도와 실제 행동이다(예: 나는 K-마트에서 물건을 사고 싶다).

2 이 부분은 주로 다음 책의 내용을 참고로 하였음. 이학식, 안광호, 하영원 저(2015). 소비자행동: 마케팅 전략적 접근 (제6판). 서울: 집현재, pp. 225-226.

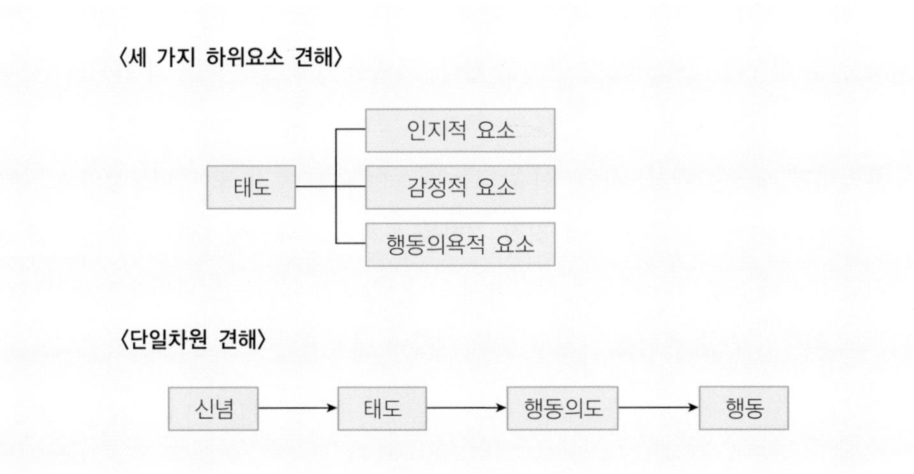

[그림 6-1] 태도에 대한 두 가지 견해

출처: Lutz, R. J. (1991).

태도에 대한 이와 같은 견해는 개인이 대상에 대해 가지는 태도는 어떤 경우에도 이들 세 가지 요소로 구성된다고 개념화한다. 더욱이 세 요소는 태도 대상에 대한 호의성 또는 비호의성이 기본적인 일관성을 가지는 것으로 간주한다. 다시 말하면, 만약 어떤 상표가 긍정적인 혜택을 준다고 소비자가 믿는다면(인지), 소비자는 그 상표를 좋아하게 되고(감정), 호의적인 행동, 즉 구매를 하게 될 것이다(행동의욕).

2) 단일차원 견해

태도에 대한 단일차원 견해는 세 가지 하위요소 견해에서 진전된 것으로 간주될 수 있다. 단일차원 견해와 세 가지 요소 견해는 기본적으로 같은 맥락이지만 단일차원 견해가 개념적으로 의미 있는 변화를 보여 준다. 단일차원 견해에서는 인지적, 행동의욕적 요소가 태도로부터 분리되어 인지는 신념으로, 행동의욕은 의도와 행동으로 개념화된다. 그래서 태도는 하나의 요소인 감정(affect)만으로 구성되며, 그것은 태도 대상에 대해서 호의적이거나 비호의적인 정도를 나타낸다. 신념과 행동의욕적 요소는 각각 태도의 선행변수와 결과변수로 제안한다.

3. 태도 형성의 이론

이 장에서는 태도의 형성과 그러한 태도가 어떻게 형성되는지에 대한 다른 이론적 관점을 논의하고 조직하고자 한다. 오랫동안 태도에 대한 많은 이론이 제시되었는데, 여기서는 주로 기능적 이론(functional theory)과 구성적 이론(constructive theory)을 중심으로 살펴본다.

기능적 이론은 태도가 대상과 관련된 연상의 형태로 기억 속에 저장되어 있다는 견해를 지지한다. 그래서 상대적으로 안정적이며 태도 형성이 필요할 때 기억에서 불러온다고 주장한다(Eagly & Chaiken, 1993; Katz, 1960; Shavitt, 1990). 예를 들어, 어떤 대상에 대한 결정이 이루어질 때, 관련된 태도는 그러한 결정에 정보를 제공하기 위하여 활성화될 것이다. 그 과정은 상황적 요소에 의해 영향을 받을 수 있다, 태도는 지식을 요약하고 가치를 표현할 필요성과 같은 기본적인 욕구(기능)에 기여하기 때문에 기억 속에서 연상의 형태로 저장되어 있다고 가정한다. 태도에 관한 기능적인 관점과는 달리, **구성적 이론**에서는 사람들이 결정 시점에 기억에 기초한 처리과정을 거치지 않고 단순히 정보원천으로서 지각과 결정맥락을 사용하여 대상을 평가한다고 주장한다(Bettman, Luce, & Payne, 1998; Feldman & Lynch, 1988; Reed, Wooten, & Bolton, 2002). 이것은 대부분의 태도가 일시적이며 상황에 의존한다는 것을 의미한다. 이러한 견해에 따르면 사람들은 인지적 노력을 회피하는 경향이 있으며 그래서 평가적 판단을 할 때마다 기억에 기초한 처리 과정을 하지 않는다고 주장한다. 기능적 관점과 구성적 관점의 이러한 차이점은 소비자 태도 형성과정의 연구에 상당한 의미를 던져 주고 있다. 왜냐하면 마케팅 대상(예: 제품, 상표, 광고)에 대한 태도가 반드시 제품속성의 평가에 기인할 필요가 없으며, 소비자의 목표, 노출특성 그리고 일시적인 감정적 상태와 같은 상황적 요소들에 의해 형성될 수 있기 때문이다(Bettman et al., 1998; Clore, 1994).

지난 20년 동안 『Journal of Consumer Psychology』『Journal of Advertising』『Journal of Business Research』『Journal of Consumer Research』에 게재된 논문들은 태도이론에 관한 기능적 관점과 구성적 관점의 논쟁을 주로 반영하였다. 이 장에서는 최근 10여 년간 마케팅 연구에서 소비자 태도와 직접적으로 관련이 있고 가장 활발하게 논의가 되고 있는 태도 형성의 주요 이론 중 기능적 관점(functional view)과 구성적 관점(constructive view)의 내용을 집약하고 다른 연구에 응용함으로써 마케팅 연구에 기여하고자 한다.

1) 기능적 이론

기능적 이론(functional theory)은 원래 태도 개념을 '어떤 대상에 대하여 호의적인 방법으로 반응하려는 선유된 성향'으로 정의한다(Eagly & Chaiken, 1993). 이 견해에 따르면, 소비자들은 대상군(classes of objects)에 대해 반응할 준비상태를 가지고 있으며, 그것은 지속적이고 기억 속에 저장되어 있다(Eagly & Chaiken, 1993; Katz, 1960; Shavitt, 1990). 고전적 기능이론에서는 사람들은 태도가 기능적이며, 심리적인 동기부여와 욕구충족에 기여하기 때문에 태도가 유지된다고 가정한다(Shavitt, 1989). 이러한 기능에는 지식기능, 가치 표현적 기능, 사회 조절적 기능 그리고 실용적 기능이 있다(Ajzen, 2001; Grewal et al., 2004; Schlosser, 1998). 태도에 관한 이러한 전통적인 관점은 기억에 기초하고 있으며 단순한 평가적인 범주보다 태도의 본질적 성향에 관한 것이다.

기능적 이론에 따르면 사람들은 대상에 대한 많은 양의 정보를 조직하고, 구조화하며 요약하기 위하여 태도를 형성하며(Grewal et al., 2004), 모든 태도는 주로 지식의 기능에 봉사한다(Fazio, 1989). 지식은 본질적으로 개념적이고, 지각적이며, 기능적이다. 이러한 견해를 지지하는 사람들은 게슈탈트 심리와 같이 사람들이 전체적인 태도 개념 속에서 지식을 조직화한다고 생각하며(Schlosser, 2003a), 전체는 부분들을 합친 것보다 더 크다고 여긴다. 또한 태도는 가치를 표현하며 다른 대상에 대한 선호와 자기 지각을 나타낸다(Shavitt, 1990). 이러한 태도는 가치 표현적 기능을 나타내며, 개인 간 커뮤니케이션을 촉진한다.

더욱이 태도는 개인이 다른 사람들의 기대에 순응하도록 도와주며, 사회적 상호작용이 부드럽고 효율적으로 이루어지게 한다(Smith, Brewster, & White, 1956). 이러한 태도는 사회 조절적 기능을 가지게 되고, 가치 표현적 기능과 사회 조절적 기능은 사회적 일체감 기능을 형성한다. 그 뒤 사회적 일체감은 가치 표현적 기능과 사회 조절적 기능을 참고하는 데 사용되었다. 마지막으로 태도는 어떤 대상으로부터 획득된 보상과 '처벌'을 말한다. 그래서 실용적 기능을 나타낸다(Katz, 1960). 태도는 어느 하나가 다른 대상과 연관되는 긍정적이고 부정적인 결과의 정도에 따라 이러한 기능을 수행한다. 실용적 기능은 행동에 접근하거나 회피하도록 한다(Shavitt, 1989).

태도가 기능적이기 때문에, 사람들이 그 태도를 유지한다는 것은 자극에 처음 노출된 뒤 소비자들이 형성된 태도를 기억 속에 저장하고, 기억 속에 있는 태도 반응을 인출해 내는 것이다. 기능적 이론은 자극 노출과 태도 형성 사이에 인지적 처리가 일어난다고 하는 정보처리 패러다임을 고수하고 있다. 정보처리의 형태와 관련하여 기능적 접근법에 속하는 다수의 태도모델은 계획적인(규칙에 기초한) 정보처리와 자발적인(연관이 있는) 정보처리로 구분하고 있다(Fazio, 1986, 1990; Fazio & Zanna, 1981; Sloman, 1996). 그러나 두 경우를 모두 수용한 정보처리의 이중처리과정 모델이 있다. 설득적 커뮤니케이션 문헌에 따르면 체이큰(Chaiken, 1980)의 체계적-휴리스틱 모델 그리고 카치오포와 페티(Cacioppo & Petty, 1984)의 설득에 대한 중심-주변 경로 모델이 그것이다.

계획적 또는 규칙에 기초한 모델은 태도가 명확한 기억 속에 저장되어 있는 인지적 신념으로부터 형성된다고 가정한다. 이에 비해 자발적인 또는 연관적인 모델은 태도는 연상을 통해 자동적으로 일어나며 대부분 감정이나 느낌과 같은 정서적 요소와 관련이 있다고 가정한다. 피쉬바인과 아젠(Fishbein & Ajzen, 1975)의 기대-가치 모델과 합리적 행동이론, 그리고 계획된 행동이론은 계획적 모델에서 시작했다.

현대의 기능적 이론은 계획적인 정보처리 활동보다는 태도가 연관된 지식으로 기억 속에 있다고 가정하는 기능주의자들의 견해와 일맥상통하는 자발적인 과정으로서 태도 인출을 모델화하고 있다(Schlosser, 2003a). 특히 자발적인 정보처리 모델에서는 태도를 '주어진 대상과 그 대상의 평가 사이에서 기억에 저장된 연관'(Fazio, 1990)으로 정의한다. 파지오(Fazio, 1990)는 태도 형성이 동기부여와 기회 같은 요소에 의존하며 매우 신중하게 이루어진다고 주장한다. 그러나 기억에서 인출된 태도 메커니즘은 대부분 자동적이며 의식적인 인식 수준 아래에서 일어난다(Fazio, 2001; Olson & Fazio, 2001). 이러한 태도모델에 따라 저장된 태도가 그다음의 평가에 영향을 미치든, 또는 다른 반응에 영향을 미치든 태도는 기억에 접근 가능한 정도나 활성화의 가능성에 의존한다. 태도의 접근 가능성에 영향을 미칠 수 있는 요소로는 기능의 중요성, 사전활성화의 빈도, 그리고 개념과 태도 사이의 관계의 강도가 있다(Fazio, 1990). 예를 들어, 파지오와 재나(Fazio & Zanna, 1981)에 의하면 직접 경험을 통해 형성된 태도는 광고나 구전을 통해서 간접적으로 형성된 태도에 비해 기억에 보다 빠르게 접근 가능하고 행동과의 관련성이 더 강하다.

태도 형성의 연상모델(associative model)은 광고나 마케팅 커뮤니케이션에 고전적 조건화(classical conditioning)를 사용하는 연구자들로부터 많은 지지를 받고 있다(예: Gorn, 1982; Grossman & Till, 1998; Kellaris & Cox, 1989; Shimp, Stuart, & Engle, 1991). 연상모델에 따르면 긍정적인 태도를 일으키기 위해서는 적절한 태도 기능을 강조하는 자극이 필요하다. 기능적 이론과 연상모델은 제품이나 상표와 같은 태도 대상이 다른 기능을 강조한다고 제안한다(Shavitt, 1989). 그러므로 호의적인 태도를 이끌어 내기 위해서는 기능적으로 일치하는 방법으로 마케터가 제품이나 상표를 제시할 필요가 있다. 예를 들어, 새비트(Shavitt, 1990)에 따르면 에어컨이나 커피와 같은 실용적 기능을 제공하는 제품의 경우 광고에서 사회적-일체감(social-identity) 접근법을 사용하는 것은 실용적 접근보다는 덜 호의적인 반응을 얻게 된다. 마찬가지로 새해 카드와 같은 사회적-일체감 기능을 제공하는 제품의 경우 실용적 접근법은 사회적-일체감 접근법보다 덜 호의적인 반응을 얻게 된다. 더욱이 각각의 제품 안에서 기능적으로 일치하는 광고를 통해서 상표 메시지를 전달하는 것은 일치하지 않는 광고를 통해서 전달하는 것보다는 더 호의적인 반응을 얻게 된다(Shavitt, 1990).

기능적 이론가들에 따르면 태도 대상은 한 가지 이상의 이익을 제공하거나 또는 다수의 기능을 제공할 수 있다(Shavitt, 1989). 예를 들어, 대학의 로고가 그려진 스웨터는 기능적 이점이 있을 뿐만 아니라 실용적인 기능도 제공한다. 그러나 대학 간 스포츠 경기가 있을 때 입으면 사회적-일체감 기능을 제공한다(Schlosser, 2003a). 사람들이 제품과 서비스에 가치를 '부여한다'는 의미는 그러한 것들의 상대적 중요성이 상황에 따라 다양할지라도 혜택이 소비자들의 마음속에 상대적으로 안정되어 있다는 것을 의미한다. 그루얼 등(Grewal et al., 2004)은 제품속성에 대한 상호작용 효과, 태도 기능 그리고 반복구매의 시기에 관한 구매 결정의 상황에 대해 연구하였다. 그들은 카메라, 자동차, 진공청소기, 손목시계, DVD 플레이어, 냉장고 그리고 텔레비전 등 7개의 제품에 대해 연구하였는데, 제품이 유의적인 조절요소가 되지는 않았다는 것을 발견하였다. 즉, 모든 제품이 잠재적으로 모든 기능을 제공하였다. 그러나 어떤 제품의 특성은 구매시점에 태도 기능의 효과에 조절적 작용을 보여주었다. 더욱이 그루얼 등(2004)에 따르면 결정상황이 반복구매시점에 직접적인 효과를 보여 주었다. 강압적인 구매 결정은 항상 강압적이지 않은 구매 결정보다 구매 사이의 간격이 더 길었다. 그래서 제품속성, 중요한 태도 기능, 그리고 상황적 매개변수(parameter)는 결합적으로 소비자 행동을 결정한다.

비록 태도가 기억 속에 저장되어 있다고 기능적 이론이 가정하지만, 상황적 매개변수가 기억에 기초한 태도 인출(연상모델 안에서)을 위한 단서로 작용될 수 있어야 한다. 이러한 주장은 소매점 분위기 연구에서 증거를 찾을 수 있는데, 슐로서(Schlosser, 1998, 2003a)의 연구에 의하면 소비환경에서 미적 단서가 기억에서 태도 기능에 상당한 영향력을 미치고 있음을 보여 준다. 그녀는 쇼핑분위기가 상점과 제품에 대한 소비자 반응에 영향을 미치기 위하여 제품속성과 상호작용하고 있음을 발견하였다. 특히 상점분위기는 사회적-일체감 기능을 촉발하였다. 그러므로 미적으로 즐거운 분위기는 상점의 이미지에 대한 소비자 평가에 긍정적인 영향을 미치고 있으며, 상징적 이점을 가진 제품(예: 향수와 보석)의 품질지각에 긍정적인 영향을 미친다, 그러나 기능적 이점을 가진 제품(진공청소기, 칫솔)에는 그러하지 않은 것으로 나타났다.

새비트(1989)에 의하면 개인적인 차이는 제품속성, 태도 기능 그리고 상황적 요소들 간에 상호작용을 할 수 있고, 태도 반응에 영향을 미칠 수 있다. 동일한 맥락에서 러츠(Lutz, 1981)는 자아방어적 성향은 제품속성에 영향을 미치지 않는다는 것을 발견하였으며, 슈나이더와 드보노(Snyder & Debono, 1987)는 자기감시성이 있는 사람들은 사회-정체성의 필요성에 대한 정도에 차이가 있다는 것을 발견하였다. 태도가 안정된 선유경향이라는 전통적인 기능적 신념과 달리, 상황이 태도를 이끌어 내는 데 영향을 미칠 수 있다(Eagly & Chaiken, 1993).

요약하면 기능적 이론은 태도를 기억에 기초하고, 자발적인 방법으로 일어나는 대상과 관련된 연상으로 다루고 있다. 그리고 이러한 태도를 이끌어 내는 것은 상황에 따라 그리고 개인에 따라 다양하다는 것을 인정한다. 그래서 태도의 형성을 설명하려면 마케터는 동기부여를 알아 두어야 한다(Schlosser, 2003a).

2) 구성적 이론

태도 형성에 관한 구성적 견해는 경제학과 심리학에서 많이 논의가 되었던 부분이다. 구성주의자들은 심리학에서 행동에 대한 연구의 근원을 찾을 수 있으며, 이것은 사회적 인지의 지적 이동과 밀접하게 관련이 있다고 본다(Bandura, 2001; Schwarz & Bohner, 2001). 사회적 인지는 **인지적 구성주의**와 **사회적 구성주의**의 패러다임에 근거를 두고 있다. 구성주의자들의 기본적인 가정은 소비자들은 그들의 태도를 기억 속에서 인출하지 않으며 그들의 목표를 결정하는 시점에서 계산한다는 것이다(Bettman et al., 1998; Schwarz & Bohner, 2001; Reed et al., 2002). 그러한 목표는 인지적 정보처리 노력을 감소시키며, 결정의 정확성을 증가시키고, 부정적인 감정을 최소화하거나 대안을 선호함에 있어서 정당화를 극대화시킨다(Bettman et al., 1998). 비록 이들 목표가 태도의 기능과 유사하다고 하더라도 기능적 관점과 구성적 관점 사이에는 개념적 차이가 있다. 기능적 이론은 동기부여와 일치하고, 상황은 단지 기억에서 그것의 중요성을 불러올 뿐이라고 가정한다(Schlosser, 2003a).

구성적 이론(constructive theory)은 목표가 일시적인 동기부여를 일으킨다고 가정한다. 그러한 동기부여는 태도 형성 과정에서 내적 · 외적 정보의 중요성과 진단성을 결정하게 된다(Feldman & Lynch, 1988; Reed et al., 2002). 그러므로 구성적 이론은 기능적 이론과 다르다. 구성적 이론은 지식이 기억에서 자동적으로 인출되는 것은 아니라고 주장하며, 상황에 따른 학습과 인지가 태도에 영향을 미친다고 주장한다(Schwarz, 1998). 결과적으로 구성주의자들의 관점은 연구자들이 태도조사에서 측정하려는 것은 일시적인 평가라고 제안한다(Schwarz & Strack, 1991). 그러므로 태도는 단지 평가적 판단이며, 구성적 과정을 통해 형성되며, 의사결정의 문제이다(Bettman, 1979; Bettman et al., 1998; Bettman & Park, 1980; Reed et al., 2002; Payne et al., 1992; Slovic, 1995; Tversky, Sattath, & Slovic, 1988).

행동적 의사결정과 관련이 있다 하더라도 구성적 이론을 행동주의와 혼동하지 말아야 한다. 왜냐하면 구성적 이론은 태도 형성에서 인지적 처리의 매개 역할을 포함하고 있기 때문이다. 더욱이 구성주의자들의 견해는 대상에 대한 직접적인 경험이 보다 강한 태도를 형성한다는 파지오와 재나(1981)의 견해와 일치하고 있다. 그러나 구성주의적 접근법이 기여한 것은 왜 직접 경험이 인간의 지각시스템을 더 강하게 사용하는지를 설명해 준다는 점이다. 지각적으로 현저하게 드러나는 속성은 평가 시에 빠르게 그리고 별다른 노력 없이 기억에서 떠오르게 된다(Reed et al., 2002). 인지가 아닌 지각에 대한 초점이 기능적 이론과 구성적 이론의 중요한 차이이다. 구성적 관점이 인지의 역할을 인정하더라도, 활성기억용량(working memory capacity)의 제한 때문에 인지적 노력을 피하려는 인간의 성향을 강조하고 있다. 행동 문헌에서는 비용편익 구조와 지각적 구조의 두 가지 일반적인 의사결정 구조를 제안한다(Payne, 1982; Tversky & Kahneman, 1991). 구성적 선택과정에 대한 다수의 연구들은 소비자 선호의 다양성을 비용–편익 구조 안에서 설명하고 있다(Payne et al., 1992). 소비자의 목표가 부정적인 감정적 경험을 최소화하거나 정당성을 극대화하는 것일지라도, 사람들은 노력과 이익(목표를 달성하는 것) 사이에서 균형을 취한다. 인지적 노력은 비용이며, 소비자들은 인지적 노력을 보다 적게 하려고 한다(Garbarino & Edell, 1997). 그러므로 소비자들이 인지적 노력에 대한 대가로 이익을 취하려고 한다는 것이 구성적 선호과정의 핵심이다.

구성적 정보처리 과정은 기본적인 정보처리 과정을 포함하고 있다. 즉, 정보를 탐색하고 비교하며, 곱하거나 더하고 제거하는 과정을 모두 포함하고 있다. 인지적 노력을 회피하려는 소비자들의 성향 때문에 그들은 결정에 도달하기 위하여 종종 휴리스틱 처리전략에 의존한다. 보다 많은 노력을 요하는 태도 형성의 휴리스틱 전략의 의미는 체이큰(1980)의 모델, 카치오포와 페티(1984)의 모델, 그리고 파지오(1990)의 모델과 일치한다. 즉, 인지적 노력의 정도에 따라 체계적 정보처리 모델과 휴리스틱 정보처리 모델을 구분한다(Chaiken, 1980). 현대의 기능적 이론과 마찬가지로 구성적 이론은 소비자들이 태도를 형성할 때 체계적 정보처리를 하지 않고 휴리스틱 정보처리를 하는 경향이 있다는 것을 지지한다.

베트맨 등(Bettman et al., 1998)과 페인 등(Payne et al., 1992)은 선호는 목표와 맥락 사이의 상호작용에 따라 이루어진다고 제안한다. 그러나 이러한 제안은 태도보다는 의사결정에 관한 연구로부터 유래하기 때문에 그러한 우발성(contingencies)은 평가적 판단보다는 선택과 더 관련이 있다.

특히 맥락의 복잡성으로 인하여 소비자 선택에서 인지적 수요가 높을 때 소비자들은 그들의 인지적 노력을 최소화하기 위하여 지각적으로 현저한 옵션에 초점을 둔다. 이러한 논리를 평가적 판단으로서 태도의 구성에 응용하면 어떤 대상에 대해 눈에 잘 띄는 정보(속성)는 더 현저하게 나타나며 더 중요하게 평가된다는 것을 의미한다. 맥락의 복잡성은 단지 목표의 결과일 수 있으며, 대상의 복잡성이나 정보제시에 의존한다. 소비자들은 직접적으로 정보를 처리함으로써 정확성을 잃는 비용이 없다면 정보를 대상에 대한 적절한 정신적 표시로 재구성하는 것을 회피하는 경향이 있다고 쿠페이(Coupey, 1994)는 제안한다. 따라서 뚜렷한 정보를 처리함으로써 소비자들은 그들의 인지적 정보처리 노력을 최소화한다(Coupey, 1994; Slovic, 1972). 그러므로 마케터는 소비자들의 쇼핑목표의 인지적 요구와 정보제시를 '일치시킴으로써' 소비자의 정보처리와 태도 구성에 영향을 미칠 수 있다고 제안한다(Bettman & Kakkar, 1977; Bettman & Zins, 1977, 1979; Jarvenpaa, 1989; Russo, 1977).

구성주의자들은 대상에 대한 표시와 소비자들의 정보요구 사이에 일치성이 미치는 긍정적인 효과를 활성기억(working memory)보다는 지각적 체계의 활동결과로 본다. 그래서 소비자들은 정보처리 노력을 하지 않는다고 주장한다(Bettman et al., 1998). 특히 구성주의자들은 우발성의 긍정적 효과는 정보에 대한 주의, 정보의 선택과 정보의 지각적 해석에 기인한다고 제안한다(Bettman et al., 1998; Lohse, 1997). 주의의 심리에 따르면 사람들은 그들의 목표와 관련되어 있다고 지각하는 맥락에서는 정보에 대해 자발적인 주의를 기울인다. 관련성은 태도 구축 과정의 후반부에서 정보 진단성을 향상시키지만, 주의는 정보의 현저성을 향상시킨다(Feldman & Lynch, 1988). 더욱이 복잡하고 신기하거나 지각적으로 매우 현저한 맥락에서는 비자발적으로 주의를 기울이고, 따라서 외부정보탐색과 외부정보에 대한 접근가능성을 촉진하게 된다(Bettman et al., 1998). 그러므로 주의와 선택은 목표지향적인 요소와 비자발적/지각적 요소에 의해 영향을 받는다.

구성주의를 지지하는 학자들은 태도라는 용어를 사용하지 않고 태도 개념의 근본적인 정의, 즉 평가적 판단을 사용한다(Schwarz, 1998; Schwarz & Bohner, 2001; Yeung & Wyer, 2004). 소비자 반응의 구성적 본질에 관한 연구의 본체는 평가적 판단에서 감정(affect)의 정보적 역할에 관한 것이다. 태도 형성의 구성적 과정을 명확하게 언급한 두 연구가 있다. 하나는 순차적으로 정보를 취득하는 것을 보여 주며, 다른 하나는 정보에 집중하고 조정하는 것을 보여 준다. 계산과정은 정보통합 모델에서 중심적인 의미이며, 정보에 대한 집중과 판단을 임의적으로 조정하는 것은 티버스키와 카네만(Tversky & Kahneman, 1974)의 판단에 관한 연구이다. 두 과정은 평가적 판단과정에서 맥락적 정보처리에 관한 내용을 기술하며, 소비자들은 최초의 정보에 강하게 집중하는 경향이 있고, 나중에 획득된 정보의 평가로 인해 그들의 판단을 심각하게 조정하지는 않는다고 제안한다.

리드 등(Reed et al., 2002)은 두 가지 다른 원천의 정보로부터 소비자들이 광고태도를 어떻게 구성하는지를 ① 광고에 대한 직접적인 경험, 그리고 ② 다른 곳으로부터의 외부정보로 제시하였다. 광고인출 단서로부터 구성 원천을 구분하기 위하여 구성주의자들은 그것을 **'스키마'**라고 하였다. 연구 결과, 평가적 목표를 가진 소비자들은 최초의 정보에 집중하며(직접경험으로부터 중립적이거나, 또는 다른 곳으로부터의 균형 잡힌 외적정보), 그 후의 정보는 조절한다고 제안하였다. 이들의 연구결과 초기의 정보조각은 원천에 관계없이 평가적 판단이 구축되는 동안 항상 더 현저하게 나타났다(초기효과). 반대로 교정목표(비평가적)를 가진 소비자들은 더 많은 최근의 정보에 집중하며 그 전에 제시된 정보를 조절하였다(최근효과).

비록 온라인 처리모델과 휴리스틱 집중과 조절이 기억 속에 저장된 태도로 나타날지라도, 구성주의자들은 이러한 동적 처리과정에서는 '태도의 수가 특정의 대상에 대해 생각할 수 있는 다른 스키마의 수에 의존한다는' 결과를 강하게 믿고 있다(Tesser, 1978; Reed et al., 2002).

3) 두 이론의 요약

기능적 이론은 태도를 전체적이며, 주어진 상황에서 현저하게 나타나는 심리적 동기부여에 따라 소비자의 기억에서 인출된 대상과 관련된 연상으로 개념화한다. 구성주의자들은 소비자들은 인지적 수요에 대한 요구가 있을 때 그리고 상황에 의해 유도된 인지적 수요에 부합하도록 그들의 태도를 구성한다고 하였다. 현대의 기능주의자들은 태도가 본질적으로 상황 의존적이거나 맥락 의존적이라는 견해에 대해 구성주의자들과 의견을 같이한다. 그러므로 두 관점은 소비자의 태도적 반응을 원래의 위치에 있는 그대로 해석하는 것이 중요하다고 본다. 더욱이 두 이론은 ① 사람들이 보다 쉽게 접근 가능한 정보에 의존함으로써 인지적 노력을 최소화하는 것을 선호하

표 6-1 기능적 이론 대 구성적 이론

가정	기능적 이론	구성적 이론
개념	• 고전: 호의적인 방법으로 대상에 반응하려는 호의적인 성향 • 현대: 기억 속에 있는 주어진 대상과 대상에 대한 평가 사이의 연상 관계	문제인식 시점 또는 의사결정문제에서 맥락적 과정을 통해 구성된 평가적 판단
태도 기초	• 기능(동기부여 – 욕구) • 지식 • 실용 • 사회적–정체성(가치 표현적, 사회 조절적)	• 목표 • 노력 최소화 • 정확성 극대화 • 부정적 경험 최소화 • 쉬운 정당화의 극대화
정보처리	계획적 또는 자발적/연상적	기초정보처리: 컴퓨터를 사용한 전략 또는 체험(집중과 조정)
태도 인출	• 기억으로부터 인출 • 기능의 현저성이나 중요성, 사전 활성화의 빈도 그리고 대상과 태도 사이의 연상의 강도에 기초한 접근가능성, 상황적 단서에 의해 영향을 받을 수 있음	• 특정 시점에서 구성됨 • 지각적 현저성, 주어진 맥락에서 대상에 대해 가지는 진단적 내외적 정보에 기초한 접근가능성
본질과 활동	• 태도는 대상의 연상 관계로 기억에 저장됨. 그러나 태도가 나타나는 것은 상황이나 개성에 따라 다양함	• 태도는 목표를 달성하는 과정에서 형성됨. 그러므로 일시적이고 맥락적인 형성임

출처: Argyrion & Melewar (2011)을 중심으로 적절히 수정하였음.

며, ② 대상에 대한 직접적인 경험이 그러한 접근 가능성을 증가시킨다는 것을 알고 있다. 마지막으로, 두 견해는 정보처리 관점을 고수하고 있다. 그러나 서로 다른 방향을 고집하고 있다. 기능적 이론에서는 태도가 지식(정보)으로서 기억 속에 저장될 수 있으며 계획적이거나 자발적인 방법으로 인출될 수 있다고 주장한다. 구성적 이론에서는 태도(지식)가 주어진 맥락에서 접근 가능한 현저하고 진단적인 정보는 어떠한 것이든 이를 토대로 체험적으로 구성된다고 주장한다. 이러한 정보는 판단의 시점에서 느낌이나 경험과 같은 정서적인 개념을 포함한다. 그러므로 기능적 이론은 기억에 기초한 정보처리에서 중요한 역할을 맡고 있지만, 구성적 이론은 체험적(heuristic) 지각적 과정을 지지한다.

지금까지의 논의를 통해 태도 형성의 본질에 관한 여러 관점으로부터 드러난 몇 가지 사실을 요약하면 다음과 같다.

첫째, 태도를 형성하기 위해서 소비자는 인지적 처리의 질(질적 형태)이 반영된 서로 다른 정보처리 전략을 채택하고 있다. 즉, 체계적-계획적 전략, 연상적-자발 또는 체험적 전략이다.

둘째, 정보처리 전략의 채택은 목표와 평가적 맥락에 의존하며, 인간의 지각시스템에 의해 조절된다. 이것은 기능적 관점과 구성적 관점의 견해와 일치한다. 지각시스템은 정보처리 과정을 촉진하며 태도 점화를 증대시킨다. 더욱이 지각시스템은 정보를 취득할 때 주의와 선택을 촉진하여 인지적 노력을 감소시킨다.

셋째, 정보의 투입은 속성에 기초한 신념, 감정에 기초한 신념, 일반적인 태도 그리고 전반적인 인상에 따라 다양하다. 속성에 기초한 신념은 대상의 개별적인 속성에 대한 신념의 형태로 판단한다. 감정에 기초한 신념은 대상에 대한 전반적인 혹은 부수적인 감정적 정보의 형태로 판단한다. 감정, 일반적인 태도, 그리고 전반적인 인상은 자발적으로 평가가 이루어진다.

지금까지 살펴본 바와 같이 기능적-구성적 논의는 철학적이며, 어느 한 과정에 의해 해결될 수 있는 것은 아니다. 전체적인 태도를 기억에서 인출하여 지식을 창출하던 이용 가능한 현저한 정보로부터 재구성하던 그것은 그 자체의 맥락에 따른다.

결론적으로 태도 형성에 관한 서로 다른 견해가 반드시 대립되는 관점은 아니며, 상호 보완적이며 태도 형성 이론을 통합된 방향으로 이끌어 가게 될 것이다. 향후 태도 형성 과정에 대한 이론이 더 발전하기를 기대하면서 이와 관련된 몇 가지 연구 개념으로 인지과학(cognitive science)과 신경과학(neuroscience)을 들 수 있다. 이 두 개념은 뇌의 활동과정을 규명하는 데 초점을 둔 분야로서 태도 형성 과정에 대한 여러 이론을 보다 명확하게 규명해 줄 수 있을 것으로 기대한다. 또한 이 장에서 태도 형성의 이론과 관련하여 제시하지 못한 부분으로 인지적(cognitive) 관점과 정서적(affective) 관점을 들 수 있다. 여기서는 태도와 관련된 연상이 정서적 요소와 이성적 요소를 어떻게 포함할 것인지에 대해 논의할 수 있으며, 인지적 처리과정 없이 자동적으로 일어날 수 있는 감정이 태도와 어떻게 다른지를 논의해 볼 수 있다. ▪

제7장

광고와 관여도 그리고 몰입감

최영균(동국대학교 광고홍보학과 교수)

1. 관여도의 정의와 유형별 분류
2. 관여도의 영향요인
3. 관여도의 설득효과
4. 관여도와 몰입감의 연관 관계
5. 몰입감의 영향요인과 관여도
6. 관여도와 몰입감 관련 연구동향
7. 시사점과 후속 연구방향

◈◇◈

관여도는 소비자가 어떨 때는 광고를 보거나 제품을 구입할 때 보다 많이 눈길을 주거나 생각을 더 많이 하는 데 반해, 어떨 때는 그렇지 않은 경우에 대해서 왜 그런 차이가 발생하는지를 설명하는 핵심적 개념이다.

관여도란 주어진 상황에서 특정 대상에 대한 개인의 중요성이나 관련성 지각정도 혹은 관심도로 정의된다(이학식, 안광호, 하영원, 2015). 관여도는 정보탐색과 의사결정(예: Petty, Cacioppo, & Schumann, 1983; Petty & Cacioppo, 1986) 등 소비자행동 및 광고나 마케팅 효과(예: Rossiter & Percy, 1997)에 영향을 미치는 주요 중재변수로서 연구되어 왔다. 최근 들어 새로운 매체의 등장과 급속한 매체환경 변화는 기존의 마케팅 커뮤니케이션 전략에 패러다임적 변화를 요구하고 있고 이러한 맥락에서 소비자의 관여도 개념 및 이론적 적용도 새로운 시각으로 접근할 필요가 있다(김철호, 2007). 이 장에서는 소셜미디어의 등장 이래로 그 중요도가 증가하고 있는 몰입감(engagement)과 관여도 간의 개념적 구분과 함께 이들 변인 간 연관 관계에 대해 이론적으로 살펴보고자 한다.

1. 관여도의 정의와 유형별 분류

소비자 관점에서 관여도란 개인이 구매결정에 대해서 들이는 시간과 인지적 측면에서의 노력으로 정의할 수 있다. 이는 보다 구체적으로 어떤 대상에 대해 자신이 갖는 관련성 또는 중요성의 지각과 연계되어 있고 이러한 관여도는 그 대상이 무엇이냐에 따라서 개인별로 연속선상에서 높거나 낮은 수준의 차이를 갖게 된다.

제품관여도는 특정 상황에서 자극에 의해 환기되어 인식된 개인의 제품에 관한 중요도 및 흥미수준으로 정의된다(Antil, 1984). 제품군에 대한 소비자의 관여도는 브랜드나 상품과 상관없이 소비자의 태도나 행동을 설명할 때 중요한 요소로 여겨지고 있다. 관여도가 높은 제품군은 보편적으로 가격이 높고, 속성이나 사양이 복잡하여 소비자가 구매 의사결정을 잘못 내렸을 경우에 지각되는 위험성 또한 크다. 소비자는 대체적으로 고관여 제품에 대해 높은 관련성을 가지고 있고 브랜드 충성도 및 선호도에 따라 제품에 대한 태도를 형성하는 경향이 있다(Petty, Cacioppo, & Goldman, 1981). 이와 달리, 관여도가 낮은 제품군은 소비자와 관련성이 적거나 관심을 적게 가지고 있으므로 제품군 자체가 소비자의 자아 이미지를 반영하지 않는다. 또한 제품군 내에 어떤 브랜드를 선택해야 하는지 크게 고려하지 않고 구매행동이 고관여 제품군에 비해 훨씬 단순하며 브랜드 충성도 및 선호도에 따라 구매하는 경우가 적다.

제품관여도에 따른 차이를 예로 들면, 소비자에 따라 관여도를 높게 느끼는 제품(예: TV, 노트북 등)과 낮게 느끼는 제품(예: 세제, 치약 등)이 있으며 대부분의 경우 개인의 평상시 관심도와 구매 리스크에 따라 그 높낮이가 정해진다. 다양한 제품군 안에서의 브랜드 측면에서는 비럭셔리 브랜드(예: 리바이스, 스와치, 쉐보레 등)보다 럭셔리 브랜드(예: 샤넬, 롤렉스, 페라리 등)가 광고에서 형성된 이미지 및 높은 가격대로 인해 관여도를 더 높게 느끼는 브랜드라 할 수 있다. 브랜드에 대한 관여도는 브랜드 충성도로 이어지며 이는 동일한 제품에 대한 강한 신뢰를 바탕으로 반복적인 구매로 나타난다. 관여도의 개념과 수준은 이슈의 경우에도 동일하게 적용된다. 예를 들어, 최근에는 플라스틱공해와 미세먼지, 반려동물 등이 관여도를 높게 느끼는 사회적 이슈가 되고 있어 소비자는 매체를 볼 때 이러한 이슈 관련 뉴스나 제품에 더욱 많이 집중하고 관심을 갖는다.

한편, 광고에 대해 느끼는 관여도는 광고에 등장하는 제품이나 광고모델에 대한 관심도와 관련성, 광고 크리에이티브의 독특함 등 여러 가지 요인에 의해 좌우될 수 있다. 예를 들어, 평소에 관심 있는 제품이 광고에 소개될 때 소비자는 광고 메시지에 더욱 주목하게 되고 메시지를 활발하게 처리하려는 경향성이 높아진다. 또한 다양한 크리에이티브 기법(예: 애니메이션, 유머소구, 성적소구 등)으로 광고가 재미있다고 느끼거나 각성(arousal) 수준이 높아질 때 광고에 대한 관여도도 높아진다. 광고에 대한 관여도는 메시지에 더욱 집중케 함으로써 메시지에 대한 기억과 설득력도 높아질 가능성이 더욱 커진다.

2. 관여도의 영향요인

관여도를 일으키는 영향요인 측면에서 보면 개인적 선호 또는 성향에 의해 특정 대상에 대해 지속적으로 변화 없이 관심을 느끼는 **내재적 관여도**와 관심도가 상황에 따라 변화하는 **상황적 관여도**로 나뉜다. 내재적 관여도의 경우는 우표수집을 취미로 하는 사람과 자동차 동호회에서 활동하는 사람과 같이 특정 대상에 대해 오랫동안 지속적으로 관심을 갖는 경우를 말한다. 한편, 어떤 제품에 대해 내재적 관여도가 낮더라도 특정한 상황에 따라 일시적으로 관여도가 높아질 수 있다. 예로, 봄철에 미세먼지가 극성을 부릴 때 평소에 관심 없던 일회용 마스크에 대한 관심과 수요가 높아지는 경우를 들 수 있다. 하지만 공기가 다시 맑아지면 마스크에 대한 관심은 원래의 낮은 상태로 복귀할 것이다. 이처럼 상황적 관여도는 내재적 관여도와 달리 특정 상황을 기점으로 일시적으로 높아졌다가 상황이 종료되면 다시 낮아지는 특성을 갖는다. 또 다른 원인은 제품 특성에서 찾을 수 있다.

앞의 제품군에 따른 관여도에서 살펴본 바와 같이 **제품에 대해 지각된 위험도**가 관여도의 주요한 요인으로 작용한다. 제품에 대한 위험도는 제품 구매에 대한 투자비용에 따른 재정적 위험, 제품 구매에 대해 또래 집단으로부터 부정적으로 평가받을 위험성(사회적 위험), 구입한 제품의 브랜드 이미지가 자아 이미지와 충돌할 위험성(상징적 · 심리적 위험) 등 다양한 위험 요인이 관여도 형성에 영향을 미친다.

3. 관여도의 설득효과

1) 정교화 가능성 이론

소비자 설득의 두 가지 경로를 제안하는 정교화 가능성 모델(Elaboration Likelihood Model: ELM)에 따르면, 제품관여도에 따라 제품에 대한 태도 형성을 위한 소비자의 정보처리가 **중심경로**(예: 제품의 성능, 장점 등)와 **주변경로**(예: 광고모델, 배경음악 등)로 나뉘어 진행된다(Petty et al., 1981). 여기서 정교화란 소비자가 정보처리에 기울이는 주의와 노력의 정도를 뜻하며 개인의 정보처리 동기와 능력이 높을 때 높은 정교화가 이루어진다. 소비자의 정교화의 정도가 높을수록 고관여 상태에 이르게 되어 중심경로를 통한 설득을 거치게 되는데 이때 쓰이는 정보 단서를 중심단서(central cue)라 한다. **중심단서**는 제품의 가격, 품질, 장점 등 주로 제품 관련 주장이나 정보를 포함한다. 개인의 정보처리 동기나 능력이 낮으면 정교화의 정도가 낮아 저관여 상태가 되는데 이 상태에서는 주변경로를 통한 설득이 주로 일어난다. 이때 처리되는 정보는 광고음악, 모델, 배경색상 등 제품과 무관한 **주변 단서**(peripheral cue)에 의존하게 된다([그림 7-1] 참조).

고관여 제품군은 소비자가 주로 중심경로를 통해 정보처리를 하게 되고, 이때 소비자의 정보탐색 활동은 능동적이고 활발하며 자신의 생각과 일치하지 않는 정보에 대해서는 저항강도가 높은 경향을 보이며, 문제인식, 정보탐색, 대안평가, 태도 형성과 구매행동, 구매 후 행동과 같은 각 정보처리단계를 철저히 준수한다. 반면에 저관여 제품군은 소비자가 주로 주변경로를 통해 정보처리를 하고, 이때 소비자는 제한적으로 제품 및 브랜드에 대해 정보를 탐색하고 자신의 생각과 다른 정보를 수동적으로 수용하는 경향을 보이며, 고관여 제품군에 비해 정보처리 과정이 철저히 준수되지 않고 빠르게 진행된다(예: Kardes, Posavac, & Cronley, 2004). 예를 들면, 정보탐색 과정도 소수 브랜드를 고려대상군으로 한 내적 탐색으로 끝나고 대안평가

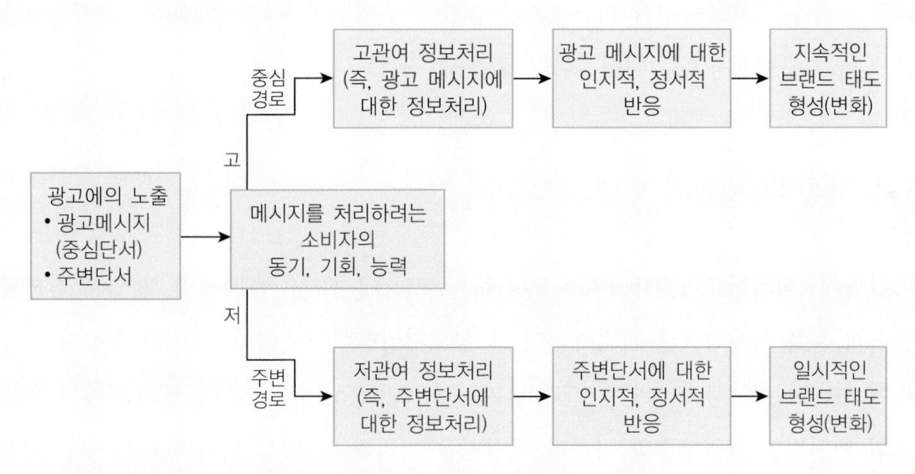

[그림 7-1] 정교화 가능성 모델

출처: 최영균, 윤태웅, 성용준, 엄남현(2019); Petty et al. (1983).

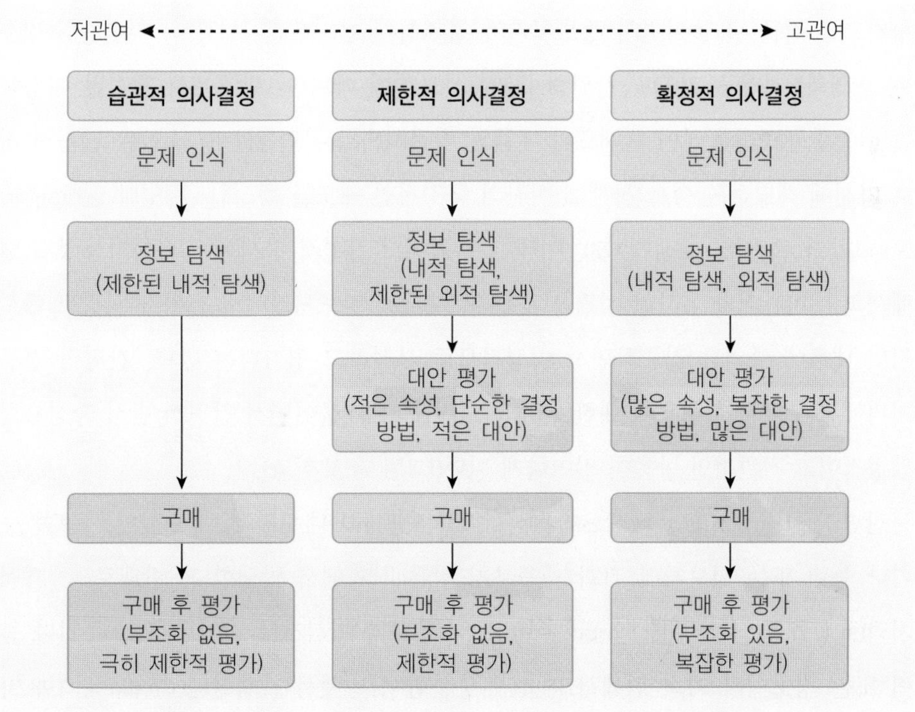

[그림 7-2] 관여수준별 소비자 구매의사결정 과정의 유형별 분류

과정도 소수의 제품속성을 비교하거나 습관성 구매의 경우는 이마저도 생략된 상태로 곧바로 구매행동으로 이어진다([그림 7-2] 참조).

2) 간편적-체계적 모델

간편적-체계적 모델(Heuristic-Systematic Model: HSM)에 따르면, 개인은 정보를 간편적 혹은 체계적으로 처리하는데 그 정보처리방식의 선택은 메시지 수용자가 정보를 처리하는 상황적 요인에 따라 달라진다(Chaiken, 1987). 상황적 요인에는 수용자의 개인적인 관련도뿐만 아니라 메시지를 처리할 수 있는 시간이 포함된다. **체계적 정보처리**는 판단과 관련된 정보에 대해 비교적 분석적이고 종합적으로 정보처리가 이루어지며, 인지적 노력과 능력을 필요로 한다(예: 제품 속성별 장단점). 반면에, **간편적 정보처리**는 기억 속에 저장된 휴리스틱(예: 판단규칙, 지식구조 등)을 활성화시키고 노력을 덜 들이면서 정보처리가 간편하게(예: 제품의 원산지) 이뤄진다(전승우, 이영화, 최영균, 2011). 간편적-체계적 모델에 따르면, 광고에서 제시된 배경음악이나 광고모델과 같이 브랜드나 제품과 직접적으로 관련 없는 요소들은 간편적 정보 단서에 해당하고 이를 통해 소비자의 긍정적인 태도를 형성할 수 있다(Sengupta, Goodstein, & Boninger, 1997). 이러한 관점에서 간편적 단서는 정교화가능성 모델에서의 주변단서와 유사한 성격을 갖는다. 체계적 정보처리에서 소비자가 광고 메시지의 내용에 주의를 집중하면서 이성적으로 분석하고 평가하는 반면, 간편적 정보처리에서는 메시지 내용에 대한 인지적 노력을 덜 기울이면서 간편적 단서 중심으로 감정적이고 직관적인 반응이 일어나게 된다([그림 7-3] 참조).

간편적 처리(heuristic processing)는 주로 수용자가 메시지에 대해 깊이 사고할 동기나 능력 또는 정보처리 기회가 충분치 않은 상황에서 발생한다. 반대로, 체계적 처리(systematic, analytical processing)는 수용자가 메시지를 깊이 사고할 동기나 능력 또는 정보처리 기회 면에서 여유가 충분한 상황에서 발생한다(Chaiken, 1987). 짧은 시간 안에 메시지를 처리해야 하거나 방해요소가 있는 경우에는 주로 간편적

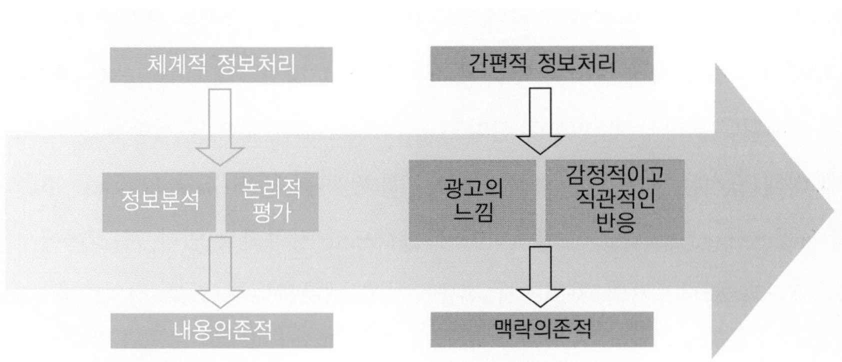

[그림 7-3] 광고 메시지 프로세싱 모델의 변화: 체계적 정보처리와 간편적 정보처리의 비교
출처: Uleman & Bargh (1989), p. 212.

정보처리가 발생하는데 이때 수용자는 단순하고 쉽게 눈에 띄는, 간편한 정보단서에 의존하여 정보를 처리하는 경향이 있다. 따라서 간편적 정보처리를 통해 형성된 브랜드 태도나 신념은 지속성과 평가에 대한 확신에서 체계적 정보처리의 경우보다 낮은 특성을 갖는다. 반면, 메시지를 처리할 시간이 충분하고 동기가 높을 때 간편한 단서는 태도 형성에 미미한 영향을 미친다. 체계적으로 정보를 처리하는 사람들은 정보 분석을 위해 많은 노력을 하는 반면에 간편적 처리를 하는 사람들은 단순하게 간편한 단서에 의존하여 처리하는 경향이 있다(Chaiken & Maheswaran, 1994). 간편한 정보단서는 태도를 형성하기 위해 처리할 문제와 관련이 있는 경로로 처리된다. 많은 사람이 이때 간편적 처리 경로를 통해 정보를 처리하는데 광고모델, 메시지 길이, 혹은 통계적 수치와 같은 맥락적 정보(contextual information)를 이용하여 결정하게 된다(Griffin, Babin, & Modianos, 2004).

4. 관여도와 몰입감의 연관 관계

관여도와 몰입감은 둘 다 주의(attention)로부터 유도되며 용어적으로 유사하게 들리는 측면이 있어서 이에 대한 개념적 구분이 필요하다. 주의는 특정한 자극에 인지적 자원 또는 노력을 집중하는 것을 뜻하는 것으로 정보처리 과정 중에 발생하는 것으로 이해된다(이학식 외, 2015). **관여도**(involvement)는 주의를 집중한 결과 특정 대상에 대해 느끼는 관련성, 중요성, 관심도를 뜻하는 반면(Zaichkowsky, 1985), **몰입감**(engagement)은 다소 포괄적이고 복합적으로 정의되고 있다. 심리학에서는 몰입을 접근과 회피동기의 차원에서 접근동기에 해당하는 것으로 정의한다(Higgins, 2006).

소비자 관점에서 몰입감은 브랜드 충성도, 관계 마케팅, 고객관계관리(Customer Relationship Management: CRM), 소셜네트워크 등과 관련된 변인으로 파악되는데, 홀빅, 글린과 브로디(Hollebeek, Glynn, & Brodie, 2014)는 브랜드에 대한 몰입감을 소비자와 브랜드 간의 상호관계 속에 소비자가 브랜드에 대해 긍정적으로 갖는 인지적, 감정적, 행위적 활동이라 정의했다. 이후 칼더, 몰트하우스와 마슬로프스카(Calder, Malthouse, & Maslowska, 2016)는 브랜드 몰입감을 '주의대상에 대해 소비자가 상호작용성을 갖고 공동의 가치창출 경험 속에서 일어나는 심리적 상태'라고 정의하였다.

광고에 대한 몰입은 맥락적 관련성에 대한 지각의 결과로 보고 있고(Wang, 2006), **매체에 대한 몰입**은 소비자가 매체에 대해 갖는 동기적 경험(motivational experience)의 총합이라 정의하고 있다(Calder, Malthouse, & Schaedel, 2009). 몰입은 또한 주의와 깊은 관련성을 갖는데, 몰입을 주의의 산물로 보거나 주의가 몰입의 구성요소로 포함되는 관계로 보기도 한다(O'Brian & Toms, 2010).

왕(Wang, 2006)은 몰입을 소비자의 브랜드나 매체 경험을 통해서 얻어지며 커뮤니케이션에서 소비자의 브랜드 선택을 좌우하는 주요요소로 보았으며, 광고의 관점에서 몰입은 '광고주변의 맥락에 기초하여 브랜드 메시지의 틀을 짜고 메시지를 발현시키는 맥락적 관련성의 정도'라고 정의함으로써, '메시지에 노출되었을 때 정보처리동기에 영향을 주는 동기화된 개념'으로 정의되는 메시지 관여도와 구별하였다. 비슷한 관점에서 라파포트(Rappaport, 2007)는 몰입을 브랜드와의 관련성, 그리고 소비자와 브랜드 간의 감정적 관계라고 정의했다.

왕(Wang, 2006)은 관여도와 몰입감의 관계설정에 있어서 맥락적인 관련성이 있으면 몰입이 증가하고 몰입은 다시 메시지에 대한 관여를 일으킨다고 보았다. 즉, 주의 전단계에서 주의를 받지 못한 정보 중 현저성 있는 단서(salient cue)가 포착되고 이로 인해 현저성 단서를 포함한 메시지 출처로 소비자의 주의를 돌리게 된다(Greenwald & Leavitt, 1984). 현저성 단서가 갖는 맥락적 관련성으로 이끌려 몰입이 발생하고 이는 정보처리동기로서의 관여도를 증가시킨다(Wang, 2006).

스필만과 리차드(Spielmann & Richard, 2013)는 관여도, 몰입, 관련성을 하나의 연관된 체계로 보고 진행한 최근 연구에서 광고에 대한 관여도를 메시지, 매체, 크리에이티브에 대한 관여도를 하위개념으로 갖는 다층구조로 파악하고, 이들 각자가 몰입의 대상이 될 수 있으며, 몰입을 소비자가 광고에 대한 관여도를 높게 느낄 때 나오는 행동적 결과라고 보았다. 현존감과 사회적 현존감, 관여도가 소비자 몰입감에 미치는 영향에 관한 연구(Algharabat, Rana, Dwivedi, & Alalwan, 2018)에서는 다른 두 변인과 함께 관여도가 몰입감에 영향을 주는 것으로 나타났다. 헤폴라 등(Hepola, Karjaluoto, & Hintikka, 2017)은 감각적 브랜드 경험과 관여도가 브랜드 자산과 브랜드 몰입도에 미치는 영향에 관하여 조사한 결과 관여도와 브랜드 경험이 브랜드 몰입도에 직접적인 영향을 주었고 이들 세 변인이 같이 브랜드 자산에 영향을 미치는 것으로 나타나 관여도가 몰입감에 선행한다는 스필만과 리차드(2013)의 논리를 뒷받침하고 있다.

또 다른 연구에서는 현존감(presence)의 개념을 TV광고 상황에 적용하여 광고에 대한 몰입 척도(예: 광고를 경험할 때, 나는 그 행위의 일부가 되었다, 그것은 내가 제품과 연결되어 있다고 느끼게 했다, 나는 광고를 실제인 것처럼 경험했다, 광고를 경험한 다음 나는 아직도 내가 광고를 경험하고 있는 것처럼 느꼈다)를 개발하였다(Kim, Ahn, Kwon, & Reid, 2017). 이 연구에서 더욱 흥미로운 결과는 관여도와 몰입감이 서로 독립적으로 존재하며 변인들 간의 구조적 연관 관계에서 메시지에 대한 관련성이 광고에 대한 몰입감에 영향을 주고 몰입감이 광고에 대한 관여도에 선행하며 이들

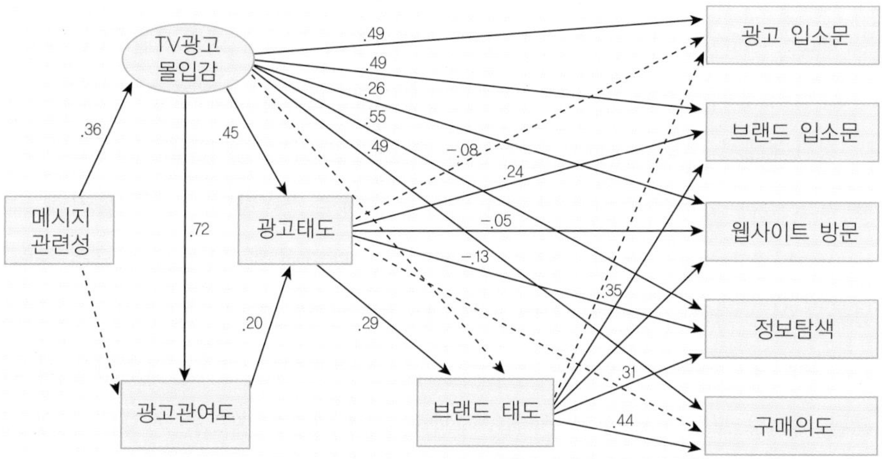

[그림 7-4] 광고몰입감과 광고관여도의 관계의 예

출처: Kim et al. (2017).

이 같이 태도 및 행위의도에 영향을 준다는 점이다([그림 7-4] 참조). 김태용, 최영균과 김미경(2018)의 연구에서는 변인들 간의 중복성 파악을 위해, 기존 척도를 이용하여, 주의, 관여, 몰입, 현존감, 플로우 등 서로 연관된 개념을 측정한 후 탐색적 요인분석을 실시하였다. 그 결과 주의와 플로우가 몰입척도와의 중복성으로 인해 흡수되면서 탈락되고, **관여**, **몰입**, **현존감**의 세 요인이 최종적으로 추출되었다. 이 연구를 통해 몰입감과 관여도 개념이 독립적으로 존재함이 실증적으로 확인되었다.

관여도와 몰입감의 관계에 관한 연구결과는 몰입감이 관여도에 선행하는 관점(예: Wang, 2006; Kim et al., 2017)과 몰입감을 관여도의 결과로 상정하는 시각(Algharabat et al., 2018; Hepola et al., 2017; Spielmann & Richard, 2013)이 서로 팽팽하게 맞서고 있는 형국이어서, 관여도와 몰입감 간의 상호관계 속에서 어떤 것이 선행하는지 선후관계가 명확치 않은 실정이다. 메시지에 대한 관련성을 지각하여 광고에 몰입하게 되는 것은 분명해 보인다. 그렇다면 관련성에 의해 높아진 주의집중이 정보처리동기를 확산시키면서 더욱 광고에 몰입시키는지, 역으로 광고 크리에이티브처럼 현저성 있는 단서에 눈길을 빼앗기면서 광고나 제품에 대한 관련성 또는 중요성 지각이 더 높아지는지, 이 두 가지 가능성을 열어 놓고 선후관계를 파악하기 위한 체계적인 실험 연구가 필요하다. 또한 때에 따라 이 선후관계가 바뀌게 만드는 조절변수가 있는지, 그 역할이 어떠한지 등에 대해서도 추가적인 검증이 필요하다.

5. 몰입감의 영향요인과 관여도

바거, 펠티어와 슐츠(Barger, Peltier, & Schultz, 2016)에 의하면 소비자의 몰입감은 브랜드, 제품, 소비자, 콘텐츠, 매체 등 다양한 요인에 의해서 영향을 받아 브랜드 인지도, 브랜드 연상, 브랜드 충성도, 브랜드 개성 등 브랜드에 대한 효과를 중심으로 제품에 대한 태도, 제품평가에 대한 태도, WOM 의도 등에 다양한 효과를 일으키는 것으로 이해된다([그림 7-5] 참조).

그중 제품요인을 보면 제품이 **쾌락재일** 때 소셜미디어 친구들에게 바이럴 메시지를 보내도록 하는 게 그 소비자의 몰입감 향상에 도움이 된 반면, **실용재**에서는 차이가 없었다(Schultz, Scholer, & Skiera, 2014). 소비자의 관여도 증가의 결과로 몰입을 바라보는 스필만과 리처드(Spielmann & Richard, 2013)의 연구를 참고한다면 제품 유형이 고관여일 때 저관여 제품보다 더 높은 몰입이 일어날 것으로 예측하여 [그림 7-5]의 제품요인에 제품관여도를 영향요인으로 추가할 수 있겠다. 관여도와 몰입감 간의 관계에 ELM을 적용하면, 고관여 제품일 때와 저관여 제품의 경우 광고에 대한 몰입감을 높이는 전략에 있어서, 태도, 구매의도 등 소비자를 설득하는 경우와 마찬가지로, 고관여 제품은 제품관련 주장이, 저관여 제품은 애니메이션, 광고모델 등 제품 외적인 주변단서가 몰입감 증대에 더 효과적일지에 대해 추가적인 연구가 필요하다. 매체요인적 관점에서 세 가지 소셜미디어에서 느끼는 소비자-브랜드 간 몰입감이 브랜드 충성도에 미치는 영향에 대해 조사한 최근연구는 몰입감이 네 가지 하위요인으로 나뉠 수 있고, 매체별로 느끼는 몰입감이 다르며 각 몰입감 요인이 브랜드 충성도에 미치는 영향도 다름을 보여 준다(김현정, 김유경, 이승철, 2019). 여기서

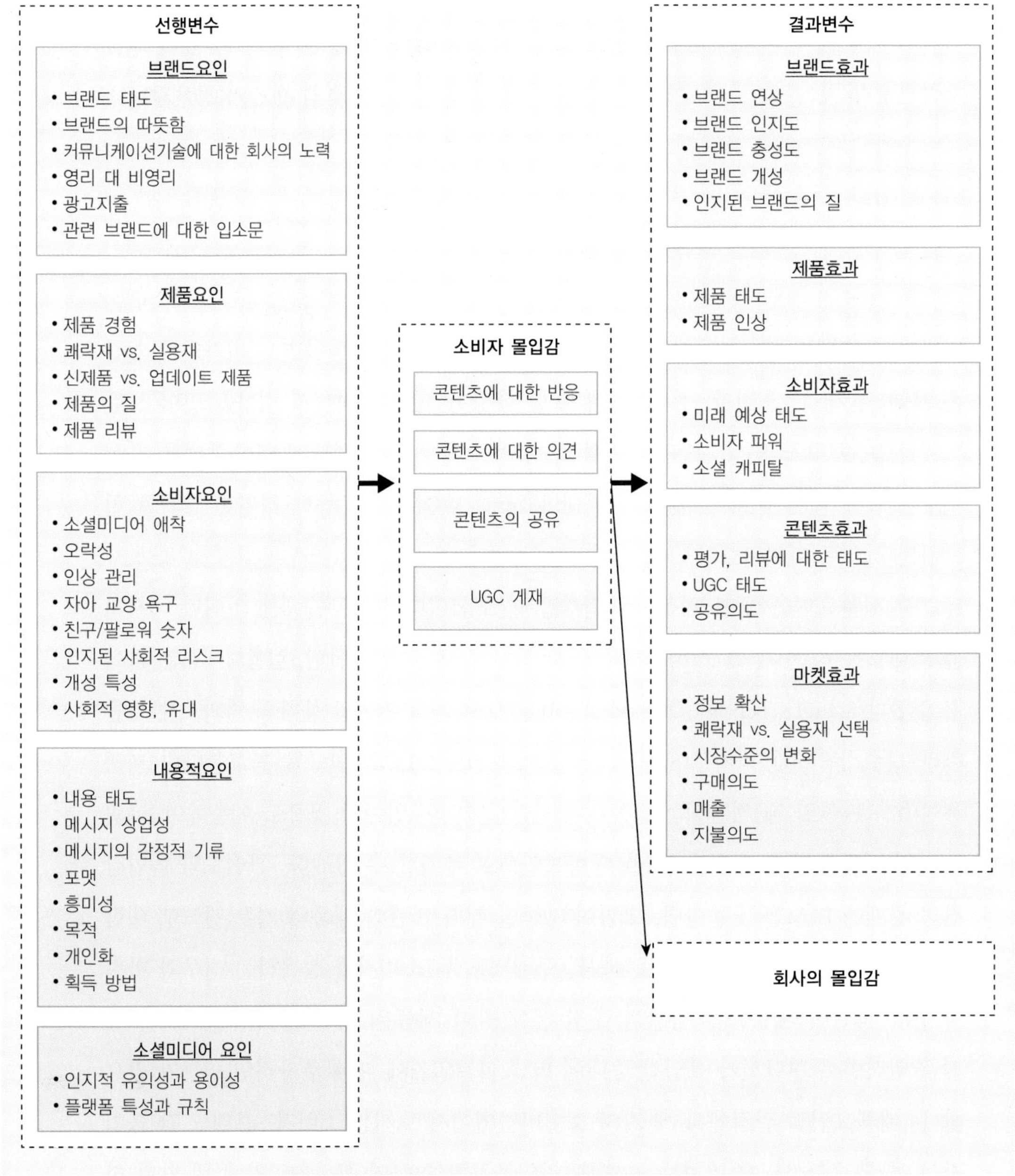

[그림 7-5] 소셜미디어에서 소비자 몰입감의 영향요인과 그 결과

출처: Barger et al. (2016).

몰입감이 충성도에 미치는 매체별 영향에 있어서 소비자가 인피드 광고 속 브랜드에 대해 느끼는 관여도가 어떠한 영향을 주는지는 흥미로운 후속 연구의 주제가 될 것이다.

소비자요인을 보면 오락성, 인상관리(impression management), 사회적 리스크, 정보욕구, 자아개선욕구, 팔로워의 수, 개성특징 등 다양한 요인이 존재한다. 이 중 '개인이 사고에 몰입하고자 하는 경향성'을 뜻하는 인지욕구(Cacioppo & Petty, 1982)는 관여도 개념과 연관되어 있다. 메시지 주장과 이미지 생성에 대한 주의정도에 관여하는 것으로 알려진 인지욕구가 높은 수준에서 소비자는 메시지 주장에 대해 깊은 사고처리와 주의 깊은 평가를 함으로써 ELM의 중심경로를 통해 태도를 형성하게 된다(Haugtvedt, Petty, & Cacioppo, 1992).

인지욕구와 메시지 유형에 따른 **네이티브 광고효과**를 연구한 결과를 보면 인지욕구(need for cognition)와 지적몰입 간의 관계를 조사한 연구에서 이들 척도 간에 상당히 높은 상관관계가 존재함을 보고하고 있다(Woo, Harms, & Kuncel, 2007). 종합하면, 인지욕구가 높은 소비자는 고관여 상태의 중심경로로 메시지를 처리하게 되고, 관여도와 몰입 간의 상관관계 그리고 인지욕구와 몰입 간의 연관성을 보여 주므로, 이 결과로 미루어 보아 인지욕구가 높은 소비자들은 광고에 더 잘 몰입하게 될 것을 예측할 수 있다. 사회적 리스크의 경우도 관여도를 높이는 요인이므로, 예를 들어 럭셔리 제품처럼 사회적 상징성이 높은 제품의 경우 리스크를 더 많이 느끼는 사람일수록 제품광고에 더 쉽게 몰입할 가능성이 커진다.

내용적 요인을 보면 메시지가 지나치게 상업적이지 않을 때 몰입이 증가한다는 연구가 있다(Swani, Milne, & Brown, 2013). 이 결과로 본다면 **인피드광고**처럼 광고를 콘텐츠 맥락과 유사하게 노출하는 네이티브광고가 몰입성 면에서 광고효과에 유리한 점이 있음을 짐작케 한다. 소비자가 콘텐츠로부터 상업성을 지각하는 순간 설득지식이 동기화되고 이로 인해 소비자의 몰입이 방해받게 되는데, 네이티브광고는 이러한 가능성을 최소화하면서 광고 주변맥락과 일치된 형태로 노출하기 때문에 소비자의 몰입을 위해 최적화된 광고형태라 볼 수 있다. 또한 게시물이 다감각적이고 상호작용성이 있을 때, 그리고 그림을 포함할 때 더 높은 몰입을 일으킬 수 있다(de Vries, Gensler, & Leeflang, 2012; Kim, Spiller, & Hettche, 2015). 관여도의 설득이론에 이 결과를 적용하면 게시물의 감각성과 상호작용성을 브랜드나 제품과의 직접적 관련성이 떨어지는 **간편적 단서**로 파악할 수 있다. 그렇다면 정보가 주변적 단서(혹은 휴리스틱 단서)를 포함할 때 몰입감이 더 높아진다는 이야기인데 이 점은 그 결과가 고관여 상황에서도 동일하게 적용될 수 있는지 추가적인 검증이 필요한 부분이다.

6. 관여도와 몰입감 관련 연구동향

펀햄(Furnham, 2018)은 인지심리학 관점에서 프로그램 관여도와 무드가 광고 기억에 미치는 영향에 주목하였다. 그에 따르면 관여도가 높은 사람은 프로그램에 몰입하게 되고 그 결과 **각성도**가 높아지고 더욱 **프로그램에 주의**를 기울이게 된다. 반면에 관여도가 낮은 사람은 프로그램을 자신과 무관하고, 흥미 없으며, 불필요한 것으로 여기게 된다. 이때 광고주 입장에서 바람직한 프로그램은 어떤 경우인가? 관련 연구를 보면 일관되지 않은 결과를 보여 준다. 어떤 경우는 관여도가 높은 프로그램일수록 삽입된 광고에 대한 기억도 높아지는(예: Clancy & Kweskin, 1971) 반면, 또 다른 연구에서는 프로그램에 대한 관여도가 높아질수록 광고를 기억하는 데 방해요소로 작용하기도 한다(예: Thorson, Reeves, & Schleuder, 1985). 이는 제한용량가설(limited capacity model)에서 그 원인을 찾을 수 있는데, 프로그램 맥락에 대한 정보처리 요구가 많아질수록 프로그램보다 덜 중요한 광고정보를 처리할 자원이 부족해지기 때문이다. 이러한 경향성은 게임에 PPL 형식으로 삽입된 **게임광고**의 경우도 동일하게 적용된다(예: Lee & Faber, 2007). 즉, 소비자가 게임 콘텐츠에 몰입할수록 게임에 삽입된 광고에 대한 주목도가 떨어지고 정보처리가 덜 일어나기 때문에 광고에 대한 기억도 낮아지게 된다.

펀햄(2018)은 이처럼 관여도의 고저가 기억에 미치는 효과에 관한 연구결과의 비일관성을 프로그램 콘텐츠 성격(예: 섹스, 폭력, 유머 등)과 표현의 차이(예: 그림 vs. 글자 위주)와 소비자 개인의 차이(예: 나이, 성별, 성격 등)에 의한 것으로 돌리고 있다. 따라서 일관되지 않은 관여도 효과의 차이를 밝힐 수 있는 계속적인 노력이 요구된다고 하겠다. 특히 종속변인으로 사용된 기억뿐 아니라 프로그램태도, 광고태도, 구매의도 등 프로그램 관여도가 일으키는 설득효과에 대해서도 면밀한 검토가 필요하다.

박선영과 몰튼(Park & Molton, 2015)은 조절초점과 사회적 거리, 관여도가 음주방지 광고효과에 미치는 영향을 조사하였다. 여기서 흥미로운 것은 **관여도**에 **해석수준이론**을 접목한 점이다. 연구결과부터 보면 사회적으로 거리가 먼 사람에 대해서는 향상초점 메시지가 더 효과적인 반면, 가까운 사람에 대해서는 메시지에 따른 설득효과에 차이가 없었다. 그러나 이러한 **조절초점**과 **사회적 거리** 간의 적합도효과는 관여도가 낮은 경우에만 나타났고 고관여 상황에서는 발생하지 않았다. 이 결과는, 해석수준이론에 따르면 사회적 거리가 먼 경우 추상적이고 고해석 수준의 메시지가 더 효과적인데(Trope & Liberman, 2003), 조절초점 중 **향상초점**은 **추상적 메시지**에 더 긍정적으로 반응하고 **예방초점**은 **구체적 메시지**가 더 효과적이기 때문에(Lee, Keller, & Sternthal, 2010) 이러한 적합도효과가 사회적 거리가 먼 경우에 발생한 것으로 볼 수 있다. 이 적합도효과는 관여도에 의해 조절적 영향을 받는데 앞서 언급한 간편적-체계적 모델에 의해 설명된다. 즉, 정보처리 동기가 낮은 사람은 조절초점에 적합한 정보를 간편적 정보단서로 처리하는 반면, 정보처리동기가 높은 사람은 조절초점의 적합성에 상관없이 정보를 체계적으로 처리하게 된다(Higgins, Idson, Freitas, Spiegel, & Molden, 2003). 이 과정에서 적합도에 의한 정보의 편향이 수정되는데, 관여도가 낮은 사람에게는 이러한 정보편향에 대한 처리능력이 제한적이어서 **적합도효과**가 유지되어 나타난다(Wang & Lee, 2006). 이론적 관점에서 볼 때, 이 연구는 **해석수준**에 따른 효과가 **관여도수준**에 의해 좌우된다는 점을 밝힌 것으로 중요한 의미를 갖는다. 이러한 연구를 필두로 앞으로도 다양한 이론에 관여도의 개념을 적용하면서 풍부한 이론적, 실무적 시사점을 끌어낼 수 있을 것으로 기대된다.

류톰킨스(Liu-Thompkins, 2018)는 주요 학술지에 실린 10년간의 온라인광고 관련 연구를 분석하면서 온라인광고 메커니즘으로 몰입감에 대해 언급하고 있다. 즉, 기존문헌에서 높은 몰입감이 광고효과를 증가시키는 것으로 나타난 결과는(예: Calder et al., 2009), 광고노출 시 소비자의 눈길을 끌 수 있는 광고형식에 집중되어 있는데, 이는 온라인상에서 광고효과를 높이기 위해서는 몰입이 일어나는 주변 환경을 고려할 필요가 있음을 시사한다는 것이다. 몰입감을 높이기 위해서는 온라인광고에 크리에이티브 요소를 집어넣는 것이 관건인데, 예를 들면 광고의 크기, 형식, 애니메이션 등 주의를 끄는 도구설정, 감성적 어필과 같은 몰입화전략, 그리고 동일 브랜드를 여러 번 노출할 때 단순 반복노출보다는 다양한 광고 크리에이티브 방식으로 변화를 주도록 조정하는 것 등이 포함된다.

앞서, 소비자 의사결정 과정이 관여도에 따라서 5단계를 차근차근 밟아 가며 일어나기도 하고 이들 중 일부가 생략되거나 간단하게 진행된다고 했는데([그림 7-2] 참조), 이때 고관여와 저관여 제품 구매상황의 각 의사결정 과정에서 단계별로, 예를 들면 정보탐색과 구매 전 대안평가 단계에 있어서 소비자의 주의와 몰입도의 수준이 어떻게 변화하는지, 또 주의와 몰입도를 충족하기 위한 크리에이티브 방식(예: 이성적 소구 vs. 감성적 소구 등)이 각 단계별로 변화가 있을지, 그렇다면 어떻게 달라질지에 대해서도 추가적인 논의가 필요하다.

부어벨드 등(Voorveld, Noort, Muntinga, & Bronner, 2018)은 다양한 소셜미디어 플랫폼(예: 페이스북, 스냅챗, 인스타그램 등)을 대상으로 매체에 대한 몰입도와 소셜미디어 광고에 대한 몰입도를 구분하고 이들 간의 영향관계에 대해 조사하였다. 이들은 소셜미디어를 네 가지 특성에 따라 분류한 후 소셜미디어 몰입도를 '사람들이 특정 시간에 특정한 매체를 사용할 때 겪게 되는 감정적이고 직관적인 경험이나 지각'이라 정의했고 소셜미디어 광고에 대한 몰입감은 '각 플랫폼에서 소셜미디어 광고를 접했을 때 사람들이 얻게 되는 경험의 총합'이라 정의하였다. 그다음, 매체에 대한 몰입도가 광고에 대한 반응을 촉발하는 주요 맥락적 특성의 하나(예: Calder et al., 2009)라는 논리에 근거하여 **매체몰입도**가 **광고몰입도**에 영향을 주고 이를 통해 광

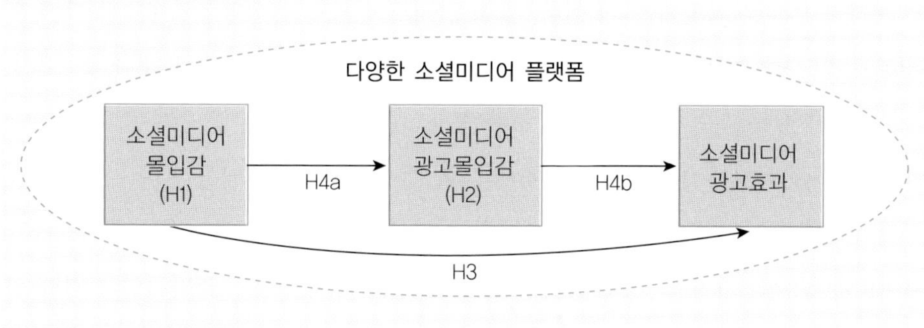

[그림 7-6] 소셜미디어 몰입감, 소셜미디어 광고몰입감, 소셜미디어 광고효과 간의 개념적 관계
출처: Voorveld et al. (2018).

고평가에 영향을 주는 가설모형을 수립하였다([그림 7-6] 참조). 조사결과, 몰입감은 플랫폼의 독특한 특성에 따라 달랐고 각 플랫폼별로 차별화된 경험이 광고효과에 영향을 주었다. 가설에서 예측한 대로, 소셜미디어에 대한 몰입도는 광고몰입도와 유의미한 상관관계를 보였고, 광고몰입도는 광고효과에 영향을 주어 광고몰입도가 높을수록 광고에 대한 평가도 더 긍정적으로 나타났다. 이 연구는 매체몰입도와 광고몰입도 개념을 구분하여 이들과 광고효과 간의 관계를 조사했다는 점에서 의미가 있다.

7. 시사점과 후속 연구방향

이 장에서는 관여도의 설득이론을 중심으로 기존 개념을 살펴보고 최근에, 특히 소셜미디어 광고분야에서 그 중요성이 증가하고 있는 몰입감의 개념과 비교하였다. 관여도와 몰입감 간에 존재하는 유사성에도 불구하고 두 개념은 서로 다른 변수로서 존재하며 그 역할 면에서 광고효과에 상호적으로 영향을 미치는 것으로 나타났다. 정교화 가능성 모델(ELM), 간편적-체계적 모델(HSM) 등 관여도 중심으로 기존의 설득을 설명하는 이론에 몰입감의 개념이 어떻게 접목될 수 있을지 연구하는 것은 보다 흥미로운 작업이 될 것이다. 특히 관여도와 몰입감의 영향관계에서 그 선후 관계가 명확하지 않은 현 상황에서 서로 어떻게 영향을 주고받는지에 대한 추가적인 실험연구가 요구된다. 이 관계에서 조절변인 역할을 하는 변수가 있다면 어떤 변수가 상호 간에 어떻게 영향을 미치는지에 대한 메커니즘도 밝혀져야 한다.

관여도와 몰입감의 최근 연구동향에서 살펴보았듯이 콘텐츠에 대한 주의집중과 관여도가 광고의 기억 및 태도에 어떻게 작용하는지에 대해서도 추가적인 논의가 필요하고 제한용량가설, 해석수준이론, 설득지식모델 등 기존의 이론들에 관여도 개념을 접목함으로써 이론적 시사점뿐 아니라 광고와 마케팅 캠페인을 위한 실무적 시사점도 더욱 풍부하게 얻을 수 있을 것이다. 관여도와 몰입감의 수준이 소비자 의사결정 과정에서 어떻게 달라지고 또 메시지를 받아들이는 데 어떻게 작용하는지, 각 의사결정단계에서 적합한 메시지 소구는 어떠한 변화를 거치는지에 대해서도 답을 찾기 위한 지속적인 노력이 요구된다. 매체에 대한 몰입감, 브랜드몰입감, 광고몰입감 등 몰입감의 대상이 달라짐에 따라 이들 간의 개념규정과 연관 관계, 광고효과에 미치는 영향 등에 대해서도 다각적인 논의가 필요하다. ■

제8장

소비자의 의사결정 과정

강한나(한남대학교 정치언론학과 교수)

1. 의사결정 과정의 단계
2. 문제 인식 단계(1단계)
3. 정보 탐색 단계(2단계)
4. 대안 평가 단계(3단계)
5. 구매 결정 단계(4단계)
6. 구매 후 평가 단계(5단계)

◈◇◈

소비자는 제품을 구매할 때 무엇을, 얼마만큼, 언제, 어디서, 어떻게 구매할 것인가와 같은 의사결정을 한다. 다시 말해, 소비자가 제품을 구매하는 의사결정에는 새로운 제품에 대한 욕구를 느끼는 것에서부터 그 제품을 구매하는 것 사이에 여러 단계를 거치게 되는데, 이러한 단계를 **의사결정 과정**이라고 한다. 의사결정 과정 단계는 ① 문제 인식, ② 정보 탐색, ③ 대안 평가, ④ 제품 선택, ⑤ 구매 후 평가 단계로 설명된다. 마케팅 관계자들은 소비자들이 원하는 정보를 가장 효과적으로 전달하기 위한 전략을 필요로 한다. 효과적인 전략을 세우기 위해서는 소비자들이 제품을 선택하기 위해 어떠한 정보를 탐색하고, 어떠한 기준으로 제품을 선택하는지에 관한 이해가 필요하다. 따라서 소비자들의 제품을 선택하는 과정을 주의 깊게 살펴볼 필요가 있기에 이 장에서는 소비자 의사결정 과정 단계에 대해 살펴보고자 한다.

1. 의사결정 과정의 단계

소비자의 의사결정 과정은 새로운 제품에 대한 욕구를 느끼는 것에서부터 소비자가 제품을 구입하기까지의 과정이다. 소비자는 제품을 구매하기 위해, 문제를 인식하고, 정보를 탐색하고, 대안을 비교하고 평가한다. [그림 8-1]은 소비자 의사결정 과정을 보여 준다.

[그림 8-1] 소비자 의사결정 과정

2. 문제 인식 단계(1단계)

1) 문제 인식

소비자의 의사 결정의 첫 번째 단계는 문제 인식에서 시작된다. **문제 인식**(problem recognition)은 소비자의 현재 상태(actual state)와 자신이 원하는 바람직한 상태(desired state) 간의 불일치에서 생겨난다. 즉, 소비자는 현재의 상태와 바람직한 상태 간에 큰 차이를 경험하게 되었을 때, 그 차이를 제거 또는 해소시킬 수 있는 수단에 대한 욕구를 가지게 되는데, 이러한 욕구가 환기(need arousal)되는 과정을 문제 인식이라 한다.

문제 인식이 의사결정 과정과 구매로 이어지기 위해서는 충분한 동기 부여가 수반되어야 하는데, 동기 부여의 정도(크기)를 결정하는 두 가지 요소는 현재 상태와 바람직한 상태 간의 차이와 그 문제의 중요성을 들 수 있다. 다시 말해, 현재 상태와 바람직한 상태의 차이가 크면 클수록, 그리고 중요성이 클수록 문제 인식의 크기는 커지게 된다. 예를 들어, 소비자가 새로 출시된 스마트폰 제품을 갖고 싶은 욕구가 생겼다고 하자. 하지만 그 욕구가 새로운 스마트폰을 살 정도로 크지 않거나, 욕구가 크더라도 옷, 화장품 같은 다른 제품에 대한 욕구보다 중요성이 낮다면 구매를 위한 의사결정과정으로 이어지지 않을 것이다. 또한 욕구의 크기와 중요성이 제약요인(예: 금전적인 비용, 사회적인 규범)보다 충분히 클 때 소비자는 의사결정 과정이 이루어지는 동기가 부여된다. [그림 8-2]는 문제 인식의 과정을 보여 준다.

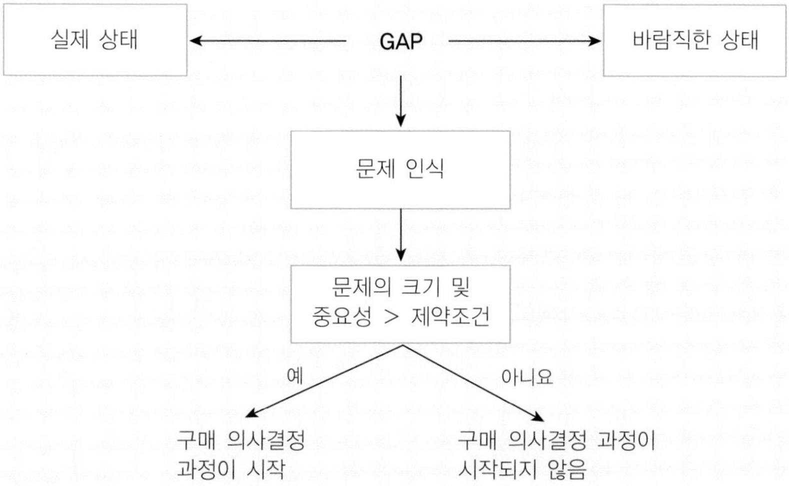

[그림 8-2] 문제 인식과 구매 의사결정

출처: 이학식, 안광호, 하영원(2015), p. 58.

또한 [그림 8-3]에서 볼 수 있듯이, 문제 인식은 욕구 인식과 기회 인식, 이 두 가지 중 한 가지 방식으로 일어난다. 다시 말해, 실제 상태가 변화되거나, 또는 이상적 상태가 변화될 때 문제 인식은 일어난다.

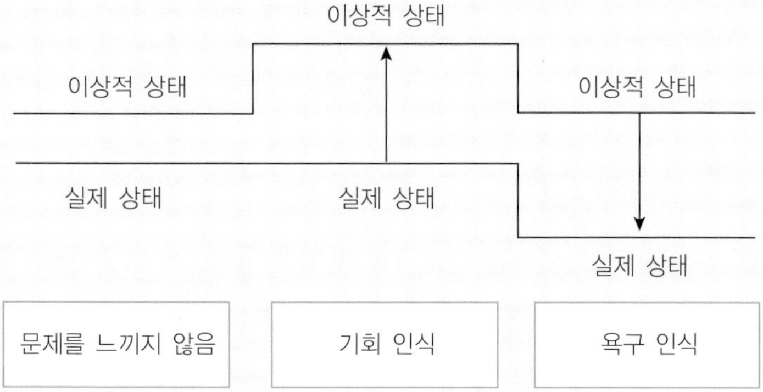

[그림 8-3] 문제 인식

출처: 이규현(2017), p. 166; Solomon (2016), p. 54.

첫째, 문제 인식은 소비자가 현재 가지고 있는 제품이 고장 나거나, 성능의 저하를 인식하여, 신제품에 대한 필요를 인식할 때 나타난다(욕구 인식).

둘째, 문제 인식은 소비자가 광고를 통한 자극 또는 가족이나 친구, 직장 동료와 같은 준거 집단의 자극을 통해 신제품의 우수한 성능을 인식하면서 신제품에 대한 갈망으로 나타날 수 있다(기회 인식).

그렇다면 광고에서는 문제 인식을 어떻게 적용하고 있는가? [그림 8-4]의 LG 트롬 건조기 광고는 '빨래, 아직도 널어서 말리세요? 이제 꺼내서 바로 입으세요!'라는 문구를 통해 빨래를 널어 말리는 현재 상황과 꺼내서 바로 입고 싶은 이상 상태 간의 차이를 부각시킴으로써 소비자의 욕구를 환기시키고 있다(욕구 인식).

[그림 8-4] LG 트롬 건조기 광고

출처: 구글.

또한 [그림 8-5]의 광고는 '트롬 건조기로 여자의 생활을 한층 더 올리세요!' '건조하는 방법이 달라지면 여자의 생활이 달라집니다'와 같은 카피를 통해 트롬 건조기를 사용하면 여성들의 삶을 변화시켜 더 나은 삶을 누릴 수 있다는 메시지를 전달하면서 여성들이 트롬 건조기를 사고 싶다는 갈망을 가지게 한다(기회 인식).

[그림 8-5] LG 트롬 건조기 광고

출처: 구글.

2) 문제 인식의 유형

문제 인식은 여러 유형으로 나누어 생각해 볼 수 있다. 문제 인식의 유형은 문제 발생의 예상 가능성의 여부와 문제 해결의 긴급성에 따라 다음과 같이 네 가지로 분류될 수 있다(Hawkins, Coney, & Best, 1980: 이학식 외, 2015에서 재인용).

첫째, **일상적 문제**(routine problem)는 실제 상태와 바람직한 상태 사이의 차이로

표 8-1 문제 인식의 유형

문제 발생의 예상	문제 해결의 긴급성	
	즉각적 해결 필요	즉각적 해결 필요하지 않음
문제 발생 예상됨	일상적 문제	계획적 문제
문제 발생 예상되지 않음	긴급적 문제	점증적 문제

출처: 이학식 외(2015), p. 59.

인해 문제가 발생할 것이 예상되고, 즉각적인 해결이 필요한 문제이다. 예를 들어, 생활필수품에 관한 욕구가 이에 해당된다.

둘째, **계획적 문제**(planning problem)는 실제 상태와 바람직한 상태 사이의 차이로 인해 문제가 발생할 것이 예상은 되나 즉각적인 해결의 필요성은 없는 문제이다. 예를 들어, 오래된 가전제품이나 승용차의 교체에 대한 욕구가 이에 해당된다.

셋째, **긴급적 문제**(emergency problem)는 실제 상태와 바람직한 상태 사이의 차이로 인해 문제 발생이 예상되지 않는 갑자기 발생한 즉각적 해결이 필요한 문제이다. 예를 들어, 승용차의 타이어 펑크나, 갑작스러운 소나기로 인한 우산 구매가 이에 해당된다.

넷째, **점증적 문제**(evolving problem)는 실제 상태와 바람직한 상태 사이의 차이로 인해 문제 발생이 예상되지 않고, 즉각적 해결이 요구되지 않는 문제이다. 예를 들어, 유행상품의 경우가 이에 해당하는데, 처음에는 구매에 대한 욕구가 없다가 점차 시간이 지날수록 사람들이 많이 사용하는 것을 보게 되면서 서서히 욕구가 생기게

[그림 8-6] P&G 다우니 엑스퍼트 실내건조 광고

출처: 구글.

된다.

P&G 다우니 엑스퍼트 실내건조는 탈취 효과가 있는 실내건조용 섬유유연제이다. P&G의 다우니 실내건조 엑스퍼트 광고는 소비자에서 일상용품에 대한 문제 인식을 부각시키는 광고이다([그림 8-6] 광고). 이 광고는 실내건조를 하면 생기는 덜 마른 꿉꿉한 냄새 문제를 부각시켜 실내건조 시 누구나 한 번은 경험해 보았을 문제점을 부각시키고 있다. 이를 통해, 소비자는 기존에 사용하는 섬유유연제의 성능에 대해 의심해 보는 계기를 만들어 줌으로써, 이 제품에 대한 성능을 부각시키고 있다.

3. 정보 탐색 단계(2단계)

1) 정보 탐색

소비자가 문제 인식 과정에서 문제를 인식했다면, 다음 단계에서는 문제를 해결하기 위한 정보가 필요하다. 다시 말해, 소비자가 문제 해결의 욕구의 크기와 중요성이 제약요인보다 충분히 크다고 느낄 때, 다음 단계로 소비자는 구매를 위해 구매와 관련된 충분한 양의 정보 탐색을 필요로 한다. **정보 탐색**(information search)은 소비자가 합리적인 의사결정을 하기 위해 구매하려는 제품과 관련된 정보를 조사하는 과

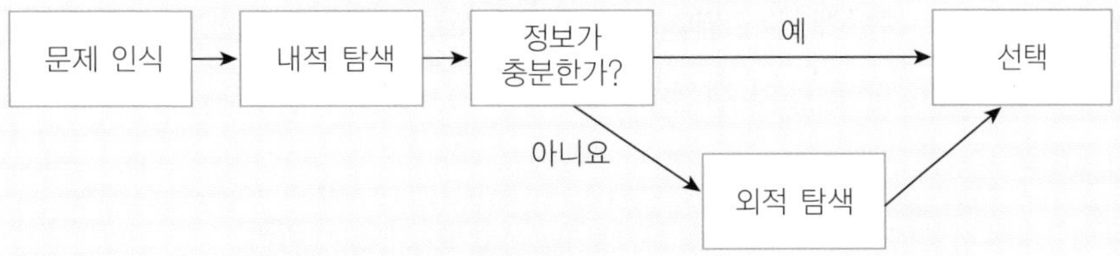

[그림 8-7] 정보 탐색 과정

출처: 고민정, 김용진(2017), p. 123; 이학식 외(2015), p. 65.

정이다. 우선 소비자는 자신의 기억 속에 저장되어 있는 정보를 검색함으로써 내적 탐색을 한다. 이 정보가 제품 구매 결정에 충분하다고 여겨지면 내적 탐색만으로 의사결정을 할 수 있지만, 내적 탐색만으로는 부족하다고 여겨질 경우에는 외적 탐색을 통해 부족한 정보를 보충하여 의사결정을 한다([그림 8-7] 참조).

2) 정보 탐색의 유형

내적 탐색이란 소비자가 자신의 기억 속에 저장되어 있는 정보 중 의사결정을 하는데 도움이 되는 정보를 회상하는 과정이다. 소비자의 이러한 정보는 제품에 대한 직접 경험, 기업 광고, 언론 기관의 발행물, 타인으로부터 의도적 혹은 비의도적으로 수집되어 기억 속에 저장된 정보이다.

예를 들어, 당신은 '라면'이라는 단어를 들었을 때, 어떠한 브랜드가 떠오르는가? 라면이라는 단어를 들었을 때, 신라면, 진라면, 삼양라면, 안성탕면 등이 떠올랐다고 가정하면, 이렇게 떠오른 브랜드 이름들을 **상기상표군**(evoked set)이라고 한다. 그중에서 제일 먼저 떠오른 브랜드가 '신라면'이라면, 이를 최초 상기(top of mind recall) 제품이라 부른다. 또한 소비자가 외적 탐색으로 오징어짬뽕, 스낵면 등의 브랜드가 추가되었다면, 새롭게 추가된 브랜드와 상기 상표군을 합하여, 실질적으로 고려하고 있는 대안들을 **고려 상품군**(consideration set)이라 부른다.

외적 탐색이란 소비자가 자신의 기억 속에 저장되어 있는 정보 외의 원천으로부터 정보를 탐색하는 과정을 의미한다. 외부 탐색에서는 정보원이 중요한 역할을 한다. 정보 원천으로는 개인적 원천(personal source), 상업적 원천/기업제공 원천(commercial source), 공공의 원천(public source), 경험적 원천(experiential source) 등이 있다.

첫째, 개인적 원천에는 가족, 친지, 친구, 동료 등이 해당된다.

둘째, 상업적 원천 혹은 기업 제공 원천은 광고, 판매원, 포장 및 대리점으로부터 얻는 정보를 말한다.

셋째, 공공의 원천은 대중매체나 소비자 보호 기관 등에서 제공하는 정보를 의미한다.

넷째, 경험적 원천은 소비자의 과거 구매 경험이나 시험 구매를 통해 경험한 정보를 의미한다.

그렇다면 소비자는 얼마나 많은 탐색을 하는가? 소비자의 제품에 대한 지식의 정도와 외적 탐색 간의 관계는 다음과 같다. 제품 지식과 외적 탐색의 양은 역-U 자의 형태로 나타난다. 즉, 제품에 대한 지식이 중간 정도인 소비자가 외적 탐색을 가장 많이 하는 것을 의미한다. 지식이 낮은 사람은 아는 것이 없기 때문에 어디서부터 탐색을 시작해야 할지 모를 것이고, 지식이 높은 사람은 이미 가지고 있는 지식으로 어떠한 정보가 중요한지를 알기 때문에 선택적 탐색을 통해 의사결정을 할 것이다. 반면에 중간 정도의 지식을 가지고 있는 사람은 선택의 대안이 다양하기 때문에 다양한 정보를 수집하여 제품을 선택하려는 의도가 높을 것이다(Solomon, 2016).

외적 탐색에 영향을 미치는 요인으로는 제품의 특성(product characteristics), 소비자 개인의 특성(individual characteristics), 상황적 특성(situational characteristics) 등이 있다.

첫째, **제품의 특성**은 소비자가 구매하고자 하는 제품의 특성에 따라 정보 탐색의 정도를 다르게 한다. 소비자는 제품의 가격이 높을수록, 상표 대안들 간에 가격이나 특징의 차이가 클 때, 그리고 상표 대안들의 수가 많을 때 외적 탐색을 많이 한다.

둘째, **개인의 특성**으로 소비자가 제품에 대한 지식이나 경험이 적을 경우 많은 외적 탐색을 한다. 또한 소비자의 관여도, 연령, 소득에 따라서도 탐색의 양이 달라진다.

셋째, **상황적 특성**은 소비자 욕구의 긴급성, 점포의 혼잡 정도, 점포까지의 거리와 같은 구매 상황은 외적 탐색의 양에 영향을 미친다.

3) 정보 탐색의 방식

그렇다면 소비자는 여러 대안을 놓고 어떠한 방식으로 정보 탐색을 할까? 소비자가 여러 상표 대안을 놓고 정보 탐색을 하는 방식으로는 상표별 처리(processing by brand), 속성별 처리(processing by attribute), 혼합식 처리(processing by a mixed way)가 있다. [그림 8-8]은 정보 탐색의 방식을 보여 준다.

첫째, **상표별 처리**는 소비자가 한 가지 브랜드를 선택하여 그 브랜드의 속성과 특성에 관한 정보를 수집한 후, 다른 브랜드를 선택하여 그 브랜드의 속성과 특성에 관한 정보를 수집하는 것이다. 다시 말해, 브랜드 1, 브랜드 2, 브랜드 3에 관한 정보를 수집할 때, 브랜드 1의 속성 1, 속성 2, 속성 3, 속성 4를 살펴본 후, 브랜드 2의 속성 1, 속성 2, 속성 3, 속성 4의 속성을 살펴보는 방식이다.

둘째, **속성별 처리**는 한 가지 속성에 관하여 각 브랜드의 정보를 수집하고, 다른 속성에 관하여도 각 브랜드의 정보를 수집하는 방식이다. 다시 말해, 속성별 처리는 속성 1에 관한 정보 수집을 위해, 브랜드 1, 브랜드 2, 브랜드 3의 속성 1에 관한 정보를 비교하고, 다음으로 속성 2에 관하여 브랜드 1, 브랜드 2, 브랜드 3의 속성 2를 비교하는 식이다.

셋째, **혼합식 처리**는 상표별 처리와 속성별 처리 두 가지 방식을 혼합한 방식으로, 속성 1에 관하여 브랜드 1, 브랜드 2, 브랜드 3의 속성 1에 관한 정보를 살펴보고,

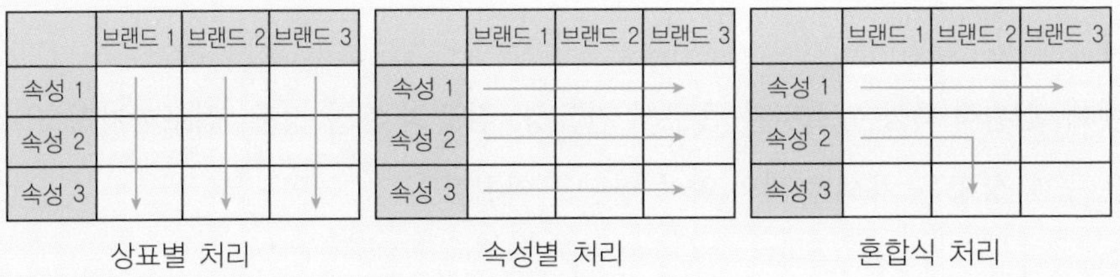

[그림 8-8] 정보 탐색의 방식

출처: 고민정, 김용진(2017), p. 126; 이학식 외(2015), p. 71.

속성 2에서 브랜드 2가 맘에 든다면, 속성 3에서 브랜드 1과 브랜드 3의 정보는 살펴보지 않고, 계속해서 브랜드 2에 관한 정보만을 살펴보는 방식이다.

그렇다면, 광고는 정보 탐색을 어떻게 적용할까? 예를 들어, [그림 8-9]의 코웨이 시루 직수정수기 광고는 정수기의 속성 중 '직수'의 속성을 강조한다. 특히 정수기 필터 단면을 보여 주며, '정수기에서 얼음을 빼도, 스파클링, 직수를 빼도 정수기는 정수기. 하지만 필터를 빼면 정수기가 아니다. 깨끗하고 맛있는 물은 오직 필터 실력이 만드니까'라는 광고 메시지를 통해 코웨이 시루 직수정수기의 필터에 대한 정보 제공과 함께 우수성을 부각시킨다. 이는 소비자가 제품 속성에 따라 구매 결정을 한다는 점을 이용한 광고라고 볼 수 있다.

[그림 8-9] 코웨이 시루 직수정수기 광고

출처: 구글.

또한 [그림 8-10]의 갤럭시 Note 9 광고 역시 제품의 속성을 강조한 광고이다. 스마트 S펜의 기능을 설명함으로써 제품의 속성을 부각시키고 있다.

[그림 8-10] 갤럭시 Note 9 광고

출처: 구글.

4. 대안 평가 단계(3단계)

1) 대안 평가 기준

대안 평가 과정은 정보 탐색 과정에서 얻은 정보를 바탕으로 여러 대안을 비교하여, 한 개의 제품을 선택하는 과정이다. 이때 소비자는 여러 평가 기준을 바탕으로 대안들을 평가하는데 이 기준을 대안 평가 기준(evaluative criteria)이라 한다. 대안 평가 기준에는 내재적 정보(intrinsic information)와 외재적 정보(extrinsic information)가 있다.

내재적 정보는 제품이 제공하는 혜택을 제품의 속성에서 찾는다. 예를 들어, 스마트폰의 경우, 성능, 무게, 크기, 디자인 등의 내재적 정보에 해당한다. 반면에, **외재적 정보**는 제품의 혜택과는 직접적인 관련이 없지만 품질을 나타내는 정보이다. 예를 들어, 가격 수준, 제조국, 제조 회사, 취급 점포 등이 이에 해당된다.

소비자는 기능적인 속성에서부터 경험적인 속성까지 많은 기준을 가지고 제품을 선택한다. 하지만 소비자들이 제품들 간의 차이를 별로 느끼지 못할 때에는 대안 평가가 의사결정에 많은 영향을 미치지 못할 것이다. 이때, 소비자는 제품을 선택하기 위한 차별화된 속성을 찾아야 한다. 이를 결정적 속성(determinant attribute)이라 하고, 이는 소비자들이 선택을 할 때 사용하는 차별화된 속성을 의미한다.

예를 들어, 앞에서 예를 든 코웨이 시루 직수정수기의 경우처럼, 많은 정수기 제품들이 '직수'라는 속성을 강조하고 있다. 코웨이 시루 직수정수기, SK 매직 직수정수기, LG 퓨리케어 정수기가 그 예이다. [그림 8-11]은 SK 매직 직수정수기 광고이다. 이때, 소비자는 고려하고 있는 정수기 브랜드들에서 제품 간의 기능적인 속성의 차이는 많이 느끼지 못할 것이다. 여기서 소비자가 선택안 중에서 하나의 브랜드를 선택하기 위해, 즉 차별화하기 위해 사용하는 결정적 속성이 필요하다.

다음의 [그림 8-12]의 LG 퓨리케어 정수기 광고는 소비자에게 새로운 결정적 속성을 제시한 사례이다. LG 퓨리케어 정수기 광고는 '왜 필터는 바꾸면서 직수관은 바꿀 생각을 못했을까?'라는 질문을 소비자에게 제시하며 정수기 평가의 새로운 기준을 제시하고 있다. 또한 매년 직수관 무상 교체를 강조하며 다른 브랜드의 직수정수기와의 차별을 부각시키고 있다. 이 광고는 다른 정수기 브랜드들이 공통적으로

[그림 8-11] SK 매직 직수정수기 광고

출처: 구글.

[그림 8-12] LG 퓨리케어 정수기 광고

출처: 구글.

강조하는 '직수'의 속성을 강조하는 동시에, '직수관 교체'라는 차별점을 제시함으로써, 정수기 구매의 새로운 기준을 소비자에게 제시하고 있는 사례이다.

2) 선택 대안의 평가 방식

소비자가 상표를 평가하는 방식은 크게 두 가지, 보완적 방식(compensatory rule)과 비보완적 방식(non-compensatory rule)으로 나눌 수 있다.

보완적 방식은 소비자가 각 상표에 있어서 어떤 한 속성의 인지된 약점을 다른 속성의 강점으로 보완하여 제품에 대한 전반적인 평가를 하는 방식이다. 이 방식은 모든 속성이 평가 기준으로 고려된다. 각 제품의 평가 점수는 각 평가기준별(속성별)로 중요도와 평가 점수를 곱한 값을 모든 평가기준에 걸쳐 합한 값으로 나타낸다. 예를

표 8-2 승용차의 가상적인 속성점수 표

평가기준	중요도	승용차에 대한 가상적 평가		
		소나타	말리부	SM5
경제성	40	8	3	5
기계의 성능	30	5	3	5
스타일	20	5	5	5
승차감	10	3	7	5
평가점수		600	380	500

출처: 이학식 외(2015), p. 87.

들어, 〈표 8-2〉를 보면, 소비자의 제품 선호도는 소나타, SM5, 말리부의 순으로 나타난다. 이 경우 소나타는 스타일에서 말리부와 SM5와 동등하게 평가되고 있고, 승차감 면에서는 다른 두 개의 상표보다 낮게 평가되고 있지만, 경제성과 기계의 성능에서 높게 평가되어 평가점수가 가장 높게 평가됨을 알 수 있다(이학식 외, 2015).

소비자의 평가 방식을 활용한 광고도 살펴볼 수 있는데, 예를 들어, [그림 8-13]의 DB손해보험 다이렉트 광고는 소비자들에게 평가기준을 제시하고 있다. 이 광고는 '나만을 위한 1:1 전담 상담. 차보다 사람 먼저 긴급 출동. 든든한 보상서비스'와 같은 자사 제품의 강점의 속성을 제시함으로써, 소비자들에게 다른 보험 제품과의 비교 평가를 유도하는 전략을 구사하고 있다.

비보완적 방식은 한 속성에서의 약점이 다른 속성의 강점에 의해 보완되지 않는 평가 방식이다. 비보완적 방식은 어떤 결정적인 속성들에 의해 소비자의 태도가 결정되는 방식으로, 소비자들은 보완적 방식보다 비보완적 방식을 더 많이 사용한다. 비보완적 방식으로는 사전 편찬식, 속성별 제거식, 결합식, 분리식이 있다.

첫째, **사전 편찬식**은 소비자가 속성의 중요도에 따라 우선순위를 매기고, 1순위의 속성에서 가장 우수한 상표를 선택하는 방식이다. 이때 2개 이상의 상표가 그 속성에서 동등한 평가를 받았다면, 2순위의 속성에서 가장 높은 점수를 받은 상표를 선

[그림 8-13] DB손해보험 다이렉트 광고

출처: 구글.

택한다.

둘째, **속성별 제거식**도 사전 편찬식과 마찬가지로, 속성의 중요도 순위를 매기고, 각 속성에 허용할 수 있는 최소 수용기준(cut-off)을 설정하여 평가한다. 따라서 이 기준을 만족시키지 못하면 속성의 중요도에 따라 순차적으로 상표를 제거한다.

셋째, **결합식**은 각 상표별로 모든 속성이 최소 수용기준을 만족시키는가에 따라 평가하는 방식이다. 이 방식은 최소 수용기준을 모두 속성에 적용하여 평가하기 때문에 상표별로 평가한다. 다시 말해, 첫 번째 상표를 모든 속성에 대해 평가한 다음 두 번째 상표의 평가로 넘어가게 된다.

넷째, **분리식**은 특정 중요한 한두 가지의 속성에서 최소한의 수용 기준을 정하여, 그 기준을 만족시키는 대안 중 하나를 선택하는 방식이다.

3) 대안 선택과 평가에 관련된 이론

(1) 전망이론

카네만(Kahneman)의 전망이론에 따르면, 인간은 의사결정을 할 때, 합리적인 이성이 아니라, 감성적으로 의사결정을 한다고 설명한다(Kahneman & Tversky, 1979). 전망이론(prospect theory)은 같은 내용의 정보라 할지라도 그 정보가 어떻게 프레이밍(framing)되는가에 따라 이득과 손실에 대한 인식이 달라지고, 의사결정의 위험을 다르게 평가한다고 설명한다. 다시 말해, 사람들은 손실에 더 민감하게 반응하기 때문에 손실 인식은 소비자에게 더 큰 영향을 미치게 된다. 즉, 같은 액수의 이득보다는 손실을 더 크게 느낀다.

이를 이용한 광고로 버거킹 햄버거 광고를 살펴볼 수 있다([그림 8-14] 참조). [그림 8-14]의 버거킹 햄버거 광고는 할인 가격의 프레이밍을 통해 소비자에게 이득에 대한 인식을 심어 주고 있다. 권장소비자가격(6,900원)에서 할인된 가격(4,900원)을 표기함으로써, 소비자에게 2,000원의 이득이 있음을 느끼게 해 주는 전략을 사용하고 있다.

[그림 8-14] 버거킹 광고

출처: 구글.

(2) 소비자의 휴리스틱

소비자는 습관적인 결정을 할 때 선택을 단순화하는 지름길을 사용한다. 이 지름길을 휴리스틱(heuristic)이라 한다. 소비자는 선택 과정에서 고려해야 할 많은 요인을 고려하지 않고, 경험, 직관을 이용해 문제를 단순화하여 해결한다. 예를 들어, '비싼 제품이 품질이 더 좋다' '인기가 많은 제품이 좋은 제품이다' '세일을 하는 제품은 품질이 좋지 않다'와 같은 것이 이에 해당된다.

휴리스틱의 한 예로, 제품의 원산지 표기는 소비자가 제품을 선택하는 데 중요한 요소로 작용을 한다. 예를 들어, 생수 광고는 원산지를 표기함으로써 소비자의 신뢰를 얻고자 한다. 백두산 백산수, 제주 삼다수, 강원 평창수가 그 예이다([그림 8-15] 참조).

[그림 8-15] 백산수, 제주 삼다수, 강원 평창수 광고

출처: 구글.

5. 구매 결정 단계(4단계)

소비자는 브랜드 대안들을 평가한 후 한 개의 제품을 선택하게 된다. 소비자의 구매 형태는 완전 계획적 구매(fully planned purchase), 부분 계획적 구매(partially planned purchase), 비계획적 구매(unplanned purchase)로 나눌 수 있다.

계획적 구매는 소비자가 제품 구매 전에 구매해야 할 제품이나 브랜드를 미리 결정하고 구매목록을 작성하여 구매하는 경우를 말한다.

부분 계획적 구매는 구매할 제품의 범주는 확정하고 브랜드는 점포에서 결정하는 경우를 말한다. 이는 구매할 계획은 있었으나 당장 구매할 계획은 없었던 제품을 점포에서 구매하는 경우에 해당한다.

비계획적 구매는 점포 방문 시까지 구매 계획이 없었던 제품의 충동구매를 의미한다.

소비자 구매에 영향을 미치는 요인으로 상황적 요인을 생각해 볼 수 있다. 예를 들어, 소비하는 커피 브랜드의 경우, 언제, 어디서, 누구와 마시느냐에 따라 구매하는 커피 브랜드가 달라진다고 한다(이학식 외, 2015). 이러한 상황은 소비상황, 구매상황, 커뮤니케이션 상황으로 구분된다(Hansen, 1972).

첫째, 소비상황은 소비자가 제품을 사용할 때 영향을 미치는 사회적 또는 물리적 요인들을 말한다. 따라서 소비자가 어떠한 상황에서 어떤 제품을 소비하는지에 관한 포지셔닝은 제품의 구매를 유도할 수 있다. [그림 8-16]의 맥심 티오피 광고는 '이 순간과 어울리는 건 한 컵의 티오피뿐'이라는 카피 문구로 소비자들의 구매를 유도하고 있다.

둘째, 구매상황은 소비자가 제품을 구매하는 과정에서 영향을 미치는 요인들을 말한다. 예를 들어, 구매목적이 다른 사람에게 선물을 하기 위한 것이라고 가정한다면, 소비자는 선물의 종류, 가격, 디자인, 브랜드 등 여러 기준을 고려할 것이다. 정관장 '추석엔 마음을 주세요' 시리즈 광고([그림 8-17] 참조)는 사랑하는 사람들에게

[그림 8-16] 맥심 티오피 광고

출처: 구글.

정관장으로 사랑을 전달하라는 메시지를 담고 있다. 이는 정관장을 사랑을 전하는 제품으로 포지셔닝함으로써 소비자의 구매를 유도하고 있다.

[그림 8-17] 정관장 광고

출처: 구글.

6. 구매 후 평가 단계(5단계)

구매 후 행동이란 소비자가 제품을 구매하고 난 후의 느낌이나 평가를 뜻한다. 소비자의 구매 후 행동은 다양하게 나타나는데, 이 행동은 소비자의 재구매 의사결정에 영향을 미치게 된다.

1) 소비자의 만족과 불만족

소비자의 만족 또는 불만족은 제품의 성능이 어떠한가와 같은 실용적 효용과 그 제품을 사용하면서 어떤 느낌이 드는가와 같은 경험적 효용의 두 가지 차원을 토대로 하여 구매한 제품을 평가한 결과이다(Mano & Oliver, 1993).

기대 불일치 이론(expectancy disconfirmation model; Oliver, 1980)은 소비자의 만족과 불만족의 결정 과정에 대해 설명한다([그림 8-18] 참조). 기대 불일치 이론에 따르면, 일치와 불일치는 구매 전 제품성과에 대한 기대와 지각된 제품성과의 차이에

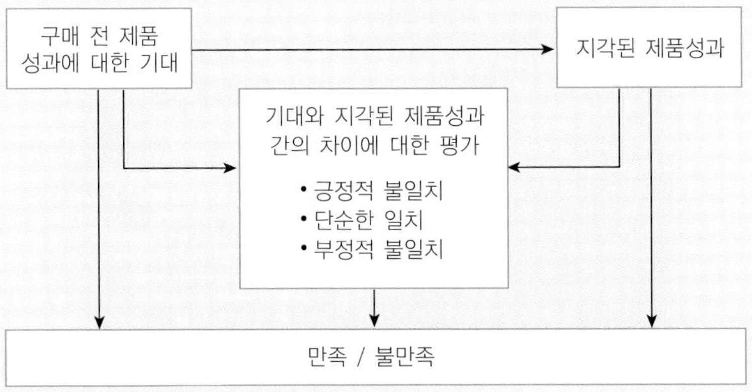

[그림 8-18] 기대 불일치 모형

출처: Oliver(1980): 고민정, 김용진(2017), p. 215; 이학식 외(2015), p. 121에서 재인용.

대한 평가에서 긍정적 불일치, 단순한 일치, 부정적 불일치의 형태로 나타난다고 한다. 다시 말해, 구매 전 제품성과에 대한 기대가 지각된 제품성과보다 클 경우, 부정적 불일치로 불만족이 나타나게 되고, 제품성과에 대한 기대와 지각된 제품성과가 일치하는 경우는 만족이 일어난다. 또한 지각된 제품성과가 구매 전 제품성과에 대한 기대보다 큰 경우 긍정적 불일치로 만족이 일어나게 된다.

기대 불일치 이론을 활용한 광고로는 티몬 광고를 살펴볼 수 있다. [그림 8-19]의 티몬 광고의 경우, '티몬 무료 반품. 반품 사유 & 횟수 상관없이 반품 배송비 무료'라고 광고를 하였다. 이 광고는 온라인 쇼핑몰을 이용해 제품을 구입하는 소비자라면 겪게 되는 제품 반품 시 발생하는 반품 배송비에 대한 부담을 덜어 줌으로써 소비자가 제품을 구매한 후에 겪게 되는 인지 부조화를 해소하는 전략을 사용하였다.

[그림 8-19] 티몬 광고

출처: 구글.

2) 불평

소비자는 제품에 대해 불만족하였을 때 불평행동을 취한다. 소비자의 불평행동은 사적행동과 공적행동으로 분류할 수 있다(Day & Landon, 1977). [그림 8-20]에서 볼 수 있듯이, 사적행동이란 가족이나 친구에게 부정적 구전을 하거나 특정 제품의 재구매 거부, 특정 점포의 재이용 거부 등이 포함된다. 공적행동은 판매자나 제조업자에게 제품의 교환이나 환불을 요구하는 행동과 소비자 단체, 정부기관 등에 고발을 하거나 법적 조치를 취하는 것을 말한다. 또한 소비자의 불평행동은 불만의 정도에 따라 유형이 다르게 나타난다.

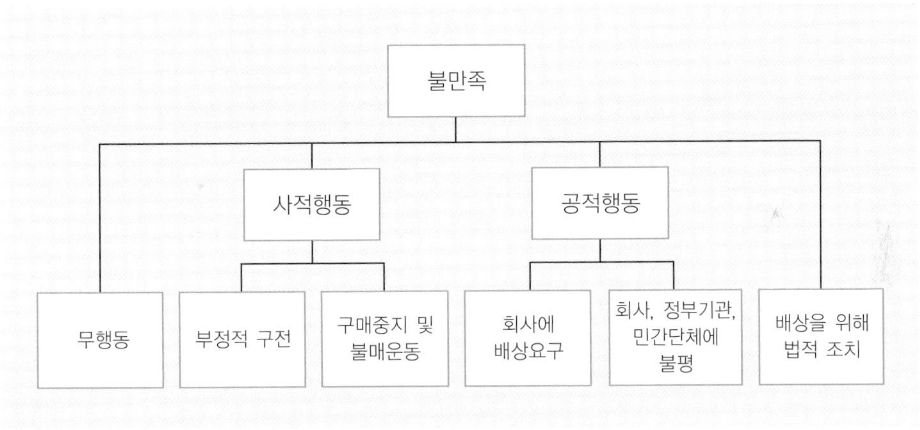

[그림 8-20] 불평행동의 유형

출처: Day & Landon (1977): 이학식 외(2015), p. 135에서 재인용.

제9장

브랜드 자산의 구축 과정과 관리 전략

김정현(중앙대학교 광고홍보학과 교수)

1. 브랜드와 브랜드 자산의 의미

2. 브랜드 자산의 구축 과정

3. 브랜드 자산의 관리 전략

◈◇◈

마케팅의 대가 필립 코틀러(Philip Kotler)는 '마케팅의 중심은 브랜드 구축에 달려 있으며, 브랜드를 구축하고 관리하는 것이 마케팅의 시작이자 끝이다'라고 강조한 바 있다. 이렇듯 마케팅의 핵심인 브랜드가 치열한 시장경쟁 상황에서 우위를 점할 수 있는 중요한 요소로 인식되기 시작한 것은 20세기 이후부터라고 볼 수 있으나 인간이 브랜드를 사용한 역사는 고대 이집트시대의 유적에서부터 찾아볼 수 있다. 따라서 브랜드는 인간의 역사와 함께해 왔다고 볼 수 있다.

브랜드는 기업의 제품이나 서비스를 식별하고, 경쟁사로부터 차별화시키는 수단이자 소비자의 마음속에 가치를 느끼게 해 주는 경험적 상징체계이며, 브랜드 자산은 제품에 브랜드가 포함되면서 발생하는 무형의 부가가치를 말한다. 따라서 기업은 강력한 브랜드 자산을 구축하기 위하여 다양한 마케팅 노력을 기울이는데 이를 위한 일련의 활동을 브랜드 자산 구축 과정이라고 하며, 지속적으로 브랜드 자산을 유지해 나가기 위해서는 각 브랜드 자산의 상태에 적합한 전략을 수립하고 실행해 나가야 한다.

이 장에서는 먼저 브랜드 및 브랜드 자산에 대해 개괄적으로 살펴본 후 브랜드 자산의 구축 과정 및 관리 전략에 대해 알아본다.

1. 브랜드와 브랜드 자산의 의미

1) 브랜드의 의미 및 기능

브랜드의 어원은 고대 게르만어에서 유래된 'Brandr'로 '불에 타거나 그슬린 나무 조각'이라는 뜻으로 사용되다가, 중세시대에 이르러 '뜨거운 쇠로 인한 흔적'이란 의미를 거쳐 17세기 중반에 '소유권을 나타내기 위한 표시'로, 19세기 초에 이르러 '특정 기업에 의해 생산된 한 제품의 특정 이름'으로 정의되었다고 한다(옥스퍼드사전, 김덕용, 2017에서 재인용). 인간이 브랜드를 사용한 역사를 살펴보면 고대 이집트 유적에서 발굴된 벽돌에 새겨진 상형문자가 벽돌 제조공의 이름이었던 것, 로마시대 노예의 귀에 표식을 새겨 넣은 것, 중세 유럽의 상인조합(길드)이 양질의 생산자들을 법적으로 보호하고 소비자에게 제품에 대한 확신을 주기 위하여 브랜드를 사용한 것, 16세기 초 위스키 제조업자들은 불에 달군 쇠로 위스키 상자에 생산자의 이름을 찍어 값이 싼 타사 제품으로 둔갑하는 것을 방지한 것 등을 들 수 있다. 이처럼 브랜드는 아주 오래전부터 시장에서 중요한 역할을 해 왔지만 브랜드 이미지가 시장 경쟁에서 중요한 요소로 인식된 것은 20세기부터라고 할 수 있다.

미국마케팅협회(American Marketing Association: AMA) 및 브랜드의 대가라 불리는 아커(Aaker, 1991)와 코틀러(1991)는 브랜드에 대해 유사하게 정의하고 있는데 이들의 정의에는, 첫째, 브랜드는 브랜드명뿐만 아니라 표현, 상징물, 디자인 등을 모두 포함한다는 것과, 둘째, 브랜드는 특정 기업이 자신의 제품 또는 서비스를 고객에게 명확하게 인식시키고(identify), 경쟁자로부터 차별화(distinguish)하기 위한 수단이라는 점이 강조되고 있다. 이들의 정의에서 한발 더 나아가 메타브랜딩(1999)에서는 기업의 제품이나 서비스를 식별하고, 경쟁사의 제품이나 서비스를 차별화하고, 소비자의 마음속에 가치 있게 느끼게 하는(value-create) 경험적 상징체계(experimental symbolic system)로 정의하고 있다.

표 9-1 브랜드의 기능

소비자에게 제공하는 기능	기업에게 제공하는 기능
• 제품의 근원에 대한 정체를 확인함 • 제품 제조업자에 대한 책임을 할당함 • 다양한 지각된 위험을 감소시킴 • 제품 탐색 비용을 감소시킴 • 제품 제조자와의 약속 또는 계약을 보여 주는 수단 • 상징적인 도구로서 사용됨 • 품질을 표시함	• 제품을 다루거나 추적하는 것을 단순화하기 위해 식별함 • 제품의 독특한 특성들을 법적으로 보호함 • 만족하는 고객들에게 품질을 나타내는 수단으로 사용됨 • 제품에게 독특한 연상들을 부여함 • 경쟁적인 장점들을 줌 • 마케팅 프로그램의 효율과 효과를 증진시킴 • 조직체의 운영에서 핵심이 됨 • 위기 관리의 수단으로 작용함 • 유통업자들의 협력을 획득함

출처: Berthon, Hulbert, & Pitt (1999); Keller (2008): 김우성(2012)에서 재인용.

우리나라 최장수 브랜드, 동화약품 '활명수'

동화약품의 '활명수'는 우리나라 최장수 브랜드이다. 2017년 기준 국내외에서 팔린 분량(85억 병)을 일렬로 줄을 세우면 지구 여덟 바퀴 반을 돌 수 있는 규모이다. 1897년 9월, 궁중 선전관(宣傳官, 경호실 간부)이던 민병호 선생이 만든 활명수는 120년간 한국인의 필수 상비약으로 자리 잡았다.

동화약품의 전신인 동화약방은 1910년 8월 통감부 특허국에 '부채표' 상표를 등록해 우리나라 상표 1호의 기록을 세웠다. 당시 흑백이던 부채표는 1977년 이후 동화약품의 상징 색깔인 '빨간색(red)'으로 바뀌었고 1977년에는 부채표에 테두리를 둘렀다. 2002년에는 "부채표가 없는 것은 활명수가 아닙니다"라는 광고를 내며 경쟁사와 차별화하였으며 2008년에는 부채를 강조하기 위해 부채표 안에 표기되었던 '동화(同和)'까지 삭제하고 'since 1897'이라는 문구를 넣었다. 이처럼 부채표 모양은 지금까지 총 11차례 변신을 했다.

최근 기업의 사회적 가치가 중요하게 대두되며 동화약품은 '생명을 살리는 물 캠페인'을 통하여 '활명수 119주년 기념판'의 판매수익금 전액을 세계 물 부족 국가 어린이 후원금으로 맡겼다. 또한 2018년 5월, 활명수는 글로벌 패션 브랜드 게스(Guess)와 협업을 시도했는데 지금까지 패션업계가 식음료업계와 함께 제품을 만든 경우는 많았지만 제약업계와 만난 경우는 처음이다. 이들은 티셔츠, 데님팬츠, 데님백 등 총 6종의 컬렉션 제품을 선보였는데 까스 활명수를 생각했을 때 연상되는 청록색의 컬러, 그리고 부채표 이미지가 주요 디자인으로 사용됐다. 오랫동안 사랑받는 브랜드로 자리 잡기 위해서 '활명수'는 브랜드의 일관성을 유지하며 세심히 관리하고 때로는 과감한 변화를 통하여 동시대의 소비자와 함께 성장하고 있다.

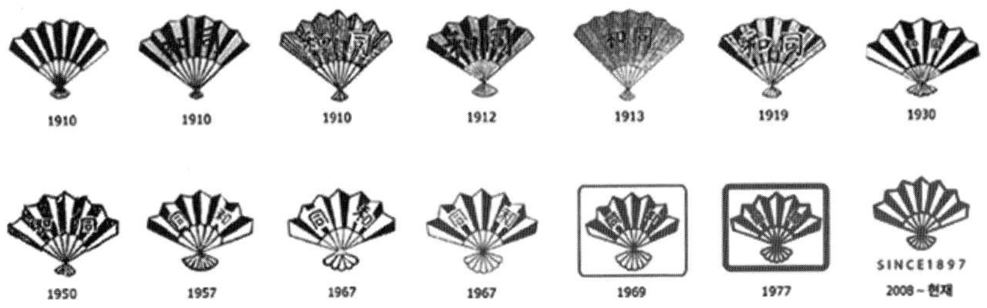

[그림 9-1] '부채표' 상표의 변천

글 출처: 조선비즈(2017. 12. 19.), 동화약품 홈페이지.
그림 출처: 마시즘(2018. 09. 26.).

한편, 브랜드의 기능은 브랜드가 존재함으로써 발생되는 모든 것을 의미하는데 소비자에게 제공하는 기능과 기업에게 제공하는 기능으로 나누어 살펴볼 수 있다(〈표 9-1〉 참조).

2) 브랜드 자산의 의미 및 구성요소

브랜드 인지도, 연상 등에 의해 형성되는 **브랜드 자산**은 제품에 브랜드가 포함되면서 발생하는 추가적인 가치를 말하며 이는 제품의 가치를 보다 높여 주는 무형적이고 부가가치가 큰 자산이 된다. 윌리키(Wilikie, 1986) 및 파커(Farquhar, 1989) 등은 일찍이 "고객이 어떤 상표에 대하여 호감을 갖게 됨으로써 그 상표를 붙이고 있는 상품의 가치가 증가된 부분"을 브랜드 자산(brand equity)이라고 정의한 바 있는데, 브랜드를 전략적 관리의 대상으로 파악하여 브랜드 자산가치라는 용어를 사용하기 시작한 것은 아커가 1991년에 이를 정의하고 연구한 이후부터라고 할 수 있다. 다음에서는 아커(Aaker)와 켈러(Keller)의 브랜드 자산의 개념에 대하여 정리하였다(김정현, 유은아, 2016).

(1) 아커의 브랜드 자산

아커는 브랜드 자산이란 브랜드의 이름과 상징에 관련된 자산과 부채의 총체이며, 제품이나 서비스가 기업과 그 기업의 고객에게 제공하는 가치를 증가 또는 감소시키는 역할을 한다고 정의하였다. 그는 소비자 중심적인 동시에 마케팅 관리적인 시각에서 브랜드 자산의 근간을 이루는 브랜드의 자산과 부채는 브랜드 충성도, 브랜드 인지도, 지각된 품질, 브랜드 연상 이미지, 기타 독점적인 브랜드 자산으로 구성된다고 보았다.

먼저 브랜드 충성도란 소비자의 특정 브랜드에 대한 지속적인 재구매 성향을 말한다. 브랜드 충성도는 브랜드 자산의 가장 중요한 측면으로 볼 수 있어 브랜드 자산의 집약이라고도 한다. 브랜드 충성도는 경쟁자의 마케팅 활동의 영향력을 감소시키며 유통에서의 영향력도 증대시킬 수 있는데, 이는 소비자들이 브랜드 충성도가 높을 경우 그 브랜드를 항상 구입할 수 있기를 바라기 때문이다. 브랜드 충성도는 가격 프리미엄과 사용 만족도를 통해 측정한다.

둘째, 브랜드 인지도는 잠재 구매자가 어떤 제품군에 속한 특정 브랜드를 회상 또는 재인할 수 있는 능력을 의미한다. 소비자가 쉽게 브랜드를 떠올릴 수 있다는 것은 그만큼 소비자의 구매 결정에 영향을 미칠 수 있기 때문에 브랜드 자산이라 할 수 있다.

셋째, 지각된 품질은 반드시 그 브랜드에 대한 자세한 지식에 바탕을 둔 것은 아니지만, 구매자가 동기 부여가 되어 있지 않거나 자세한 분석을 할 수 없는 상황에서는 구매 결정과 브랜드 충성도에 직접적인 영향을 미친다. 그뿐만 아니라 품질이 좋게 인식되고 있는 경우 고가 정책을 쓸 수 있으며 이를 통해 브랜드 자산에 재투자할 수 있는 전체 수익까지도 만들어 낼 수 있다.

넷째, 브랜드 연상 이미지는 특정 브랜드가 소비자의 감각기관을 통해 받아들여져 해석되는 의미라고 할 수 있다. 브랜드 연상은 개별 브랜드에 대한 연상을 의미하지만 브랜드를 생산하는 기업의 이미지가 생성시키는 이미지도 포함된다. 브랜드 연상은 관점에 따라 제품으로서의 브랜드 가치, 사람으로서의 브랜드(브랜드 개성), 조직으로서의 브랜드(기업)로 구분할 수 있다.

마지막으로 특허, 등록상표 등과 같은 기타 독점적인 브랜드 자산은 경쟁사가 고객과 브랜드 충성도를 잠식하는 것을 막아 줄 수 있을 때 가장 가치가 크다. 예를 들어, 등록상표는 경쟁사들이 비슷한 브랜드명, 심벌, 패키지를 사용하여 소비자를 혼란시키려 할 때 효과가 있으며, 특허는 경쟁사와의 직접적인 경쟁을 막아 준다.

(2) 켈러의 브랜드 자산

앞에서 살펴본 아커의 견해에 비해 철저히 소비자 중심적인 모델을 제시한 켈러(Keller, 1993)는 브랜드 자산의 원천을 브랜드에 대해 소비자가 가지고 있는 지식구조(knowledge structure)로 보았다. 즉, 켈러에 의하면 소비자들은 브랜드에 관한 지식에 따라 기업의 브랜드 마케팅 활동에 대해 차별적인 반응을 보이는데, 여기서 브랜드 지식이 빚어내는 차별적인 효과가 바로 브랜드 자산이며 이는 브랜드 인지도와 이미지로 구성된다.

앞의 모델에서 브랜드 인지도는 브랜드 재인(브랜드가 단서로 주어질 때 브랜드를 떠올릴 수 있는 소비자의 능력)과 브랜드 회상(제품 범주 등이 단서로 제공될 때 브랜드를 떠올릴 수 있는 소비자의 능력)으로 구성된다. 브랜드 인지도는 소비자들이 제품 범주를 생각할 때 브랜드를 떠올리며, 브랜드 연상이 존재하지 않는 경우에서도 브랜드에 대한 의사결정에 영향을 미치고, 브랜드 연상의 형성과 강도에 영향을 미침으로써 소비자 의사결정에 영향을 준다는 점에서 중요하다.

다음으로 브랜드 이미지는 소비자의 기억 속에 있는 브랜드 연상을 반영한 것이다. 브랜드 연상의 유형에는 속성, 편익, 태도가 있는데 속성은 제품이나 서비스의 기술적인 특성으로, 편익은 제품이나 서비스 속성에 소비자가 부여한 개인적 가치

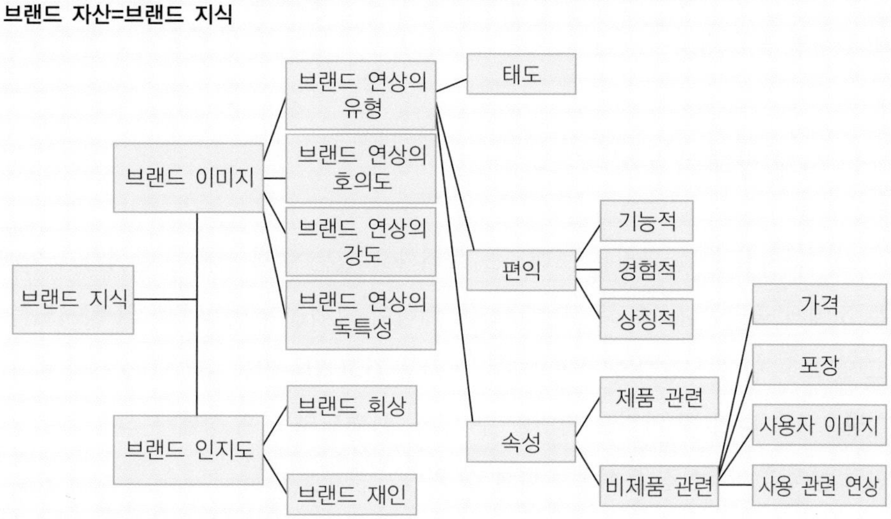

[그림 9-2] 켈러의 브랜드 자산 구성요소

로, 태도는 소비자의 브랜드에 대한 총체적 평가로 규정할 수 있다. 브랜드 연상의 호의도, 강도, 독특성은 특히 고관여 의사결정 상황에서 브랜드 자산을 구성하는 소비자의 차별적인 반응을 결정하는 데에 중요한 역할을 담당한다.

2. 브랜드 자산의 구축 과정

브랜드 자산이란 궁극적으로는 마케팅 활동에 대한 소비자의 차별적인 반응에 의해 실현되며 이는 곧 시장 점유율, 가격 프리미엄, 낮은 가격 탄력성과 같은 기업 자산으로 구체화된다. 따라서 기업은 강력한 브랜드 자산을 구축하기 위하여 다양한 마케팅 노력을 기울일 필요가 있는데, 이를 위한 일련의 활동을 브랜드 자산 구축 과정이라고 한다.

브랜드 자산 구축 과정은 '현재 상태의 분석 → 브랜드 아이덴티티 수립 → 브랜드 포지셔닝 설정 → 브랜드 커뮤니케이션 실행 → 브랜드 자산의 측정'의 5단계로 나누어 설명할 수 있다.

1) 현재 상태의 분석

브랜드 자산 구축 과정은 브랜드를 둘러싸고 있는 현재 상황을 분석하고 이해하는 것에서 출발한다. 즉, 우리 브랜드에 대하여 고객들이 어느 정도의 인지도를 갖고 있으며, 얼마나 강력하고 독특한 이미지를 갖고 있는지를 경쟁 브랜드와 비교 분석함으로써 강점 및 약점을 발견할 수 있다. 브랜드의 현재 상태 분석은 크게 내부환경 분석과 외부환경 분석으로 나눌 수 있다.

내부환경 분석은 '기업 내부의 한 사람 한 사람과 어느 정도 밀접한 관계를 맺고 있는가와 그 브랜드가 의미하는 비전을 얼마나 공유하고 있는가'의 관점에서 살펴볼 수 있다. 아울러 내부환경 분석에는 기존의 브랜드 이미지, 브랜드 전통, 브랜드 강 · 약점 등의 자사 브랜드에 대한 분석도 포함된다. 구체적으로 소비자들이 자사 브랜드를 어떻게 지각하고 있는가? 경쟁 브랜드와는 어떻게 다른가? 그동안 자사의 브랜드 이미지는 어떻게 변해 왔는가? 세분시장에 따라 브랜드 이미지가 다른가? 자사 브랜드는 어떤 유형의 브랜드 개성을 갖고 있는가? 등에 대한 정보를 수집하여 분석한다. 또한 브랜드의 강 · 약점 분석은 특정 브랜드가 자사 내의 다른 브랜드와 관련하여 수행하는 역할을 규명하는 데에 도움이 된다.

외부환경이란 소비자와 브랜드가 만나는 유형/무형의 모든 상황을 총칭해서 말한다. 따라서 소비자를 둘러싼 환경일 수도 있고, 소비자의 마음과는 무관하지만 브랜드 선택에 영향을 미치는 사회의 경제적 상황, 소비자와 브랜드가 직접 만나는 장소, 경쟁 브랜드의 위치 등 모든 것을 포함한다. 외부환경 분석은 크게 시장환경 분석, 경쟁사 분석, 소비자 분석으로 나눌 수 있다. 시장환경 분석에는 경제지표, 경제전망 등 경제적 상황에 대한 분석, 브랜드와 소비자가 만나는 장소에 대한 분석, 소비자와의 커뮤니케이션, 제품의 성격에 대한 분석 등이 다뤄져야 한다. 또 경쟁사는 외부환경을 구성하는 중요한 변수이다. 따라서 시장에서 경쟁사의 위치, 소비자에게 인식된 경쟁 브랜드의 아이덴티티와 그들의 강 · 약점 등을 파악하여야 한다. 그뿐만 아니라 성공적인 브랜드 자산 관리를 위해서는 소비자들의 니즈를 알아내어 그들이 원하는 제품을 만들어 냄으로써 브랜드에 대해 긍정적으로 생각하고 제품을 구매하도록 해야 하므로 이를 위해선 소비자 분석이 선행되어야 한다(김정현, 유은아, 2016).

최근 들어 빅데이터를 활용한 내부/외부환경 분석이 활발히 이루어지고 있다. 즉, 빅데이터는 일반적으로 데이터베이스, 소프트웨어로는 관리하기 어려운 정도의 큰 규모의 대용량 데이터를 의미하며, 이러한 데이터를 활용하고 분석하여 가치 있는 정보를 추출하고 생성된 지식을 바탕을 전략적으로 활용하기 위한 기술을 말한다. 따라서 빅테이터를 활용하여 소셜네트워크상의 연결구조 및 연결강도 등을 분석하여 사용자들 간의 영향력을 측정하거나, 소비자들이 원하는 것들을 분석하고 전략을 수립하는 데에 주요 정보원으로 사용된다.

2) 브랜드 아이덴티티 수립

브랜드 아이덴티티란 소비자들이 브랜드에 대한 전반적인 지각을 형성하는 데 영향을 주는 브랜드 구성요소들의 결합으로 기업 또는 브랜드 전략가가 창조하거나 유지하기를 열망하는 다양한 브랜드 연상의 집합이라고 할 수 있다(Aaker & Joachimsthaler, 2000).

브랜드 아이덴티티는 종종 브랜드 이미지와 혼용되고 있는데 이 둘은 공통되는 부문은 존재하지만 그 범위에 있어서는 분명 차이가 있다. 브랜드 이미지란 소비자가 브랜드를 어떻게 인식하고 있는가를 형상화한 것, 즉 소비자에게 비춰지고 있는 브랜드의 모습이다. 따라서 브랜드 이미지는 소비자에게 비춰지는 모습, 즉 결과로서의 브랜드의 모습(result 개념)인 반면 브랜드 아이덴티티는 비춰지고자 하는 모습, 즉 계획한 브랜드의 모습(planning 개념)인 것이다. 따라서 브랜드 아이덴티티의 수립은 브랜드 비전과 목표의 정립에서 시작한다고 할 수 있다.

브랜드 아이덴티티는 종종 브랜드 이미지와 혼용되고 있는데, 브랜드 이미지란 소비자가 브랜드를 어떻게 인식하고 있는가를 형상화한 것, 즉 소비자에게 비춰지고 있는 브랜드의 모습, 결과로서의 브랜드의 모습(result 개념)인 반면 브랜드 아이덴티티는 비춰지고자 하는 모습, 즉 계획한 브랜드의 모습(planning 개념)이라고 할 수 있다. 다시 말해, 요컨대 과거부터 현재까지 소비자에게 쌓여 온 경험의 합이 브랜드 이미지라면, 브랜드 아이덴티티는 현재 그리고 미래에 소비자에게 제시되어야 할 브랜드의 모습이자 비전, 목표인 것이다. 따라서 이 둘 간에 겹치는 부분이 많을수록 이상적인 브랜드에 근접했다고 할 수 있다.

브랜드 아이덴티티를 확립하기 위해서는 다양한 브랜드 구성요소들, 즉 브랜드 네임, 로고, 캐릭터, 디자인, 슬로건, 징글, 개성 등을 정비해야 하는데, 이 경우에 사용되는 일반적인 기준은 다음과 같다(Keller, 2008). 아울러 브랜드 아이덴티티 확립에 필수적인 다양한 브랜드 구성요소 가운데, 특히 소비자와의 정서적 유대 강화의 원천으로 작용하는 브랜드 개성과 관련하여 요인분석을 통해 다양한 브랜드에 적용 가능한 브랜드 개성의 5차원을 개발한 제니퍼 아커(Jennifer Aaker)의 척도를 다음에 소개하였다.

- 기억 용이성(memorability): 재인 및 회상이 잘 발생함
- 의미성(meaningfulness): 설명력과 설득력이 있음
- 호감성(likability): 미학적인 즐거움과 흥미를 줌
- 전이성(transferability): 제품군 내에서 및 제품군을 넘나들면서 전이가 잘 발생함
- 적응성(adaptibility): 유연함 및 적용 가능성이 높음
- 보호 가능성(protectability): 법적으로 또는 경쟁자들로부터 보호 가능성이 높음

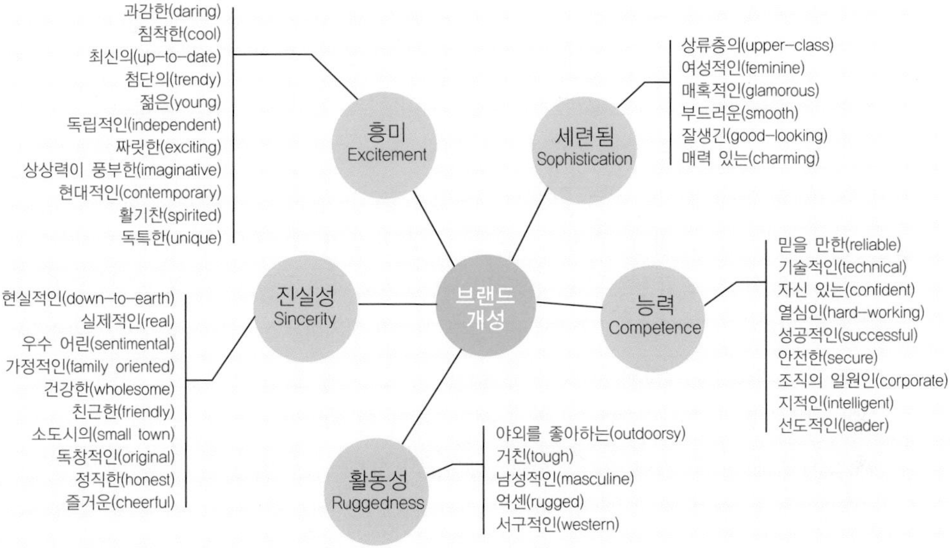

[그림 9-3] 제니퍼 아커의 브랜드 개성

출처: Aaker (1997): 서용구, 구인경(2017)에서 재인용.

친근함을 확보하라! 금융권 브랜드의 캐릭터 마케팅

전통적인 관점에서 은행은 신뢰성을 기반으로 하는 서비스 특성상 광고나 마케팅에서 중후하고 믿음직한 중년의 남성 모델이 단골로 활용되었다. 그러나 최근 인터넷과 모바일 기반의 은행들은 캐릭터 마케팅에 열을 올리고 있다. 먼저 인터넷 전문은행인 카카오뱅크의 '카카오 프렌즈'는 은행 캐릭터 마케팅의 실질적인 시작이자 강호로 평가된다. 국민 메신저 카카오톡으로 이미 두터운 팬층을 확보한 캐릭터를 카카오뱅크의 상품마다 입혔다. 특히 라이언은 '라 전무' '라이언 전무'로 불리며 고객들에게 서비스를 주목시키는 역할을 톡톡히 하고 있다. 카카오뱅크는 광고캠페인뿐 아니라 서비스 개발에 있어서도 캐릭터를 적극적으로 활용하였는데 은행 계좌 개설이나 체크카드 등에 기존 여타 체크카드 디자인과 전혀 다른 자사의 카카오 캐릭터를 활용하여 젊은 소비자층의 주목을 이끌며 성공적인 실적을 보여 주었다.

이에 기존의 다른 은행들도 캐릭터를 적극적으로 활용하고 있다. 우리은행은 영유아 고객들을 공략하기 위해 '핑크 퐁' '아기 상어' 등의 캐릭터를 보유한 스마트스터디와 업무협약으로 관련 상품, 서비스 개발 등에 박차를 가할 예정이다. NH농협은행은 '개구쟁이 스머프' 캐릭터로 어린이들의 동심과, 동심으로 돌아가고 싶은 어른들의 마음도 저격했다. 이달 주택청약 종합통장에 가입하는 고객들이 스머프 종이통장을 선택할 수 있도록 했다. 만 13세 이하 어린이 가입고객들에게는 색칠놀이용 스머프북도 선물한다. 또한 SC제일은행은 우리나라에서 선풍적인 인기를 모은 '마블'의 캐릭터로 좋은 반응을 얻었다. 지난 3월 SC제일은행은 아이언맨과 캡틴 아메리카 등으로 유명한 '어벤져스'와 '블랙 팬서'를 모델로 디자인한 새로운 마블 체크카드와 통장을 출시했으며 지난해 4월 국내 금융권 최초로 월트디즈니 컴퍼니 코리아와 제휴 협약을 체결하면서 마블뿐 아니라 미키마우스, 곰돌이푸의 사용권도 따냈다. 자체 캐릭터를 개발해 활용하는 은행들도 등장했는데 농협은행의 공룡 캐릭터인 '올리'와 어미새 '원이', KB국민은행의 '리브', 신한은행의 '쏠' 등이다.

브랜드 캐릭터가 가진 가치는 서비스나 제품이 브랜드 정체성을 강화하는 데 있어 고객들에게 좀 더 쉽고, 친근하게 다가가 좀 더 오랜 시간 기억할 수 있는 인격체로서 자격을 부여한다는 점이며 이는 브랜드에 개성을 불어넣는다. KFC나 미쉐린 같은 브랜드를 보면 브랜드 캐릭터가 가진 힘이 얼마나 큰지 알 수 있다.

[그림 9-4] 금융권 브랜드 캐릭터

글 출처: 아이뉴스(2019. 5. 25.); 더 피알(2017. 10. 26.).
그림 출처: 뉴스핌(2017. 2. 9.).

3) 브랜드 포지셔닝 설정

브랜드 포지션이란 브랜드 아이덴티티의 일부로서 목표소비자에게 적극적으로 커뮤니케이션되는 것을 말하며, 포지셔닝은 알 리스(Al Ries)와 잭 트라우트(Jack Trout)가 1972년 『에드버타이징 에이지(Advertising Age)』에 '포지셔닝 시대의 도래(The Positioning Era Comes)'라는 글을 게재하면서 시작되었다.

브랜드 포지셔닝의 설정이란 브랜드가 고객의 마음속에서 유리하고 독특한 위치를 차지하도록 만들기 위하여 브랜드 아이덴티티를 구성하는 여러 요소 가운데 어떤 것을 전략적으로 차별화시켜 소비자와 적극적으로 커뮤니케이션할 것인가를 결정하는 활동이라고 할 수 있다. 따라서 브랜드 포지셔닝은 광고와 깊은 관계를 맺고 있다. 특히 오늘날과 같은 과잉 커뮤니케이션 시대에서 소비자의 기억 속에 자리 잡기 위해서는 경쟁사 포지셔닝과 차별화되고, 신뢰할 수 있어야 하며, 지속성이 있어야 하고, 조직에 적합한 것이어야 하며, 고객의 마음속에 가치가 부여된 것이어야 한다. 이러한 브랜드 포지셔닝은 치열한 경쟁으로부터 제품 및 서비스 브랜드가 경쟁우위를 가질 수 있는 편익을 결정하는 것이다. 따라서 성공적인 브랜드 포지셔닝은 기업조직 및 브랜드의 전략적 방향성을 제시해 준다.

효과적인 브랜드 포지셔닝은 다음의 다섯 가지 요건이 충족된 것이어야 한다(Scott, 2000: 김정현, 유은아, 2016에서 재인용).

- 가치(value): 현재의 목표 시장에서 가치를 가지고 있는가?
  - 경쟁 브랜드와 비교하여 우리 브랜드를 선택하도록 동기가 유발될 수 있는가?
  - 고객의 핵심적인 요구를 대변해 주며 충성도를 얻는 데 도움이 되는가?
  - 주요 고객에게 다양한 부문에 걸쳐 가치를 부여하는가?
- 차별성(uniqueness): 경쟁적 우위를 가지고 있는가?
  - 고객에게 우리 브랜드만이 제공할 수 있는 것으로 인지되고 있는가?
  - 우리의 포지셔닝은 다른 경쟁적 포지셔닝과 명백한 차이가 있는가?

- 우리의 포지셔닝은 명백하게 커뮤니케이션되고 쉽게 이해될 수 있는가?
- 신뢰성(credibility): 시장에서 신뢰할 만한 것인가?
  - 우리 고객들이 신뢰할 만한 내용인가?
  - 우리 포지셔닝이 신뢰받기 위해서 반드시 제공되어야 할 것은 무엇인가?
  - 현실적으로 달성 가능한 것인가?
- 지속성(sustainability): 지속성을 가질 수 있는가?
  - 지금의 포지셔닝을 3~5년 후에도 지속적으로 가져갈 수 있는가?
  - 고객 요구 및 관점의 변화에 대응하기 위해 지속적인 소비자 조사를 하고 있는가?
  - 내외부적으로 현재의 포지셔닝이 얼마 동안이나 지속될 수 있는가?
- 적합성(fit): 조직의 성격에 적합한가?
  - 기업이 달성하고자 하는 목표에 도움을 주는가?
  - 기업의 이윤 향상에 기여하는가?
  - 기업의 내부고객(종업원)이 포지셔닝에 함께 참여할 수 있는가?

이상의 질문에 대한 답을 통해 브랜드 포지셔닝 수립 시 고려해야 할 사항들이 무엇인지에 대한 해답을 찾을 수 있다.

4) 브랜드 커뮤니케이션 실행

브랜드 포지셔닝 다음은 이를 토대로 마케팅 커뮤니케이션 활동을 계획하고 고객과의 커뮤니케이션을 실행에 옮기는 단계이다. 브랜드를 고객에게 알리는 행위인 실행은 어떤 매체와 방식을 통해 고객과의 커뮤니케이션을 시도할 것인가를 결정하는 것이다. 따라서 브랜드 자산의 효과적인 구축 여부는 이전 단계에서 수립된 브랜드 아이덴티티 가운데 포지셔닝을 설정하여 통합 마케팅 커뮤니케이션(Integrated Marketing Communication: IMC)을 얼마나 효과적으로 실행하는가에 달려 있다고

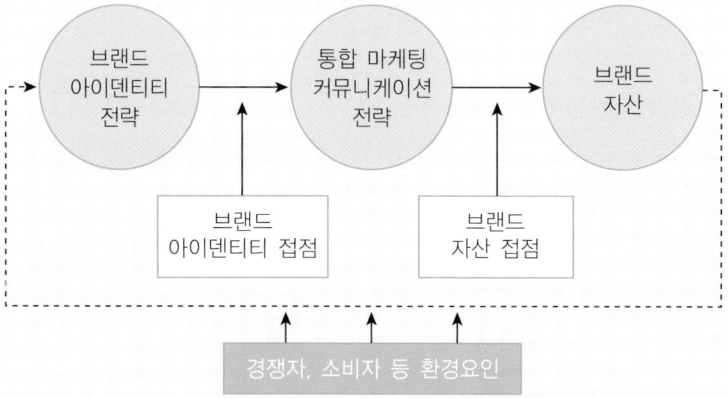

[그림 9-5] 브랜드 자산 접점 모형

출처: Madhavaram, Badrinarayanan, & McDonald (2005): 우석봉(2016)에서 재인용.

볼 수 있다. 이와 관련하여 슐츠, 타넨바움과 라우터본(Schultz, Tannenbaum, & Lauterborn, 1993)은 '소비자 접점'(소비자의 브랜드에 대한 모든 경험)의 중요성을 강조하였는데 브랜드 커뮤니케이션 역시 브랜드-소비자 접점 관리를 통해 브랜드 자산을 구축하는 과정이라고 볼 수 있다.

브랜드 커뮤니케이션 실행에서의 핵심은 다양한 커뮤니케이션 도구들을 최대한 전략적으로 활용하여 소비자의 행동에 영향을 미칠 수 있는 IMC 프로그램을 개발, 실행하는 것이다. 즉, IMC는 최대의 커뮤니케이션 효과를 거두기 위하여 광고, DM, 프로모션, PR 등 다양한 커뮤니케이션 수단의 전략적인 역할을 비교, 검토하고 명료성과 일관성을 높여 총괄적 계획의 부가가치를 창조해 내는 커뮤니케이션 활동이라고 할 수 있다. 따라서 다양한 커뮤니케이션 도구를 협의의 개념에서의 촉진 수단으로 인식하지 말고, 오케스트라(orchestration) 시각에서 가격, 유통경로, 제품 자체 모두가 소비자와의 커뮤니케이션 수단이며 모든 마케팅 활동은 소비자에게 일관된 이미지를 주기 위해 통합적으로 관리해야 한다는 광의의 관점에서 마케팅 믹스 활동 전반을 IMC 수단으로 생각해야 한다.

EDEKA의 'Home For Christmas' 캠페인: 스토리텔링과 IMC

2015년 독일에서는 한 편의 크리스마스 광고가 소비자들의 감동을 이끌어 내며 큰 화제가 되었다. 바로 EDEKA의 'Home For Christmas' 캠페인이다. 이 캠페인은 이듬해인 2016년 칸느 광고제 Film Craft 부문과 Integrated 부문 및 뉴욕 페스티벌 Film 부문에서 수상하며 다시 한번 세계적인 관심을 받게 된다.

먼저 이 광고는 스토리의 따뜻함으로 인해 보는 이의 마음을 움직이는데 광고의 내용은 바쁘다는 핑계로 가족과의 만남을 소홀히 여기는 우리들의 모습을 대변해 준다. 광고 속 혼자 사는 노인은 매해 크리스마스면 혼자 들기 버거울 정도로 마트에서 장을 보지만 '바쁘다'는 핑계로 자식들이 오지 않아 늘 혼자 보내곤 한다. 그러던 중 노인의 자식들은 세계 각국에서 아버지의 '부고'를 듣게 되고 후회의 눈물을 흘리며 한 걸음에 달려오게 된다. 하지만 자식들을 반긴 것은 다름 아닌 '살아 있는 아버지'이고 모처럼 모인 가족들은 크리스마스에 즐겁고 행복한 시간을 보내게 된다.

'Home for Christmas'는 공개 첫날 페이스북과 유튜브에서 1,500만 조회 수를 기록하며 전 세계 사람들에게 가족의 소중함을 알렸다. 특히 이 광고캠페인은 단지 영상광고뿐 아니라 인쇄광고와 PR 등 다양한 커뮤니케이션 수단들을 적절하게 활용하여 수단 간 시너지효과를 극대화함으로써 통합적 마케팅 커뮤니케이션의 중요성을 보여 주는 좋은 사례이다.

[그림 9-6] EDEKA의 'Home For Christmas' 캠페인

글 출처: HS애드 홈페이지.
그림 출처: 스투시의 Marketing&AD Factory 블로그.

5) 브랜드 자산의 측정

'측정 가능해야 관리 가능하다(Measurable is manageable)'라는 말이 있듯이 어떤 자산을 관리하려면 그 자산의 가치를 측정할 수 있어야 한다. 브랜드의 경우도 예외는 아니다. 브랜드 커뮤니케이션을 실행한 뒤에는 반드시 그 효과의 검증이 필요하다. 정기적으로 브랜드 자산의 가치를 측정함으로써 현재 상태를 파악할 수 있고 브랜드 자산을 강화 또는 활용할 수 있는 전략을 마련할 수 있기 때문이다. 즉, 정기적인 브랜드 자산가치 측정을 통해 자산가치를 높이는 데 기여한 주요 브랜드 자산 원천은 무엇이며, 소비자의 브랜드 지각과 브랜드 태도 형성에 토대가 된 브랜드 구성요소와 커뮤니케이션 프로그램이 무엇인가를 파악할 수 있다. 이는 브랜드의 건전성을 파악하고 브랜드 자산의 장기적 극대화를 위한 커뮤니케이션 프로그램을 개발, 변경하는 데 활용될 수 있다(김정현, 유은아, 2016).

날스(Knowles, 2005)는 브랜드 자산가치의 효과적인 측정을 위하여 다음과 같은 세 가지 원칙을 제시하고 있다.

- 브랜드를 회계적으로 평가하기 위해 마케터는 브랜드 미래의 현금흐름 창출능력을 측정해야 한다.
- 마케터는 고객의 태도 변화만으로는 현금흐름을 창출해 내기 어렵기 때문에 행동변화를 유도하여 가치를 창출할 수 있어야 한다.
- 마케터는 브랜드가 제품의 기능성에 부가하는 정서적 요소의 원천들을 잘 파악할 수 있도록 브랜드 자산가치를 측정해야 한다.

브랜드 자산을 측정하는 대표적인 조사로 영국의 브랜드 관련 전문 컨설팅 다국적 기업인 인터브랜드의 조사가 있다. 이 조사에서는 브랜드 자산을 기업의 자산, 즉 유동성(liquidity)으로 보고 재무제표상의 가치를 분석한다. 즉, 인터브랜드는 매년 5대륙에 흩어져 있는 직원들이 추천한 약 1,200개의 기업 리스트를 작성한 후 이 가운데 500개 업체를 선정하여 각 브랜드의 마케팅적인 요소를 점수화한다. 이를 위하여 브랜드 강도에 해당하는 7가지 요인들[브랜드 리더십(25%, 시장에 영향을 줄 수 있는 브랜드의 능력이나 강력한 시장점유율을 가질 수 있는 지배적인 힘), 안정성(15%, 소비자 충성도에 기초하여 오랜 기간 동안 브랜드가 존속하는 능력), 시장(10%, 성장 또는 소멸 가능성, 진입 장벽 등 브랜드 환경), 국제성(25%, 지역적 및 문화적 경계를 넘나드는 능력), 트렌드(10%, 그 시대에 지속적으로 남아 있을 수 있는 능력), 브랜드에 대한 회사의 지원 정도(10%, 마케팅 및 커뮤니케이션 활동의 양과 일관성), 보호(5%, 브랜드의 법적인 소유권 등)]을 평가하여 승수를 구한다. 이러한 요인들을 평가하고 승수를 구하여 최종적으로 얻은 브랜드의 자산가치는 브랜드 자체의 가치뿐만 아니라 영업력, 간접비 전략, 가격 전략, A/S 등과 같은 기업의 다양한 측면이 포괄적으로 빚어낸 가치에 대한 평가로 볼 수 있기 때문에 기업 활동의 전반적인 면에서 볼 때 유용한 가치평가 방법이라고 할 수 있다.

표 9-2 브랜드 에쿼티 10

브랜드 자산 구성요소	브랜드 에쿼티 10	측정문항
브랜드 충성도	가격 프리미엄	유사한 편익을 제공하는 다른 브랜드보다 얼마를 더 지불하고서라도 이 브랜드를 구매하고자 하는가?
	만족도/충성도	이 브랜드는 나의 기대를 충족시킨다.
지각된 품질/리더십	지각된 품질	이 브랜드는 다른 브랜드보다 품질이 좋다.
	리더십	이 브랜드는 다른 브랜드보다 선도(혁신)브랜드이다.
브랜드 연상/차별화	지각된 가치	이 브랜드는 가격 대비 가치가 크다.
	브랜드 개성	이 브랜드는 개성이 있다. / 깊은 역사를 지닌다.
	조직 연상	이 브랜드는 신뢰할 수 있는 회사 제품이다.
브랜드 인지도	인지도	이 브랜드를 들어 본 적이 있다.
시장 상황	시장 점유율	소비자 사용 습관 또는 시장 조사
	가격/유통 커버리지	이 브랜드를 파는 매장의 비율

한편, 아커(Aaker, 1996)는 자신의 책『브랜드 자산관리(Managing Brand Equity)』에서 발전시킨 브랜드 자산의 4가지 차원(브랜드 충성도, 지각된 품질, 연상 이미지 및 인지도)을 토대로 다양한 시장 및 제품에 적용할 수 있는 브랜드 자산 측정방법인 '브랜드 에퀴티(brand equity) 10'을 제안하였다. 브랜드 에퀴티 10은 영앤루비컴사의 브랜드 애셋 밸류에이터(The Young & Rubicom Brand Asset™ Valuator, 소비자의 마음속에서 브랜드가 어떠한 가치를 만들어 내는가를 측정함) 및 토탈리서치사(Total Research)의 에퀴트렌드(EquiTrend, 매년 지각된 품질, 브랜드 지식, 이용자 만족도로 브랜드 자산을 측정함)의 영향을 받은 것으로 구체적인 항목은 〈표 9-2〉와 같다.

3. 브랜드 자산의 관리 전략

앞서 살펴본 브랜드 자산 구축 과정의 마지막 단계인 브랜드 자산측정 결과를 토대로 각 브랜드 자산의 상태에 적합한 전략을 수립해야 한다. 먼저 기존 브랜드의 건강 상태가 양호한 경우에는 브랜드 자산 강화 전략 및 브랜드 확장 전략을, 허약한 상태일 경우에는 브랜드 재활성화 전략을 고려해야 한다.

1) 브랜드 자산 강화 전략

브랜드 자산 강화 전략은 브랜드의 일관성 유지 및 관리, 브랜드 자산의 원천(source) 보호, 브랜드 자산의 강화(fortifying)와 활용(leveraging) 간의 균형, 브랜드 자산의 강화를 위한 마케팅 프로그램의 개발 및 실행의 네 가지 측면에서 살펴볼 수 있다.

우선 브랜드 자산의 강화에서 가장 중요한 사항은 브랜드에 대한 마케팅 지원의 규모와 브랜드의 핵심적인 본질에 대한 일관성을 유지하는 것이다. 이는 브랜드 연상의 강도와 호감도를 유지하는 데에 필수적이다. 이는 국내외적으로 지난 수십 년간 시장 선도자 위치에 있던 브랜드들(코카콜라, 맥도날드, 버드와이저, 오리온 초코파이, 대웅제약 우루사 등)을 보면 쉽게 알 수 있다.

그뿐만 아니라 지금의 건강한 브랜드 자산을 유지할 수 있도록 만들어 준 기존 브랜드 자산의 원천이 소비자에게 여전히 가치 있는 것으로 인식될 경우 이를 지속적으로 관리, 보호해야 할 필요가 있다. 그러나 기존 브랜드에 새로운 연상을 추가하고자 할 때 또는 브랜드의 의미를 확장하고자 할 때 기존 브랜드 자산의 원천의 가치를 간과하는 실수를 저지르지 않도록 각별히 유의해야 한다.

또한 기존 브랜드 자산을 강화하기 위한 마케팅 활동과 이윤 증대를 위해 기존 브랜드 자산을 활용하는 마케팅 활동 사이에는 일종의 반비례 관계가 형성된다. 따라서 기업 입장에서는 광고비를 줄이고 경쟁사보다 높은 가격을 책정하고 여러 확장제품을 출시하는 것과 같이 브랜드 자산을 활용하여 수익을 극대화시키는 마케팅 프로그램을 개발할 수 있다. 그러나 이러한 시도가 많아질수록 기존의 인지도나 이미지를 유지 향상시킴으로써 브랜드를 강화해 주는 마케팅 활동들을 간과하기 쉽기 때문에 기존 브랜드 자산의 원천이 무시되거나 희석될 가능성이 커진다. 따라서 기존 브랜드 자산의 강화와 이의 활용 사이에는 적절한 균형이 필요하다(김정현, 유은아, 2016; 안광호, 한상만, 전성률, 1999).

마지막으로 브랜드 자산 강화를 위한 마케팅 프로그램은 브랜드 자산의 유지 및 강화에 기존 프로그램이 적절하지 못하다는 결론이 내려졌을 경우를 제외하고는 지속적으로 일관성을 유지하면서 개발 및 실행이 이루어져야 한다.

2) 브랜드 자산 확장 전략

브랜드 자산 확장 전략이란 높은 자산 가치를 지닌 브랜드를 적극 활용하여 신제품을 출시할 때 이를 사용하는 것을 말한다. 따라서 이 전략은 기존 브랜드의 안정적인 브랜드 인지도와 연상을 기반으로 하기 때문에 비용을 절감하면서 마케팅 고효율을 높일 수 있는 전략이다(Blackett, 1991; Tauber, 1981). 브랜드 확장은 동일 제품 범주로의 확장(수직적 또는 수평적 라인 확장)과 다른 범주로의 확장(공동 브랜드, 콜라보 등)으로 나눌 수 있다.

성공적인 브랜드 확장은 여러 가지 장점을 지닌다. 예를 들어, 신상품을 내놓을 때 새로운 브랜드를 만들어서 새로운 이름을 붙이기보다는 이미 구축된 강력한 브랜드를 활용함으로써 마케팅 비용을 줄이고 신상품의 성공 가능성을 높일 수 있다. 또 기존 브랜드에 활력을 제공할 수 있고, 세분화된 소비자의 욕구를 충족시킬 수 있으며, 탄력적인 가격을 적용할 수 있고, 과잉 생산 설비를 활용할 수 있으며, 단기간 내에 매출을 증대시킬 수 있는 효과적인 방법으로 평가되어 널리 활용되고 있다.

한편, 브랜드 확장을 할 것인지 아닌지를 논할 때 신규 브랜드 육성과 성과 비교가 자주 이루어진다. 먼저 리스와 트라우트와 같은 브랜드 육성론자들은 신제품을 크게 성공시키기 위해서는 신규 브랜드의 육성이 절대적으로 필요하다고 주장한다. 이들은 원래 개성이 확실하게 다른 두 개의 상품에 같은 이름을 사용할 수 없다는 상식을 근거로 하여 브랜드를 확장할 경우 절대적으로 불이익이 유발될 수 있다고 주장한다. 경제성, 업계에 대한 수용성, 소비자 수용성, 저렴한 프로모션 비용은 인정하지만 장기적으로는 확장원인 모 브랜드를 포함하여 시장점유율과 매출의 감소 등 나쁜 결과를 초래할 우려가 있다는 것이다. 또한 이뿐만 아니라 안이한 브랜드 확장은 모브랜드의 좋은 이미지를 해칠 위험(희석 효과, dilution effect)도 존재하고 있다고 한다(Loken & John, 1993).

한편, 아커나 켈러 등의 브랜드 확장론자들은 신규 브랜드 육성에 비하여 브랜드 확장은 마케팅 비용이 적게 드는 점을 내세우고 있다. 신규 브랜드 육성에는 거대한 광고비가 들고 대규모의 공격적인 판매촉진 활동이 필요하며 유통경로를 확보하기 힘들다. 기존 브랜드를 활용함으로써 제품에 대한 주목도를 높일 수 있고, 신제품의 사용률을 향상시킬 수 있다는 조사 결과도 제시되었다. 또한 브랜드 확장을 통해 브랜드의 이미지를 강화하거나 활기차게 할 수 있고 현재의 유저와 잠재 유저들이 평가하는 브랜드 가치를 높일 수 있음을 지적하였다. 추가로 경쟁자들의 진입 기회를 차단하거나 진입 비용을 높일 수 있다고 주장한다(김정현, 유은아, 2016).

따라서 성공적인 브랜드 확장을 위해서는 〈표 9-3〉의 사항들을 면밀히 검토해야 할 것이다.

표 9-3 브랜드 확장 관련 중요 이슈 및 검토 단계

범주	브랜드 관리상의 중요 이슈	이슈별 상세 내용
브랜드 확장의 기본 명제	• 소비자들이 기억 속에 있는 모브랜드에 대한 긍정적 연상을 인지하고 있어야 한다. • 모브랜드의 일부 중요 긍정적 연상들은 브랜드 확장 시 떠오를 수 있도록 해야 한다. • 브랜드 확장을 통해 부정적인 브랜드 연상이 생성되지 않게 해야 한다.	
브랜드 확장과 브랜드 자산	브랜드 자산 가운데 긍정적인 모브랜드의 연상을 확장하기 위한 소비자 관련 세 가지 주요 요인	• 모브랜드 연상의 현저성 정도 • 브랜드 확장 관련 연상들의 선호 정도 • 확장 카테고리에서 예상되는 연상들의 독특성
	모브랜드 자산에 공헌하기 위해 소비자 브랜드 지식에 영향을 미치는 네 가지 주요 요인	• 확장 관련 브랜드 구성 및 제공 혜택에 대한 설득력 있는 증거 • 확장 증거의 관련성에 대한 소비자의 판단정도 • 확장 증거의 일관성 • 소비자 기억 속에 자리 잡은 모브랜드에 대한 브랜드 구성 및 혜택 연상들의 강도
브랜드 확장의 기회 평가 검토 단계	• 브랜드에 대해 실제 요구되는 소비자 지식에 대한 이해 • 가능한 확장 대안들 확인 • 3C 관점에서 잠재적인 확장 대안 평가하기(소비자, 기업, 경쟁 요소) • 브랜드 확장에 착수하기 위한 마케팅 프로그램 계획(브랜드 구성요소 선택, 최적의 마케팅 프로그램 설계, 2차적 브랜드 연상 레버리지) • 모브랜드 자산에 대한 확장 성공 여부 및 영향력 평가	

출처: 이명식, 양석준, 최은정(2014).

브랜드 확장: 아마존, 아마존 라이프를 꿈꾸다

1994년 작은 온라인 서점으로 출발한 미국의 아마존은 유통, 물류, 전자, ICT, 콘텐츠까지 다양한 업종으로 브랜드 확장을 꾀하였다. 아마존은 온라인으로 온갖 물건을 판매할뿐 아니라 클라우드 서비스를 제공하고 태블릿PC나 인공지능 스피커를 만들며 드라마와 영화를 제작해 배급하고 드론과 로봇으로 물류를 관리한다. 최근에는 오프라인에 서점과 쇼핑몰을 잇따라 열며 현실 세계에서도 존재감을 확대하고 있다.

그뿐만 아니라 아마존은 우리 생활의 의식주까지 깊숙이 스며들며 거침없이 확장하고 있다. 아마존은 이미 2014년 아마존 프레시(Amazon Fresh)를 통하여 신선식품 배달서비스를 본격화하고 2017년에는 프리미엄 식료품 매장 '홀푸드(Whole Foods)'를 인수하여 식료품 시장에 진출하였다. 특히 2019년에는 중저가 슈퍼마켓을 론칭할 계획인데 이 매장은 홀푸드가 유기농 식품을 다루는 프리미엄 매장이라면 새로운 슈퍼마켓은 미국 중산층을 겨냥할 새 매장으로 선보일 계획이다. 특히 새로운 식료품점이 아마존 브랜드를 쓸지는 아직 불투명하지만 아마존은 새 식료품점 브랜드를 확장하기 위해 각 지역에 있는 중소 식료품 체인을 인수할 계획도 있다고 아마존은 밝혔다.

한편, 주거생활에 있어서도 아마존은 조립식 주택을 판매하고 새로운 가구 브랜드를 론칭했다. 아마존에서 조립식 주택을 주문해 배달받기까지 약 한 달이 걸리는데 마지막으로

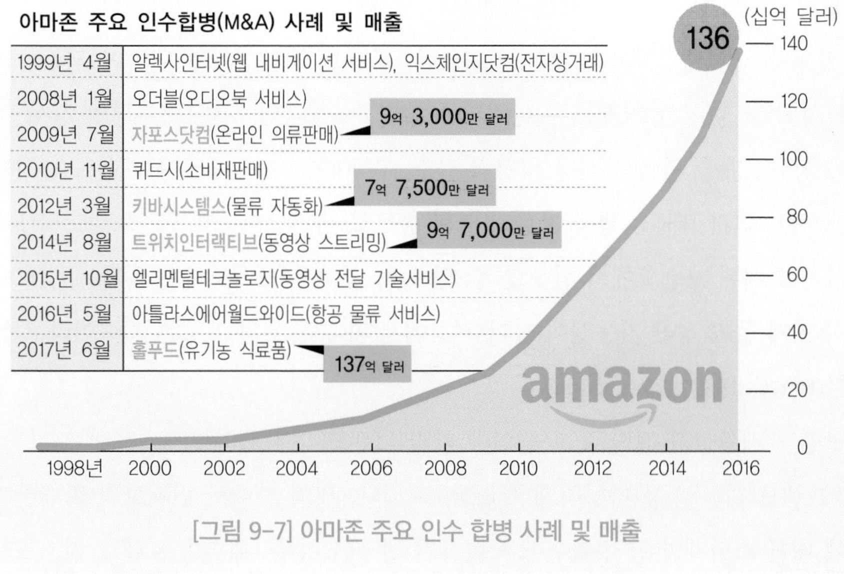

[그림 9-7] 아마존 주요 인수 합병 사례 및 매출

문 앞에 초인종 '링'까지 설치하면 언제 어디서든 집 앞 상황을 살펴볼 수 있다. 출근 전 인공지능(AI) 스피커 '알렉사'로 식료품을 주문하거나 코디 추천을 받을 수도 있다.

의(衣), 식(食), 주(住) 구석구석 아마존의 손길이 미치지 않는 곳이 없다. 업계에서는 현재 아마존이 영위 중인 스마트홈과 가구 이외에도 주택 판매를 비롯해 관련 사업을 확장해나갈 가능성이 크다고 보고 있다. 2017년에는 아마존 자체 가구 브랜드인 '리벳'과 '스톤 & 빔'을 선보였다. 리벳은 젊은 층을 겨냥해 이동 및 수납이 자유로운 1인 위주의 가구에 초점을 맞췄다. '스톤 & 빔'은 컨트리 모던 풍의 고급 가구 중심이다. 20여 년 전 단순히 책과 음반을 온라인으로 판매하기 시작한 아마존은 이제 전 세계 최대의 소매 유통업자이자 새로운 유통산업의 패러다임을 제시하는 기업이다. 아마존은 다양한 협업과 합병을 통하여 사업 및 브랜드를 확장하며 기업의 혁신적인 변화와 성공을 주도하고 있다.

글 출처: 매일경제(2019. 03. 03.).
그림 출처: 한국경제(2017. 06. 26.).

3) 브랜드 재활성화 전략

브랜드 재활성화는 소비자 기호의 변화, 경쟁자 또는 기술 혁신에 의한 신기술 등장 등의 환경 변화에 따라 기존 브랜드의 자산이 약화된 경우 브랜드에 활력을 불어넣어 브랜드를 재강화하는 것을 의미한다. 브랜드 재활성화의 원인이 되는 브랜드 자산의 약화 현상은 브랜드 이미지의 노후화, 부정적인 브랜드 연상의 강세, 시장 점유율이나 매출 면에서 시장 영향력 감소, TOM(Top of Mind)나 브랜드 충성도 등의 소비자 인지, 태도, 행동 자산의 약화 등으로 나타난다. 이러한 브랜드의 노후화 현상은 오래된 브랜드에서 발생할 수 있으며, 새로운 브랜드를 론칭하는 것보다 비용이 적게 들고 성공 가능성이 높아 시장에서 자주 활용되고 있는 전략이라고 볼 수 있다(Berry, 1988; Lehu, 2004).

브랜드 재활성화 전략은 그 원인에 따라 브랜드 인지도의 확대, 브랜드 리포지셔닝, 브랜드 리뉴얼 등 다양하게 수립될 수 있다. 먼저 브랜드 인지도의 확대란 브랜드에 대한 소비자의 인지 측면에서 문제가 발생한 경우, 예컨대 브랜드 인지도가 낮아졌거나(깊이/강도의 문제), 제한적인 연상만이 이루어지거나(넓이의 문제), 브랜드 활력이 약화되어 있을 때 브랜드 인지에 대한 깊이와 넓이를 확대하는 전략이다(Wansink & Ray, 1996). 특히 브랜드 인지도의 넓이 문제가 자주 논의되는데 이를 극복하기 위해서는 브랜드에 대한 새로운 용도를 개발하거나 소비를 확대할 수 있는 대용량 패키지나 가격할인과 같은 소비 촉진 마케팅 프로그램의 개발이 요구된다.

다음 브랜드 이미지의 노후화 문제가 발생했을 때에는 브랜드 이미지의 개선을 위한 브랜드 리뉴얼 전략이 요구된다. 브랜드 리뉴얼 전략은 브랜드 아이덴티티를 구성하는 요소들 중 하나 이상을 수정, 변경함으로써 노후화된 이미지를 개선하거나 새로운 이미지를 부가적으로 창출하기 위한 전략이다.

한편, 현재의 브랜드 포지셔닝이 경쟁 브랜드의 포지셔닝이나 트렌드 변화에 따라 경쟁력을 상실했거나 해당 세분시장의 크기나 수익성이 낮아 새로운 시장으로 이동해야 할 때, 혹은 브랜드 포트폴리오 구성면에서 내부의 타 브랜드와 자기잠식효과(cannibalization)가 발생하고 있을 때 리포지셔닝을 검토해 볼 수 있다. 즉, 이러한 경우에는 시장환경에 맞추어 기존 제품을 새로운 세분시장에서 다시 포지셔닝해야 하는데 이를 브랜드 리포지셔닝이라 한다.

이상과 같이 브랜드 재활성화 전략들은 기본적으로 브랜드의 핵심 아이덴티티를 토대로 이루어져야 하며 마케팅 지원 역시 양과 질적인 측면 모두에서 일관성이 유지되어야 한다. 또한 주기적으로 브랜드 상태를 점검하고 소비자의 트렌드와 경쟁 브랜드의 움직임을 주시하면서 상황 변화에 적극 대처하는 자세를 유지하는 것이 필요하다(김정현, 유은아, 2016; 양문성, 2001).

브랜드 리포지셔닝: FILA '소비자의 감성'을 입힌 브랜드 리포지셔닝

FILA(이하 휠라)는 사실 100년이 넘는 유구한 역사를 지닌 브랜드이다. 휠라는 1911년 이탈리아에서 탄생했으며 나이키, 아디다스, 리복 등 글로벌 유명 스포츠 브랜드와 어깨를 나란히 하며 1991년 한국에 라이선스 형태로 들여왔다. 그러나 유럽 시장에서 큰 부진을 겪고 경영 상태가 불안정해지면서 휠라는 매각을 결정했다. 2003년 6월 휠라 코리아는 본사를 사들였고, 2007년 휠라 본사 인수 작업을 마무리했다. 휠라 코리아는 흑자 전환을 이끌었으나 나이키와 아디다스 같은 글로벌 스포츠 브랜드에 밀리기 시작하면서, 2013년부터 매출이 줄어 고전해야 했다.

이와 같이 브랜드가 정체와 쇠퇴기에 접어들자 휠라는 브랜드 리포지셔닝을 시도하였다. 그동안 골프, 테니스와 같은 스포츠 군에 주력한 만큼 3040세대 이상 '아재들'의 소비가 많이 이루어졌고, 등산화와 트레킹화 등 제품을 신상품으로 내놓아 휠라를 찾는 젊은 소비자는 극히 적었다. 이 때문에 고루한 이미지가 굳어졌다고 판단한 휠라는 젊은 브랜드 이미지를 제고하고 일명 'Z세대'를 비롯한 1020에게 어필하기 위해 아역배우 출신의 김유정을 광고모델로 새롭게 기용하며 광고캠페인을 통하여 더 젊어진 브랜드 이미지를 심어 주었다.

또한 제품 전략에 있어서 운동화를 주력상품으로 내세우며 오랜 개발 기간을 거쳐 테니스화의 복고 디자인에 현대적 감성을 입힌 '코트 디럭스'를 출시했다. 이 신발은 15개월 만에 100만 켤레 이상 팔렸다. 1분에 1.5켤레씩 판매된 셈이다. 아디다스와 나이키의 코트화 가격은 10만 원이 넘었지만, 휠라는 타깃층인 젊은 층의 소비행태를 고려하여 6만 원대로 제품을 출시

[그림 9-8] 휠라의 광고모델 김유정 및 '코트 디럭스'

했다. 이 신발은 '가성비(가격 대비 성능) 갑(甲) 운동화'로 불리면서 폭발적인 인기를 끌었다.

'휠라'는 젊은 층을 겨냥한 브랜드로 리포지셔닝을 단행하고 다양한 브랜드와의 협업으로 부활에 신호탄을 올리며 전년대비 30~40%의 신장률로 턴어라운드에 성공했다. 이러한 '휠라'의 광풍은 더욱 거세졌고 전년대비 2배 가까운 신장률로 스포츠를 넘어 패션 시장을 리드하기 시작했다. '휠라'의 사례는 오래된 브랜드가 브랜드 리포지셔닝을 통하여 어떻게 부활할 수 있는가에 대한 전략적 시사점을 제공해 준다.

글 출처: 시사저널(2019. 03. 21.).
그림 출처: 엑스포츠뉴스(2018. 05. 31.); 파이낸셜투데이(2019. 07. 12.).

이상과 같이 브랜드 자산관리 전략으로 브랜드 자산의 강화, 확장, 재활성화 전략에 대해 살펴보았다. 이러한 전략들과 더불어 브랜드 자산의 상태가 심각할 경우에는 브랜드 수확(harvest, 브랜드에 투자하지 않고 현금 흐름 확보)이나 축소(downsizing), 브랜드 퇴출(divesting)을, 시장 매력도가 여전히 높을 경우에는 신규 브랜드로 대체하는 등의 방법을 적극 고려해야 한다. 적절히 대처하지 못할 경우 회수 가능했던 자금을 회수하지 못할 뿐만 아니라 기업 포트폴리오상의 다른 브랜드에까지 부정적인 영향을 미칠 수 있기 때문이다.

제10장

B2B 디지털 마케팅 커뮤니케이션과 BRC

김영찬(연세대학교 경영대학 교수)

1. B2B 디지털 마케팅의 중요성
2. BRC를 활용한 디지털 마케팅
3. BRC의 활용 목적
4. BRC의 특징과 효과의 메커니즘
5. 마치며

◈◇◈

전통적으로 B2B 마케팅에서의 승리공식은 경쟁사보다 기술적으로 우수한 제품을 제공하거나 더 낮은 가격으로 제품을 제공하는 원가경쟁력을 갖추는 것이었다. 그러나 시장 불확실성이 증가된 상황에서 B2B 고객들은 구매와 사용의 전체 가치사슬과정에서 특정 분야에 국한되기보다는 토탈솔루션(total solution)을 제공받기를 원하기 시작하였다. 또한 제품이나 서비스에 관한 정보를 획득하는 커뮤니케이션 채널이 다양해지면서 양 또한 폭발적으로 증가함에 따라 제품에 관한 B2B 고객의 기대수준을 한껏 높여 놓았다. 이러한 시장변화에 따라 콜드콜(cold call)이나 대면영업(face-to-face sales)과 같은 전통적인 B2B 마케팅 커뮤니케이션 방식은 그 효과가 점점 줄어들고 있다. 최근의 조사결과 B2B 고객의 91%가 페이스북, 트위터, 블로그, 유튜브 등의 소셜미디어에서 구매정보를 얻는 것으로 나타났다. 이 중에서 43%는 정보획득을 넘어서 직접 제품에 대한 정보를 생성하고 공유한다고 응답하였다(Forrester Research, 2016). 향후 점점 더 많은 B2B 고객은 이러한 변화에 적응하면서 디지털 세계의 일원으로 참여하여 정보를 생성하고 공유할 것이다. B2B 기업들도 이러한 변화에 대응하고자 디지털 기술을 활용한 다양한 고객중심적 마케팅 활동을 시도하고 있다.

1. B2B 디지털 마케팅의 중요성

B2B 잠재고객이 온라인에서 구매정보를 적극적으로 탐색함에 따라 B2B 기업

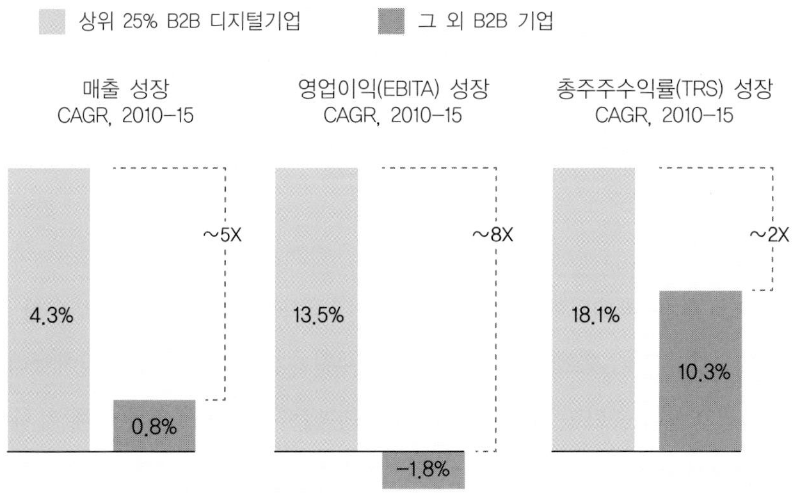

[그림 10-1] B2B 디지털 리더 기업들의 재무적 성과

출처: McKinsey Digital Quotient, Capital IQ, How B2B digital leaders drive five times more revenue growth than their peers(2016).

들은 디지털 기술에 기반한 인바운드(in-bound) 마케팅을 강화하고 있다. 글로벌 경영컨설팅 기업인 맥킨지(McKinsey)가 전 세계 200개 B2B 기업을 대상으로 실시한 분석에 따르면 고객접점에서 디지털 기술을 적극적으로 활용하는 디지털 리더(digital leader) 기업들이 매출과 영업이익 측면 모두 우수한 것으로 나타났다(McKinsey, 2016).

B2B 기업에 있어 디지털 마케팅이 중요한 이유는 세 가지로 정리할 수 있다(Miller, 2011). 첫째, B2B 디지털 마케팅은 기업의 경쟁력을 높여 준다. 기업은 디지털 기술을 활용해 현재 고객들과 더 효과적으로 커뮤니케이션하고 실시간으로 고객을 지원할 수 있다. 이것은 고객만족도(customer satisfaction) 상승으로 이어진다. 그뿐만 아니라, 새로운 세일즈 기회(sales leads)를 포착하고 거래를 성사시키는 과정에서도 유용하다. 최근 조사결과에 따르면 70% 이상의 B2B 고객이 구매의 첫 단계로 온라인에서 정보를 탐색한다고 응답하였다(Marketing Sherpa survey, 2014). 따라

서 잠재고객이 쉽고 빠르게 정보를 확보할 수 있도록 돕는 디지털 마케팅 채널을 운영하는 것은 필수적이다.

둘째, 많은 B2B 기업이 디지털 마케팅에 적극적으로 투자하기 시작했다는 사실이다. 이것은 우리 회사가 디지털 마케팅 도입에 주저하는 사이에 경쟁사에게 시장주도권을 빼앗길 수 있다는 것을 의미한다. 주요 B2B 기업들은 디지털 마케팅과 관련된 활동에 예산배정을 늘리는 추세이다. 3,347명의 B2B 마케팅 담당자들을 대상으로 한 이컨설턴시(eConsultancy, 2017)의 설문조사 결과 50%가 넘는 기업들이 소셜미디어, 콘텐츠 마케팅, 개인화 마케팅 등의 디지털 마케팅 채널에 투자를 늘릴 것이라고 응답하였다.

마지막으로, B2B 디지털 마케팅은 고객과의 일대일 관계형성이 용이하다. 디지털 채널은 큰 비용투자 없이 다수의 고객과 일상적인 실시간 쌍방향 커뮤니케이션을 가능하게 한다. 이것은 고객관계를 강화하는 데 매우 필수적인 요소로 작용한다. B2B 고객불만에 대한 조사에 따르면 문의에 빠르게 응답받지 못하거나 요구한 정보를 받

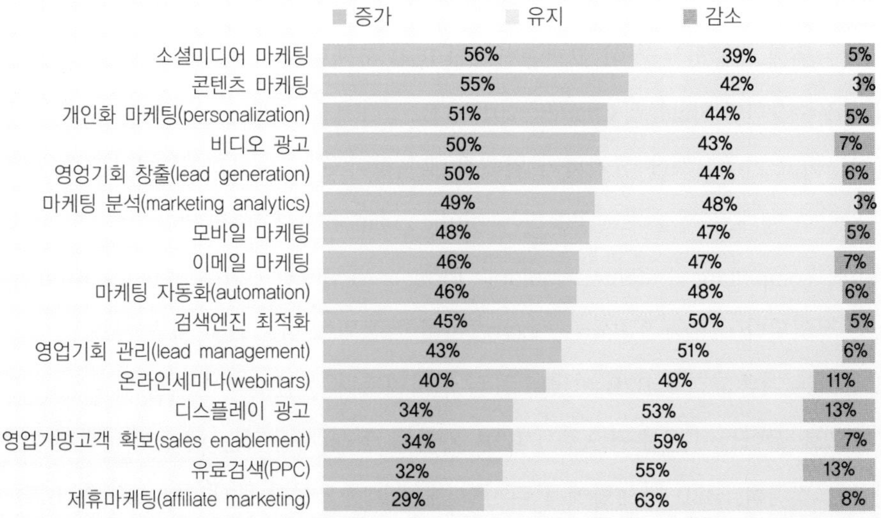

[그림 10-2] 2017년 B2B 디지털 마케팅 예산계획

출처: MarketingCharts.com; eConsultancy (2017).

지 못한 순간에 불만이 급증하는 것으로 나타났다(Angevine & Plotkin, 2017). 따라서 디지털 마케팅은 고객과의 장기적인 우호관계를 형성하고 유지하기 위한 B2B 커뮤니케이션 전략의 핵심으로 고려되어야 한다.

결론적으로, B2B 기업이 디지털 기술의 활용 효과를 극대화하기 위해서는 기술 자체는 물론, 전통적인 판매자(out-bound) 관점에서 디지털 채널을 통해 고객을 적극적으로 유인하고 획득해 가는 고객중심적(in-bound) 관점으로의 전환이 동시에 요구된다.

2. BRC를 활용한 디지털 마케팅

B2B 구매 의사결정은 일반적으로 공급기업의 전문적 역량에 대한 불확실성이 큰 상황하에서 이루어진다(Ford, 1980). 이러한 상황에서 B2B 고객은 온라인을 통해 실질적 니즈와 연관성이 높고 쉽고 빠르게 접근이 가능한 정보를 원한다. 이로 인해 B2B 디지털 마케팅 전문가들은 고객이 필요로 하는 적재적소의 정보를 효과적인 콘텐츠를 통해 제공하는 것이 고객중심적인 B2B 마케팅(in-bound marketing)의 핵심이라고 주장한다(Smith & Chaffey, 2013). B2B 디지털 마케팅 콘텐츠는 "잠재고객을 끌어들이고 기존고객을 유지하기 위해서 교육적이고 또는 고객이 필요로 하는 내용을 다양한 형태로 제작하고 공유하는 것(the creation and distribution of educational and/or compelling content in multiple formats to attract and/or retain customers)"으로 정의된다(Pulizzi & Barret, 2008). 이러한 정의에 따르면 디지털 콘텐츠는 잠재고객 또는 기존고객을 B2B 기업의 공식 웹사이트나 소셜미디어 계정과 같은 온라인 공간으로 끌어들이는 수단으로서 B2B 기업에 의해 사용되는 것을 의미한다. 앞서 언급한 것처럼, B2B 마케팅에서 디지털 채널의 중요성이 증대함에 따라서 B2B 마케터들도 다양한 디지털 콘텐츠를 활용하고 있는 상황이다.

B2B 기업의 디지털마케팅 콘텐츠 중에서 가장 널리 활용되면서 효과를 인정받고

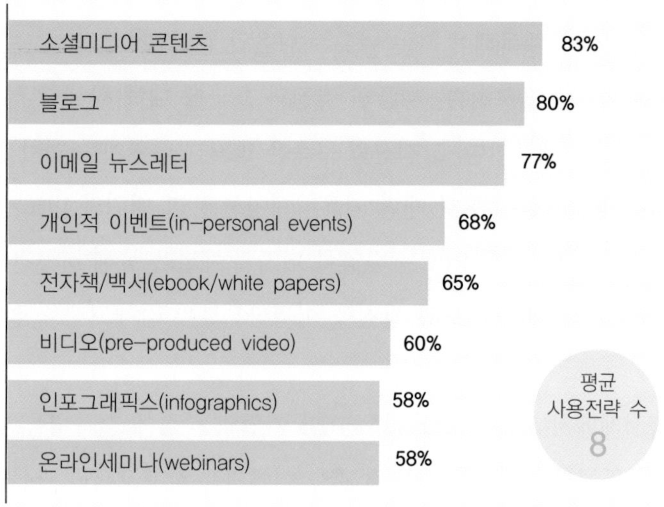

[그림 10-3] B2B 마케터들의 디지털 콘텐츠 활용현황

출처: 2017 B2B content marketing trend; Content Marketing Institute.

있는 것이 기존고객의 성공사례를 활용하는 방식이다. 제품의 전문성이나 가격 등을 고려하면 B2B 고객은 높은 수준의 구매위험을 감수하고 의사결정을 내린다. 이러한 상황에서 B2B 기업은 기존의 자사제품 구매고객 중 유사한 상황의 성공사례를 고객에게 제시함으로써 신규고객이 느끼는 구매위험 수준을 낮출 수 있다. 일반적으로 기존고객의 성공사례는 고객이 겪었던 구매 전의 문제점(pain points), 공급기업이 제공하는 솔루션에 대한 설명, 문제해결 결과와 이 과정에서 경험한 고객가치에 대한 관련 고객사들의 긍정적 설명 등으로 구성된다. 잠재고객은 기존고객의 사례를 자신의 상황에 대비시키면서 B2B 공급기업의 역량, 관계유지 방식, 구매 결과 등을 미리 이해하고 학습할 수 있게 된다. 연구자들은 기존고객의 성공사례를 활용하는 이런 방식의 B2B 마케팅 커뮤니케이션 활동을 **B2B 성공사례 마케팅**(Business Reference Content: BRC)으로 개념화했다. B2B 성공사례 마케팅은 "B2B 기업이 마케팅 커뮤니케이션을 목적으로 기존고객과의 관계 및 제공된 솔루션을 통해 창출된 고객가치를 활용해 콘텐츠를 제작하고 유통하는 활동"으로 정의된다(정창모, 이한근,

김영찬, 2017; Terho & Jalkala, 2017).

B2B 기업이 BRC에 주목해야 하는 이유는 다음과 같다. 첫째, BRC는 고객과의 신뢰관계를 구축하는 데 유용하다. 제품의 장점과 효과에 대해 상세한 정보를 일관성 있게 전달할 수 있기 때문이다. 고객신뢰 구축은 B2B 거래관계를 맺기 위한 첫 번째 단계다. 그러나 영업사원을 통한 대면 커뮤니케이션은 그 범위와 빈도, 시간에 물리적인 제약이 존재한다. 반면, BRC는 다양한 디지털 채널을 통해 시공간의 제약 없이 정기적으로 제품과 관련된 정보와 강점을 어필함으로써 잠재고객을 설득하기에 유리하다.

둘째, 성공사례에서 드러난 스토리는 B2B 기업의 주장에 설득력을 더한다. 기존고객이 경험한 구체적인 상황과 해결에 관한 이야기는 잠재고객의 관심과 몰입을 이끌어 내는 데 효과적이다. 고객들은 마케팅 메시지에 제시된 기존고객의 상황이 자신이 겪고 있는 문제와 유사성이 높다고 인식할 때 기업의 주장에 귀를 기울이고 나아가 높은 수용성으로 연결된다.

셋째, 불특정 다수를 대상으로 하는 일방적인 광고나 홍보방식은 더 이상 유용하지 않다. 커뮤니케이션은 쌍방향으로 이루어질 때 그 효과가 증가된다. B2B 기업은 BRC를 활용하여 온라인상에서 잠재고객을 끌어들이고 이들의 방문로그를 분석하거나 추가적인 설문조사 등을 통해서 니즈를 실시간으로 파악할 수 있다. 이러한 과정에서 새로운 영업기회(sales leads)를 발굴하고 실질적 계약단계로 연결하는 것이 가능하다.

넷째, B2B 상품과 서비스는 산업군이나 직무별로 상이한 특성을 보이는 고객의 상황에 적합한 문제해결을 목적으로 한다는 점이다. 잠재고객이 처한 특정한 문제를 해결할 수 있는 토탈솔루션을 제시하는 것은 B2B 고객을 설득하는 효과적인 방법이다. 또한 잠재고객 입장에서는 온라인상에서 기존고객들의 성공사례를 참조함으로써 언제, 어디서나 문제해결에 대한 종합적 정보를 쉽고 빠르게 얻을 수 있다.

이처럼 BRC는 B2B 기업의 고객중심적 디지털마케팅 활동으로서 중요한 역할을 수행한다. 디지털 세계의 폭발적인 성장을 고려할 때 B2B 기업들도 고객의 구매의사결정 과정과 행동변화에 대한 이해를 바탕으로 경쟁력 있는 콘텐츠를 제작하고 활용하는 것이 필수적인 상황이다. 따라서 성공적인 BRC가 되기 위해서는 고객이 해결하고자 하는 문제점과 관련이 높고 시의적절하며 명확한 사실에 근거한 주장을 담고 있어야 한다는 것이다.

3. BRC의 활용 목적

BRC의 가장 큰 장점은 앞서 언급한 바와 같이 기존고객을 통해 입증된 성공사례를 제공함으로써 신규(또는 잠재)고객의 인지된 구매위험을 효과적으로 낮출 수 있다는 것이다. 기존고객의 성공사례는 고객이 겪었던 구매 전의 문제점, 공급기업의 솔루션에 대한 설명, 문제점 해결 결과와 이 과정에서 경험한 고객가치에 대한 관련자들의 긍정적 묘사 등으로 구성된 구체적이고 신뢰할 수 있는 정보를 제공하기 때문이다. 잠재고객은 기존고객의 성공사례를 자신의 상황에 대비시키면서 B2B 공급기업의 역량, 관계유지 방식, 구매 결과 등을 선행적으로 이해하고 학습하게 된다. 이러한 유용성 때문에 기존고객의 성공사례를 활용하는 BRC 커뮤니케이션은 B2B 분야에서 다양한 목적으로 활용되고 있는 상황이다.

표 10-1 여러 마케팅 활동에 활용되는 BRC와 효과

분야	효과	효과발생 이유
프로젝트 마케팅/시스템 셀링	신규 프로젝트 시장에 진입을 도움	기존고객의 성공사례는 공급기업의 신뢰관계를 증명
	기존고객들과의 신뢰 재구축	신규고객의 사례는 침체된 기존고객과의 신뢰관계를 공고화
	입찰참여 의사결정 기준으로 작용	핵심경쟁사의 고객사례를 확인함으로써 자사의 경쟁적 강점을 파악, 입찰참여 시 성공여부 평가 가능

서비스 마케팅	서비스 품질에 대한 시그널 제공	기존사례와 제3자 추천내용을 잠재고객이 의사결정에 활용
하이테크 마케팅	공급자가 제공하는 기술의 기능 우수성 및 가치를 증명	신기술의 시장불확실성을 고려할 때, 기존 고객의 성공사례는 인지된 위험을 낮추고 제공기업의 기술역량을 증명
	구매자의 신기술 수용을 촉진	제공된 성공사례는 신기술에 대한 구매자의 심리적 전환비용(psychological switch cost)을 최소화
마케팅 커뮤니케이션	정보원천의 신뢰도를 높여 공급자 역량에 대한 확신을 강화	신뢰감이 있는 기존고객을 선별하고 목표 고객과의 적합도, 유사도를 고려해서 활용
핵심고객 (key account) 관리	공급기업의 긍정적 이미지를 제고	명성이 높은 기존고객을 레퍼런스로 활용하면 잠재고객도 레퍼런스의 일원이 되고 싶어 함
	새로운 세분시장 참여를 용이하게 함	세분시장에서 명성이 높은 기업을 영입해 성공사례를 증명하는 데 집중하면 시장확보 효과 큼
시장개척	국가/지역(domestic market) 대표기업 사례는 진입을 용이하게 함	목표 국가/지역 내에서 명성이 높은 기업의 성공사례를 구축하면 산업에 관계없이 전반적으로 긍정적 영향
	시장 첫 고객과의 관계가 더 많은 계약을 유도	유사고객군(산업, 크기, 지역 등)의 첫 고객과 우호적 관계를 구축, 유지한 사례가 증거로 작용
제품개발	신기술을 적용한 제품의 확산을 촉진	기존고객의 성공사례는 잠재고객의 신제품 도입의향을 제고시킴. 신기술이 적용된 제품출시를 촉진
	신기술로의 패러다임 전환을 가속화	신기술의 효과를 증명하는 레퍼런스 리스트와 사례들은 주류시장(majority market)에서의 채택을 촉진

출처: Salminen & Möller (2006) 재구성.

B2B 마케팅 커뮤니케이션에서 기존고객 관계활용에 관한 초기의 연구들은 먼저 브랜드의 지위이전효과(status-transfer process)에 주목하였다(Helfert & Vith, 1999;

Stuart et al., 1999). 이들은 B2B 기업이 업계를 대표하는 크고 유명한 기업을 고객사로 보유하고 있는 경우에 잠재고객은 B2B 기업의 기술적 역량을 높게 판단한다고 설명하였다. 셀미넨(Salminen, 1999)은 특정 고객에게 제품을 제공하는 기업이라는 단편적 사실을 이용해 지위이전효과를 활용하는 방식을 제품제공수준(delivery level)의 활동으로 분류하였다. 이와 대비해서, 기존고객의 성공적 구매경험에 집중하여 상세한 상황묘사를 스토리텔링(storytelling) 형식으로 전달하는 BRC와 같은 방식은 고객관계수준(relationship level)의 활동으로 구분하였다. 고객관계수준 콘텐츠는 잠재고객들이 자신들의 문제해결이나 구매목적을 달성하기 위한 구매 의사결정에 실질적으로 참고할 수 있는 구체적인 정보를 제공하는 것이 특징이다. 이러한 정보들은 B2B 기업이 기존고객의 가치극대화를 위해 수행한 구체적인 활동과 그에 따른 명확한 결과가 중요한 증거로 작용한다.

디지털 기술의 빠른 발전에 힘입어 B2B 기업의 BRC 활용은 더욱 활발해질 것으로 예상된다. 최근에는 기업은 물론 개인도 적은 예산과 인력으로 우수한 디지털 콘텐츠를 제작, 배포하는 것이 가능하기 때문이다. 우후죽순으로 생겨나는 유튜브 채

표 10-2 BRC 활동의 유형

구분	유형
콘텐츠	• 성공스토리 사례연구(case studies detailed description of customer cases) • 기존고객 인터뷰 및 추천(customer interviews) • 성공사례 언론기사(success stories in media) • 활용예시 및 고객평가를 담은 동영상(success case video testimonials) • 고객이름을 제외한 화이트라벨(white label) 사례연구(case descriptions without the customer's name)
활용매체	• 웹, SNS 플랫폼에서의 고객 성공스토리 공유(success stories on the website/SNS) • 기업공식 홈페이지에서 고객 성공스토리 제공(top stories and customer cases on the company website) • 동영상 플랫폼을 활용한 비디오 공유(testimonials YouTube) • 팟캐스트를 통한 공유(customer reference podcasts)

자료: Jalkala & Salminen (2010): 정창모 외(2017)에서 재구성.

널들은 이러한 변화를 잘 반영하고 있다. 실제로, 체계를 갖춘 B2B 기업들은 전문작가나 프로듀서를 고용하여 양질의 콘텐츠를 생산하기 시작하였다. Microsoft, 삼성, GE, Intel, IBM과 같은 기업들은 과거 미디어기업에서나 볼 수 있었던 콘텐츠 제작 조직을 보유하고 다양한 양질의 콘텐츠를 기획, 제작, 유통하고 있다.

4. BRC의 특징과 효과의 메커니즘

1) 스토리텔링 활용

BRC의 두드러진 특징은 스토리텔링 형식을 활용한다는 것이다. 이 때문에 BRC는 고객성공 스토리 또는 성공 케이스로도 알려져 있다. 일반적으로 BRC는 주인공이나 화자가 5W1H(When, Where, Who, How, Why, Why)에 대한 답을 인과관계 또는 시간 순으로 제시하는 스토리텔링 구조를 취한다. 즉, 고객의 특정한 문제상황을 묘사하고 직면한 과제들이 무엇이었는지를 설명한 후 어떤 해결책을 도입해 성과를 얻었는지를 제시하는 것이다(Catlin & Stanley, 2016).

스토리텔링의 고객설득 효과는 이전의 마케팅커뮤니케이션 연구들에서 폭넓게 인정되어 왔다(Polletta, Chen, Gardner, & Motes, 2011). 연구자들은 스토리텔링 콘텐츠가 더욱 긍정적인 감정, 긍정적인 인지반응, 부정적 반응의 감소를 가져온다는 점에서 비서사적 콘텐츠보다 더 효과적이라는 점을 밝혔다(Kreuter, Kalesan, & Alcaraz, 2011). 마케팅 커뮤니케이션에서 이러한 스토리텔링의 설득 효과를 설명하는 이론으로 언급되는 것이 **트랜스포테이션**(transportation) 개념이다(Escalas, Moore, & Britton, 2004).

트랜스포테이션은 집중, 상상력(imaginary)의 활용, 즐거움, 몰입(flowlike state)과 같은 요소들이 종합된 상태라고 설명될 수 있다. 수용자가 스토리텔링을 통해 트랜스포테이션 상태에 빠지게 되면 스토리 내에 주어진 상황에 동화되는 경험을 한다. 광고 분야의 선행연구들은 스토리텔링 광고 콘텐츠에 전이된 수용자는 스스로를 스토리 속 주인공이라고 여기며 그 경험을 생생하고 강렬하게 체험하게 된다고 설명한다. 그 결과로 광고 속에서 제시된 주장을 강하게 신뢰함은 물론 낯설거나 복잡한 정보도 보다 쉽게 처리하는 경향을 보인다. 또한 스토리텔링 수용자들은 행동변화에 대한 저항이 낮아지고 메시지가 유도하는 변화에 순응하는 것으로도 밝혀졌다(Kim, Ratneshwar, & Thorson, 2017).

추가적으로, BRC와 같은 스토리텔링 콘텐츠의 트랜스포테이션을 유도하는 기저 요인으로 언급되는 것이 **멘탈 시뮬레이션**(mental simulation)이다. 멘탈 시뮬레이션은 스토리에 묘사된 사건들을 모방하여 정신적으로 재현(representation)하고 가설적인 시나리오를 생성하는 인지적 활동이다(Chang, 2013). 멘탈 시뮬레이션은 ① 스토리 내에서 전개되는 사건에 대한 인지적 주의, ② 자신과 동일시하는 이야기 주인공에 대한 감정적 관여, 그리고 ③ 상상력을 결합한 시뮬레이션 활동의 결과로 나타난다. 스토리텔링 광고에 관한 선행연구들은 이 세 가지 요인이 수용자를 트랜스포테이션 상태로 이끈다고 설명한다(Russel, 2013).

B2B 마케팅에서도 스토리텔링 콘텐츠의 효과는 인정받고 있다. 길리엄과 플래허티(Gilliam & Flaherty, 2015)는 B2B 대면영업 활동에서 스토리텔링의 역할을 밝히는 연구를 진행하였다. 이들은 심리학, 경영학 및 마케팅 분야의 광범위한 문헌연구와 인터뷰 등의 질적연구를 통해 B2B 스토리텔링 모델을 도출하였다. 라코스테와 로카(Lacoste & Rocca, 2015)도 B2B 구매자가 단순히 수동적 수용자(passive listener)가 아니라 스토리를 만들고, 보완하고, 적극적으로 공유하는 행동을 통해서 스토리텔링 과정에 적극적으로 참여한다는 점을 밝혔다.

이러한 연구결과들을 종합하면, BRC가 정보전달 중심의 커뮤니케이션에 비해 효과적인 이유는 다음과 같이 정리할 수 있다. 첫째, 스토리가 가진 핍진성(realism)은 콘텐츠 수용자가 이야기 속 세계에 자신을 투영함으로써 생생한 간접경험을 가능하게 만든다. 잠재고객은 자신의 상황과 관련되고 가치가 있다고 생각하는 메시지에 대해서는 인지적, 감성적 몰입수준을 높인다(Chang, 2009). BRC는 마케팅 콘텐츠의

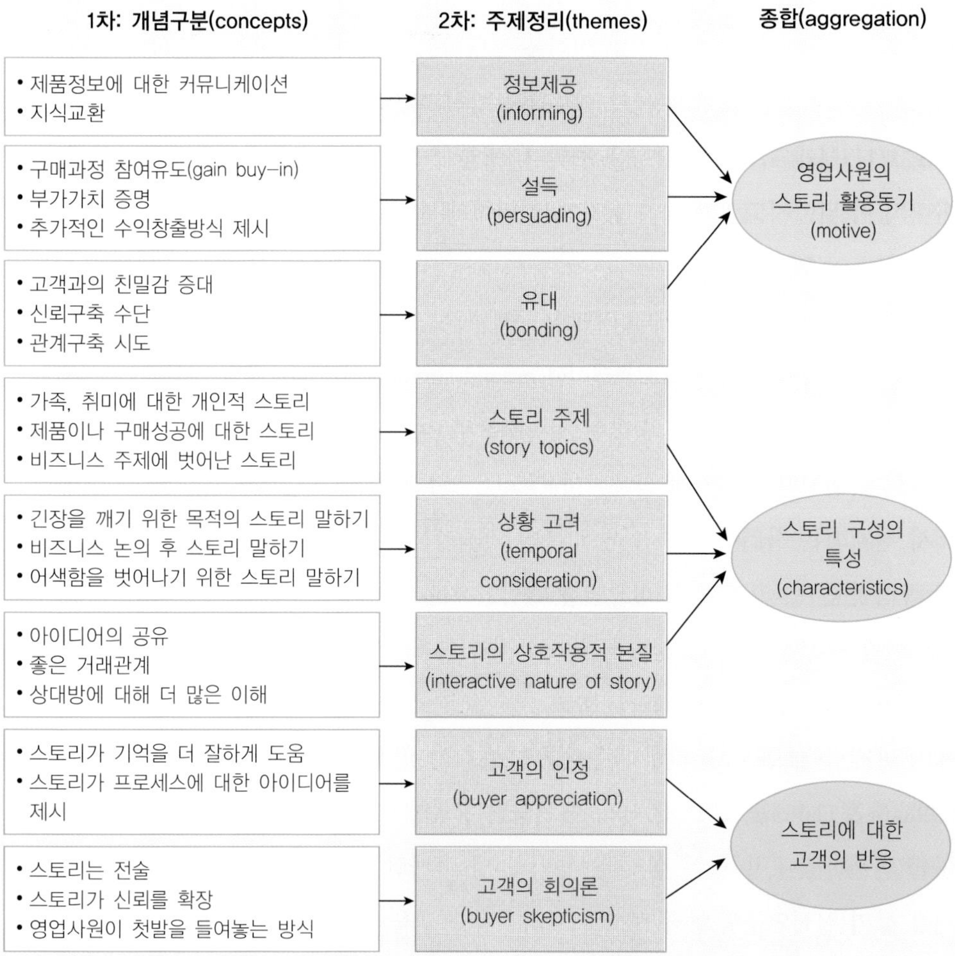

[그림 10-4] B2B 영업활동에서 스토리텔링의 역할

출처: Gilliam & Flaherty (2015).

메시지와 주장을 수용자의 주관적 경험에 기반한 공감을 통해 처리되도록 유도함으로써 트랜스포테이션 상태를 이끌어 내는 것이다. 둘째, BRC는 잠재고객이 제품의 사용 상황을 멘탈 시뮬레이션할 수 있도록 유도해 일종의 리허설 효과를 가지게 한다. 이러한 리허설 효과는 잠재고객들이 제품사용을 통해 얻게 될 혜택을 보다 명확하게 인식하는 결과로 연결된다(Escalas, 2007). 이를 통해서 복잡한 정보를 보다 쉽게 처리할 수 있고 이 긍정적 효과는 제품의 평가로까지 전이된다. 셋째, 트랜스포테이션을 경험하는 수용자는 콘텐츠에 등장한 구체적 사람, 즉 기존고객의 경험에 감정적인 관여를 가지게 된다. 그 결과, 동일한 문제를 경험하고 성공적으로 해결한 캐릭터에 일종의 유대감을 형성하고 자신의 경험을 인식하도록 유도함으로써 태도변화를 이끈다. 이것은 스토리의 주인공과 자신을 동일시하여 이들의 생각, 감정, 태도 및 행동까지 따라하게 되는 현상으로 이러한 과정을 통해 기업의 브랜드, 제품과 고객과의 강한 관계가 형성되게 된다.

2) B2B 기업에 의해 전략적으로 기획, 실행되는 커뮤니케이션

기존의 고객이나 유명인이 등장하는 스토리텔링 형식으로 제품의 장점을 전달하는 커뮤니케이션은 B2C에서도 널리 사용되는 방식이다. 특히 구매 의사결정 과정에서 SNS와 같은 온라인 채널의 영향력이 커짐에 따라서 스토리텔링 콘텐츠를 활용한 긍정적 구전유도활동은 더욱 증가하는 경향을 보인다. B2B 구매에서도 전문가 커뮤니티(community)나 솔루션 콘퍼런스(conference), 인적 네트워크(network) 등을 중심으로 기존고객의 사용사례에 대한 자발적 구전이 형성되기도 한다.

그러나 BRC는 자발적 구전(word-of-mouth) 커뮤니케이션과는 본질적으로 다르다. BRC는 철저하게 B2B 기업이 추진하는 마케팅 전략과 일치된 체계적인 활동에 기반한다. BRC의 설득효과는 신뢰할 수 있는 추천자와 객관적 정보원천을 활용한다는 데 있다. 그러나 고객들 사이에서 형성, 공유되는 자발적 구전은 신뢰성과 객관성을 확보하는 데 한계가 있을 수 밖에 없다. 선행연구들도 BRC를 기획, 실행하는 데 있어서 고객이 신뢰할 수 있고 가치를 느끼는 전략적 콘텐츠를 제공하는 것을 중요하게 고려해야 한다고 강조하면서 자발적 구전과의 차이를 지적하였다(Salminen, 2001). 동일한 관점에서 샐미넨과 묄러(Salminen & Möller, 2006)는 B2B 기업의 전략적 BRC 활용프레임(frame)으로 R-모델을 제시하였다. 이 모델은 네 개의 기본영역(basic building blocks)으로 구성되어 있는데 B2B 기업이 BRC를 활용한 커뮤니

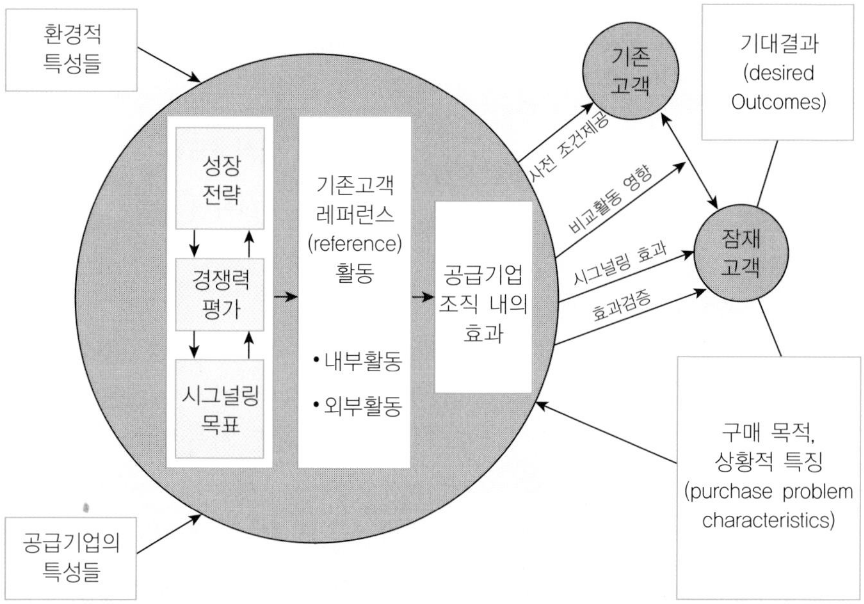

[그림 10-5] R-모델

출처: Salminen & Möller (2006).

케이션에서 현재고객 및 잠재고객들과 어떤 영향을 주고받는지를 나타내고 있다. 주목해야 할 점은 B2B 기업이 현재고객을 전략적으로 활용하기 위해 능동적인 활동을 수행하고 그 결과로 잠재고객으로부터 원하는 반응을 이끌어 낸다는 것이다. R-모델에 제시된 것과 같이 BRC는 전략적으로 일관된 방향하에서 각 커뮤니케이션 참가자들의 활동을 기획, 실행하는 과정이라는 점에서 고객들의 자발적 구전과 명확한 차이를 보인다(Salminen & Möller, 2006).

3) B2B 구매에 수반되는 높은 구매위험 인식을 낮춤

기존고객의 성공경험을 활용한 콘텐츠인 BRC가 B2B 영역에 특화된 커뮤니케이션 방식인 이유는 B2B 구매위험이 B2C에 비해 매우 높기 때문이다. 앞서 살펴본 바

[그림 10-6] B2B 마케팅의 단계별 핵심요소들

출처: Mckinsey & Company (2015).

와 같이 구매위험이 높은 상황에서 기존고객의 성공사례를 스토리텔링으로 전달하는 커뮤니케이션은 잠재고객의 인지된 위험을 낮추는 데 큰 효과를 발휘한다. 맥킨지(McKinsey)는 B2B 마케팅에서 고객 구매 의사결정 과정과 특징을 설명하는 틀을 제시하였다. 이 틀에 따르면 B2B 고객은 구매 의사결정의 매 단계에서 인지된 위험을 최소화하기 위해서 정보를 탐색하고, 정보를 공유하며, 시연(demo)과 상세 제안서를 필요로 하는 특징을 보인다.

일반적으로 B2B 고객이 인지하는 구매위험은 다섯 가지이다(Stone & Gronhaug, 1993). 첫째, 기능적 위험(functional risk)은 제품의 성능이 고객의 기대에 미치지 못하는 것을 말한다. 둘째, 사회적 위험(social risk)은 잘못된 제품선택으로 인해 사회적 관계에서 곤란한 상황을 경험하는 것이다. B2B 구매에서 사회적 위험은 승진이나 평가에서 불이익을 받는 상황을 들 수 있다. 셋째, 심리적 위험(psychological risk)은 제품구매로 인해서 구매자의 자아 이미지에 손상을 입는 것이다. 예를 들어, 제품선택 때문에 직장상사나 동료들에게 부정적인 평판을 얻게 되는 경우가 이에 속한다. 넷째, 재무적 위험(financial risk)은 구매 의사결정이 회사에 재정적인 손실을 입히는 상황에 관한 것이다. B2B 구매는 그 단위금액이 매우 크다는 점에서 재무적 위험 또한 높다. 마지막으로, 시간적 위험(time risk)은 제품의 사용이 예상하지 못한 시간의 소모를 야기하는 것이다. 구매한 제품이 잦은 문제를 일으키거나 사용법을 배우는 데 시간을 들여야 할 경우 시간적 손실이 발생하게 되는데 이에 대한 위험을 말한다.

B2B 고객의 구매위험 인식에서 주목해야 할 점은 B2B 구매위험의 인지수준이 후광효과(halo effect)에 의해 영향을 받는다는 것이다(Florea, 2014). 후광효과는 소비자들이 특정 제품구매에 대한 태도를 정당화하기 위한 목적으로 구매에 수반되는 위험을 인식하거나 과장하는 데 영향을 미친다. 또한 후광효과의 영향은 직접적인 구매경험이 없는 응답자들에서도 동일하게 나타나는 특징을 보인다. 플로레아(Florea, 2014)는 이러한 현상을 차용된 태도(borrowed attitude)라고 정의하면서 차용된 태도가 B2B 구매 의사결정의 잠재적 위험의 수준을 결정하는 핵심요인이며, B2B 기업의 브랜드와 같은 주변적 요인으로 인해 발생한다고 주장하였다. 동일한 맥락에서, 기존고객의 성공경험도 후광효과를 발생시키는 요인으로 작용할 가능성이 충분하다. 이를 통해서, B2B 고객의 인지된 위험수준을 낮추는 효과를 얻을 것으로 예상할 수 있다.

5. 마치며

앞서 강조한 것처럼, BRC는 기존고객의 성공경험에 기반을 둔 추천(referral)이라는 장치를 도입해 잠재고객의 인지된 구매위험을 낮추는 것이다. 특히 이러한 성공경험이 스토리텔링 형태로 제시되면서 구체적인 상황과 관련된 정보를 제시하는 것은 B2B 상품의 특성을 고려할 때 매우 효과적인 방식이다. B2B 상품은 제품 자체뿐 아니라 사용경험 전반을 지원하는 서비스의 합으로 구성된 확장제품(augmented

	B2C 시장		B2B 시장
상황적 조건	낮음	구매위험 ↔	높음
	자기 표현	제품/시장 동인 ↔	기술/ 실용성
	개인	구매 의사결정 과정 ↔	집단
심리적 변수	사회적	구매위험 유형 ↔	기능적/ 경제적
	충동 구매	충동성 ↔	이성적 논의
	친구	준거(reference)그룹 영향 ↔	1위 기업/ 전문가
제품 변수	제품 중심	브랜드 전략 지향 ↔	기업 중심
	제품 이미지	제품가치 ↔	제품+ 연관서비스
커뮤니케이션 변수	대중 매체	미디어 ↔	상호적 매체
	이미지 기반	콘텐츠 ↔	기술/ 교육

[그림 10-7] B2B 시장과 B2C 시장의 비교

출처: Brown, Bellenger, & Johnston (2007).

product)의 특성을 가진다. 또한 고객별로 제품, 서비스의 맞춤화의 수준도 높다. 그뿐만 아니라, 고객특성 및 거래관계에 따라서 동일한 제품이라도 가격에 차이가 있다. 즉, B2B 제품의 높은 무형성(intangibility)은 구매위험 인식을 높이는 요소로 작용한다. 고객은 제품의 객관적인 특장점(specification) 만으로 구매대안을 객관적으로 비교하고 구매위험을 최소화하는 결정을 내리기 쉽지 않다.

더욱이 최근에는 빅데이터 분석 및 인공지능을 활용한 생산설비 예지보전(각각의 설비상태를 정량적으로 파악하여 설비의 이상 상태나 앞으로 일어날 수 있는 사태를 미리 예상하고 적절하게 유지하고 보수하는 일) 같은 분석서비스(analytics as a service: AssS)의 적용이 보편화되면서 B2B 상품의 가격과 수익에서 차지하는 비중이 증대되고 있다. 이 때문에 확장제품화가 더욱 가속화되는 상황이다(Catlin & Stanley, 2016).

이러한 변화를 고려할 때, B2B 기업은 고객들이 객관적 정보만으로 비교, 판단하기 어려운 B2B 제품의 사용경험과 관련된 특장점을 효과적으로 전달하는 데 초점을 두어야 한다. 앞서 강조한 것처럼, 서비스 요소가 결합된 B2B 제품은 무형적 요소가 제품의 구매가치에서 차지하는 비중이 높기 때문에 제품평가에 도움이 되는 주변적 단서(cue)에 대한 의존도도 높을 수밖에 없다(Brown et al., 2007). 따라서 B2B 제품에서 서비스가 차지하는 중요성이 증대되는 '제품의 서비스화(servitization)' 경향이 심화될수록 기존고객의 구매성공 경험을 증명하는 객관적인 정보원천으로서 BRC의 효과와 중요성은 더욱 부각될 것이다. ■

제11장

광고 마케팅의 최신 사례

안종배(한세대학교 미디어영상광고학과 교수)

1. 새로운 소비자 특성을 활용한 광고 마케팅 사례
2. 첨단 미디어를 활용한 광고 마케팅 사례
3. 콜라보 광고 마케팅 특성과 사례
4. 콘텐츠를 활용한 광고 마케팅 특성과 사례

◈◇◈

4차 산업혁명에 따라 초지능, 초연결이 구현되면서 소비자가 바뀌고 있다. 광고 마케팅의 대상인 소비자는 새로운 제품과 서비스를 선호하는 블루슈머, 제품과 서비스의 체험과 관련된 자신의 이야기를 적극적으로 알리는 스토리슈머, 또한 제품과 서비스 개발에 적극 참여하는 크리슈머, 생산에 직접 참여하는 프로슈머 등으로 변화하고 있다. 또한 4차 산업혁명 시대 광고 마케팅을 실현하는 미디어도 전통적인 4대 매체를 넘어서 스마트미디어, 소셜미디어와 1인 미디어 그리고 VR(가상현실), AR(증강현실), 홀로그램 등 첨단 미디어로 확장되고 있다.

그리고 광고 마케팅에서도 다양한 영역 간의 협업을 통한 콜라보 마케팅이 강화되고, 특히 콘텐츠와 연계된 콘텐츠 마케팅이 점차 주요한 광고 마케팅 영역으로 부각되고 있다. 이러한 소비자와 미디어 및 광고 마케팅 부문의 변화에 따른 최신 마케팅 사례를 살펴보면 다음과 같다.

1. 새로운 소비자 특성을 활용한 광고 마케팅 사례

1) 크리슈머의 특성과 광고 마케팅 사례

(1) 크리슈머의 개념

크리슈머(cresumer)는 creative(창조적인)와 consumer(소비자)를 합친 말로, 제품의 개발에서부터 적극적으로 참여하는 창조적인 소비자를 일컫는 말이다.

소비를 통해 필요를 충족하는 수준을 넘어 자신의 개성을 표현하는 소비가 증가하고 있다. 이들은 주어진 제품을 사는 것에 만족하지 않고 다양한 경로로 기업의 제품개발, 디자인, 판매 등에 적극 개입한다. 크리슈머를 살피면 급변하는 시장 흐름을 감지하고 활용할 수 있다. 기업은 이들을 만족시키기 위해 기존고객 모니터링, 단발성 이벤트뿐만 아니라 아웃소싱으로까지 개념을 확장하고 있다. 최근 개인 미디어의 활용이 활발해지면서 크리슈머들은 일반 소비재를 자신에 맞게 변형해서 만드는 것과 더불어 콘텐츠 생산도 해 나가고 있다. 창의적인 소비자를 마케팅에 참여시키는 크리슈머 마케팅은 혁신적 · 창의적인 스마트 기기가 늘어날수록 더욱 각광 받을 것이다.

(2) 크리슈머 특성을 활용한 마케팅 지침

① 고객의 소비 경험 과정을 면밀히 분석하라

기업이 고객의 잠재 니즈 발견을 위해서는 무엇보다도 자사 제품에 대한 고객의 경험 세계를 철저하게 이해해야 한다. 고객이 제품 탐색에서 구매, 사용 단계까지 어떠한 경험 사이클을 가지고 있는지 정확하게 알지 못한다면 고객통찰을 위한 작은 실마리도 얻기가 어려울 것이다. 기업은 목표고객의 경험요소들을 명확히 정의해야 한다.

② 고객으로부터 아이디어를 얻으라

고객들의 참여 욕구가 더욱 거세지고 있다. 생산적 소비자를 일컫는 프로슈머를 넘어, 최근에는 창조적 소비자인 크리슈머라는 신조어가 생겨나는 것도 이러한 맥락이다. 이제 경영에 필요한 정보와 아이디어를 소비자로부터 아웃소싱하는 추세가 늘고 있다. 요즘 크라우드 소싱이라는 뉴 트렌드가 형성되고 있는 것도 이와 밀접하다. 크라우드 소싱은 다양한 루트를 통해 고객들의 아이디어를 얻고 이를 제품 개발 등 경영활동에 반영하는 것이다. 고객의 힘을 빌려 통찰을 얻고, 신속히 가치를 창출하도록 제품과 마케팅에 반영하는 스피드가 더욱 중요해지고 있다.

③ 빅테이터와 정성 조사의 활용도를 높이라

고객 개개인의 니즈와 창의성을 반영한 크리슈머 마케팅을 위해서는 고객의 빅데이터 분석과 고객의 감성과 체험을 분석하는 정성조사를 활용할 필요가 있다. 기업은 특히 실제 생활에서 고객의 행동을 직접 관찰하는 '참여 관찰법'에 주목할 필요가 있다. 관찰을 통해 고객의 자연스러운 행동을 발견할 수 있고, 또한 제품의 오류를 개선할 수 있는 기회를 얻을 수 있다. 고객의 빅데이터 분석과 관찰을 통해 고객과 교감하는 것이 필요하다.

(3) 크리슈머 마케팅 사례

① 레고 크리슈머 마케팅

크리슈머 마케팅을 가장 잘 활용하는 '대표선수'는 블록완구 레고이다. 어린이에서 성인이 된 레고의 팬들은 새로운 레고 제품을 창의적으로 직접 개발하고, 이렇게 만든 레고 작품을 팬 사이트에서 공유하면서 '나만의 레고' 콘텐츠를 지속적으로 확산 · 발전시켰다. 이런 현상을 본 레고 회사 측은 본격적인 크리슈머 마케팅에 뛰어들었다.

덴마크 회사인 레고는 레고 소비자의 창의적 성향을 파악하고 이를 제품 개발에 반영하도록 소비자가 신제품 개발에 즐겁게 참여하도록 하면서 마니아 층을 확장하고 있다. 이를 통해 레고의 소비자는 영유아와 어린이는 물론 최근에는 성인들까지 전 세대로 확대되었다.

레고는 1932년 창립 이래 〈스타워즈〉, 〈해리포터〉 등 유명 영화의 캐릭터를 레고로 만들고 레고무비로 배트맨, 슈퍼맨, 원더우먼, 인어공주 등 세상의 모든 스타 캐릭터가 레고로 조립된다는 것이 소비자의 상상력을 자극해 왔다.

최근에는 레고 마니아들이 레고의 조립세트로 자신만의 세상을 디자인하거나 좋아하는 영화 장면을 창의적인 상상력을 추가하여 레고로 재현하고 제작할 수 있도록 도와주는 사이트 리브릭커블(http://rebrickable.com)을 운영하며 레고 마니아의 창의력을 배가시키고 함께 공유하고 레고 마니아들 간에 공감력을 높이고 있다.

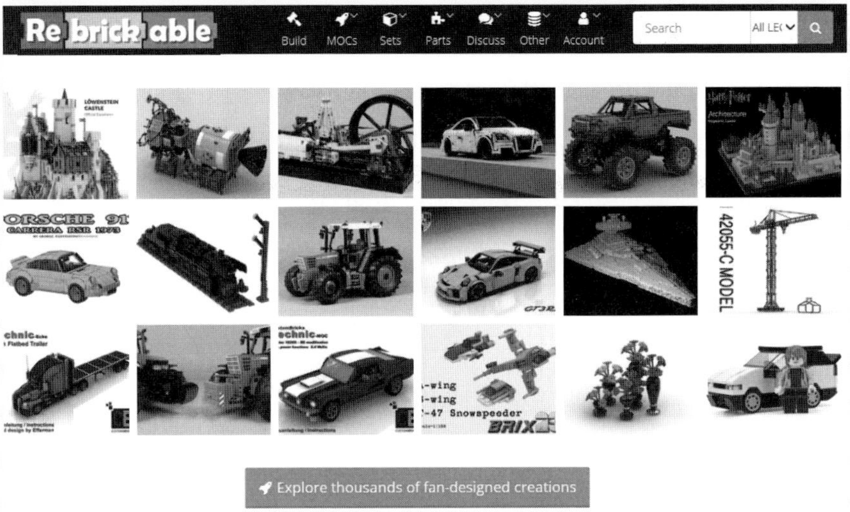

[그림 11-1] 레고 마니아 창작물 업로드 사이트 리브릭커블

출처: rebrickable 홈페이지.

여기에 더하여 레고는 사용자가 창의적인 상상력으로 레고의 창작품을 개발하고 이를 쿠소 사이트(http://lego.cuusoo.com)에 올리도록 하고, 여기에서 만 명 이상의 서포터를 확보하면 레고 사이트에서 검토 후 공식 제품으로 출시하여 소비자를 신제품 개발에 참여시키기도 했다.

이처럼 레고는 소비자가 단순히 자신들의 제품을 사용하는 데 그치지 않고 제품에 새로운 가치와 스토리를 찾아내기도 하고 소비자가 원하는 제품을 만드는 데 참여도 하게 하여 레고 마니아층을 더욱 확대하고 두텁게 함으로써 성공적인 크리슈머 마케팅을 전개하고 있다.

② 나이키 크리슈머 마케팅

소비자의 성향이 더욱 적극적으로 변화하고 있어 기업은 고객의 의견과 경험에 대한 평가를 적극적으로 제품에 반영해야 한다. 고객을 참여시켜 개개인의 실제적으로 체감된 경험에 대한 내용을 제품에 반영함으로써 고객의 매력도를 증대시킬 수 있다. 고객의 피드백을 적극적으로 반영하여 그들의 공감대를 이끌어 낼 수 있는 것이다.

나이키는 실제 소비자이자 광고모델이기도 했던 운동선수들을 신발 개발에 참여시킴으로써 '승리'의 경험가치를 극대화하려 했다. 나이키는 이러한 신발 개발 과정을 '알파 프로젝트'라고 불렀다. 첫 단계로, 나이키 직원 및 패션 디자이너, 인체공학 전문가 등으로 구성된 알파 프로젝트 팀은 마이클 조던(농구), 크리스티아누 호날두(축구), 타이거 우즈(골프), 안드레 애거시(테니스) 등 각 종목을 대표하는 최고의 선수들을 직접 만나 경기를 위해 진정으로 필요한 것이 무엇인지 파악한다. 두 번째 단계로, 선수들이 필요로 하는 것을 구현하기 위한 가장 효과적인 원자재는 무엇인지 연구하며, 전문가들은 영감을 바탕으로 신발을 디자인한다. 세 번째 단계로, 첫 단계부터 참여했던 선수들이 새로 개발된 제품을 착용하고 최소 3주간 직접 운동을

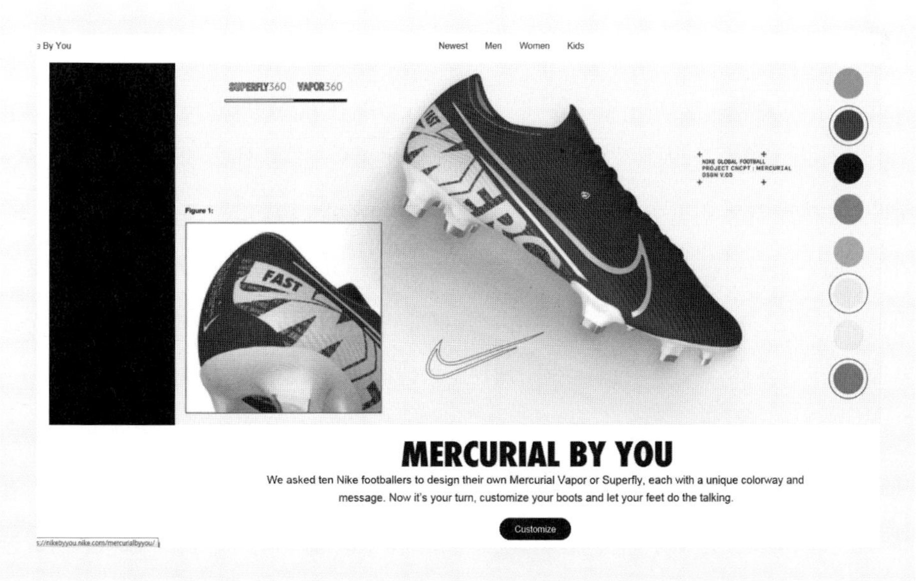

[그림 11-2] Nike By You 서비스

출처: Nike By You 홈페이지.

하면서 경기력 향상 여부 등에 대한 그들의 평가를 반영한다. 마지막 단계로 프로젝트 팀은 스포츠 리서치 팀, 생산 부서 등과 긴밀히 협력하여 최고의 기능성 나이키 운동화를 만들어 낸다.

또한 나이키는 Nike By You라는 서비스를 제공한다. 이를 통해 고객은 개인별로 자기가 원하는 색상과 원하는 소재 및 기능까지 선택해서 개인별 맞춤형제품 주문이 가능하다. 이를 통해 고객은 자신의 나이키 제품 생산에 직접 참여하여 자신만의 독특한 제품을 제공받게 된다. 이처럼 나이키는 다양한 형태로 신제품 아이디어 단계에서 최종 제품 제작까지 고객의 참여를 유도하고 활용하는 크리슈머 마케팅을 전개하여 브랜드 명성을 지속적으로 높여 나가고 있다.

2) 블루슈머 특성과 광고 마케팅 사례

(1) 블루슈머의 개념

블루슈머(bluesumer)는 '경쟁자가 없는 새로운 시장을 선호하는 소비자'를 뜻하는 말로, 경쟁자가 없는 새로운 시장을 의미하는 '블루오션(blue ocean)'과 소비자를 뜻하는 '컨슈머(consumer)'의 합성어다.

여기서 블루오션은 매우 작은 규모라도 경쟁이 거의 없고 성장 잠재력이 무궁무진하다. 기업은 시장 전반을 주도하는 거대한 트렌드 속에 숨어 있는 블루오션을 찾아내기도 하고, 기업의 트렌드에 맞는 새로운 시장을 만들고자 하는 노력에 의해 블루오션이 생겨나기도 한다. 아직 경쟁이 거의 없기 때문에 그만큼 규모는 작지만 큰 시장으로 확대될 가능성을 두고 살펴보자면 개척하기에 따라 큰 시장으로 확대될 수 있다.

따라서 이러한 미개척의 새로운 시장, 즉 경쟁자가 없거나 경쟁이 치열하지 않은 새로운 시장을 발견하여 새로운 수요를 창출하고 고수익을 올릴 수 있는 기회를 잡으려는 블루오션 전략이 기업의 중요한 이슈가 되고 있으며, 이러한 새로운 시장을 선호하는 블루슈머를 찾아내고 이들을 대상으로 한 마케팅은 중요한 과제가 되고 있다.

(2) 블루슈머 마케팅의 특성

블루슈머는 특정한 틀에 정해진 그룹이 있는 것이 아니라 시대의 흐름에 따라, 시장의 변화에 따라, 환경의 변화에 따라 다양하게 나타나게 된다. 블루슈머 마케팅의 대표적인 특성은, 첫째, 급속한 시대 변화에 따라 다양한 라이프스타일이 등장하고 이에 따른 수많은 블루오션이 생겨난다. 따라서 블루슈머는 그들만이 필요로 하는 다양한 제품의 수요가 생기게 되며 복잡하고 다양한 특성을 지닌다. 이에 대한 정확한 분석이 블루슈머 마케팅에서 매우 중요하다.

둘째, 블루슈머는 경쟁자가 없는 새로운 시장의 제품을 선호하며 새로운 것을 수용하는 것을 즐기고 도전하는 것에 대한 두려움이 없다. 블루슈머가 원하는 욕구를 구현하는 기능을 갖춘 새로운 제품이 나온다면 블루슈머는 이것을 먼저 소비하는 것을 즐긴다. 이를 활용하여 블루슈머 마케팅은 블루슈머의 새로운 호기심과 도전 의식을 일깨울 수 있는 정보제과 광고 마케팅을 전개해야 한다.

셋째, 블루슈머는 급변하는 시대의 흐름에 따라 생겨났다가도 일정 시점이 되면 사라진다. 변화하는 블루슈머를 그때그때 정확히 예측하고 그들의 특징을 정확히 분석하여 그때그때 블루슈머 타깃 특성에 맞는 마케팅이 전개되어야 효과를 거둘 수 있다.

넷째, 블루슈머들을 위한 효과적인 마케팅을 위해서는 제품의 새로운 정보를 알리는 것에 국한하면 안 되고 그들이 제품을 사용함으로써 얻는 가치에 대한 의미를 느끼게 하는 것이 중요하다. 마케팅을 통해 '제품을 파는' 것이 아니라 '가치를 제공'하여 블루슈머 타깃 고객의 꿈을 지원해 브랜드에 대한 호감도를 높이고, 이에 따른 소비심리를 자극하는 마케팅 전략이 필요하다. 블루슈머들이 꿈꿔 온 일들을 실현시켜 주거나 체험할 수 있는 기회를 제공함으로써 블루슈머들을 새로운 제품 시장으로 들어오게 할 수 있게 되는 것이다.

(3) 블루슈머 마케팅 사례: 서울우유 블루슈머 마케팅

2010년 당시 우유산업은 위기 상황에 있었다. 출산율 저하가 시작되었고 우유시장 개방 등으로 시장 전망이 어두웠다. 더구나 우유업체는 계속 늘어나고 시장점유율 경쟁은 더욱 치열해졌다. 그래서 당시 경쟁사들은 고객들이 주목하는 우유 유통기한을 연장하기 위해 상당한 투자를 진행하고 있었다.

그런데 서울우유는 당시 우유의 시장구도와는 전혀 다른 마케팅 전략을 전개했다. 서울우유는 경쟁사들이 우유의 유통기한을 늘리는 마케팅에 집중하는 동안 새로운 블루오션 시장으로 우유의 신선도를 오히려 강조하고 이를 제조일자와 유통기한까지 표기하는 광고마케팅을 전개했다. 서울우유 사내에서조차 이러한 광고 마케팅이 제조비용은 늘리면서도 오히려 서울우유의 유효기간을 단축하고 판매 회전기간을 낮춰 재고율을 높이고 결과적으로 전체 판매와 이익이 줄어들게 될 것이라는 우려가 강하였다.

그러나 서울우유 마케팅 본부는 당시 새롭게 부상하는 웰빙족 및 웰니스족, 로하스족 등 본인과 가족의 건강을 우선하는 블루슈머를 주요 타깃으로 공략하면 이것이 결국 다른 소비자들의 우유 선택에도 영향을 미칠 수 있다는 결론을 내리고 블루슈

[그림 11-3] 서울우유의 제조일자와 유통기한 표시 광고

출처: 서울우유 홈페이지.

며 마케팅을 본격 전개하였다.

서울우유는 '우유 제조일자 왜 필요한가?' '신선함을 위한 두 줄, 제조일자와 유통기한 둘 다 확인하세요' 등 직설 화법으로 정보를 제고하면서도 당시 '줌마테인먼트' 바람을 몰고 온 박미선, '다산의 여왕' 김지선, '새댁 이미지' 황정음을 기용해 가족의 건강을 지킨다는 가치를 감성적으로 표현하는 광고 마케팅을 전개하였다.

또한 시판용 흰 우유뿐만 아니라 학교 급식용으로 공급되는 우유에도 제조일자와 유효기간 표기를 확대했다. 이를 통해 학생들의 건강을 우선한다는 이미지를 높이며 상대적으로 취약했던 어린이 및 청소년층에 상당한 인지도를 구축하게 되었다.

서울우유의 블루슈머 마케팅은 성공적인 결과를 가져왔다. 2010년 통계에 따르면 서울우유는 제조일자를 표기했을 시 표기 전보다 판매량이 305%나 증가해 하반기 유통부문 판매량이 상반기보다 하루 평균 44만 개 늘어났으며, 그해 서울우유의 시유시장 점유율은 37.0%에서 40.5%로 3.5%나 확대되었다. 또한 서울우유가 조사한 자료에 의하면 응답자의 64%가 제조일자를 확인했으며 이 중 98%가 제조일자 표시가 우유 구매에 영향을 미쳤다고 말했다.

이러한 블루슈머 마케팅의 성공에 힘입어 서울우유는 이후 건강의 가치를 더욱 확대하여 '내가 100% 믿고 마실 수 있는 우유!' 광고 마케팅을 전개하고 있다. 나 100%

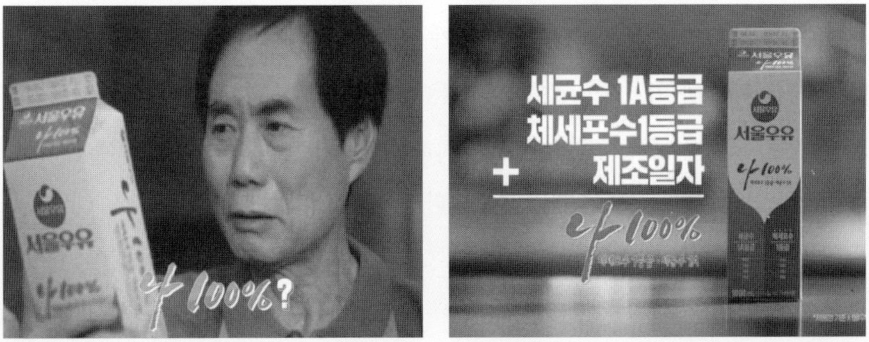

[그림 11-4] 서울우유 '나 100%' 광고

출처: 서울우유 홈페이지.

광고는 기존의 제조일자와 유효기간에 더하여 세균 수 1A등급, 체세포 수 1등급 우유로 건강한 젖소의 원유만 모아 만든 우유로 우리 가족 모두가 믿고 마실 수 있는 우유라는 이미지를 강화시키며 성공적인 마케팅을 지속해 나가고 있다.

2. 첨단 미디어를 활용한 광고 마케팅 사례

1) 가상현실을 활용한 광고 마케팅 사례

가상현실(假想現實, Virtual Reality: VR)은 인공적인 기술로 만들어 낸 가상의 환경이나 상황으로 사용자의 오감을 자극하며 실제와 유사한 공간적 · 시간적 체험을 하게 한다. VR기기를 통해 사용자는 가상현실에 실제 현실처럼 몰입하게 되는 동시에 실재하는 디바이스를 이용해 조작이나 명령을 가하는 등 가상현실 속에 구현된 것들과 상호작용이 가능하다. 이러한 VR의 몰입감과 상호작용 특성을 활용한 광고 마케팅이 점차 늘어나고 있다.

(1) 코카콜라 산타 썰매 VR 광고

코카콜라는 크리스마스 시즌에 VR을 이용하여 고객이 마치 크리스마스 선물을 나눠주러 이곳저곳 날아다니는 산타클로스가 된 것 같은 착각을 불러일으키는 실감 참여형 영상을 제공하였다. 롤러코스터 같은 썰매를 타는 경험으로 아이들을 포함해 수많은 고객이 잊지 못할 크리스마스 추억을 갖게 하였다. 이를 통해 코카콜라에 대한 긍정적이고 공감의 이미지를 제고하였다.

[그림 11-5] 코카콜라 산타 썰매 VR 광고 장면

출처: 유튜브.

(2) 맥도날드 해피밀 VR 마케팅

맥도날드에서 해피밀 제품포장 박스를 VR 고글로 만들고 이를 통해 맥도날드에서 제공하는 스키게임 콘텐츠 'Slope Stars'를 즐길 수 있게 제공하였다. 특히 칸 국제광고제 대상을 받은 구글 카드보드지를 이용하여 해피밀 박스를 재활용하여 VR기기로 즐길 수 있게 함으로써 고객의 흥미를 이끌어 내어 고객의 공감을 높였다.

[그림 11-6] 맥도날드 해피밀 VR 해피고글 마케팅

출처: 유튜브.

(3) 볼보 SUV 자동차 VR 광고

볼보는 SUV 자동차 XC90을 출시하면서 고객들이 직접 도로에 주행하지 않아도 VR로 실제 도로에서 주행하는 것 같은 현실감을 주는 VR 테스트 드라이브 서비스를 제공하였다. 볼보는 어플리케이션을 통해서도 테스트 드라이브 콘텐츠를 제공하여 스마트폰으로 VR 테스트 드라이브를 실감 나게 즐길 수 있도록 제공하였다. 이를 통해 볼보는 미래를 선도한다는 이미지를 제고하고 테스트 드라이브를 통해 신제품에 대한 간접 체험을 더욱 많은 고객이 할 수 있게 되어 판매에도 좋은 결과를 얻었다.

[그림 11-7] 볼보 SUV 자동차 VR 광고 애플리케이션

출처: 유튜브.

(4) 이케아 VR 카탈로그

이케아 마케팅의 핵심은 카탈로그이다. 카탈로그는 현재까지도 이케아의 가장 중요한 판매 수단이자 마케팅 수단이다. 이케아는 홍보나 광고에 투자하지 않는데, 그 이유는 그 돈을 아껴 제품을 더 싸게 만드는 것이 소비자들을 위한 일이라고 생각하여 그 모든 역할을 카탈로그에게 맡긴 것이다. 이케아는 최근 VR 카탈로그 서비스를 통해 고객이 원하는 제품을 미리 고르고 별도 상담 없이 매장에서 실물을 직접 확인하고 구입하는 셀프서비스를 제공하고 있다. 이케아 VR 카탈로그는 게임같이 가상

[그림 11-8] 이케아 VR 카탈로그

출처: 스팀커뮤니티 홈페이지.

으로 가구를 원하는 형식으로 배치할 수 있다. 이를 통해 이케아는 고객 맞춤형 가구라는 이미지와 첨단 가구라는 이미지를 함께 제고하게 되었다.

2) 홀로그램을 활용한 광고 마케팅 사례

홀로그램(hologram)은 '완전한'이라는 의미의 'holo'와 메시지 또는 정보라는 의미의 'gram'의 합성어로 '완전한 메시지'라는 의미를 담고 있다. 즉, 이는 어떤 대상이 3차원의 입체형상으로 재생되어 대상의 어느 면이든 볼 수 있는 완전한 메시지를 말한다. 따라서 홀로그램은 2D화면을 벗어나는 전혀 새로운 영상 전달 방식으로 실제와 똑같은 실감 미디어가 구현된다.

홀로그램은 사람들로 하여금 실물과 같은 생생한 느낌을 주며, 재미와 감동을 선사한다. 그뿐만 아니라 한 사물을 복제한다든가 하는 현실에서는 불가능한 것들도 실현할 수 있게 해 준다. 홀로그램 기술이 발전하면서 광고 마케팅에서 이를 활용하는 사례가 점차 증가하고 있다.

(1) KB증권 홀로그램 마케팅

KB증권은 고객들에게 특별하고 새로운 경험을 선사해 주기 위하여 'KB 서프라이즈 콘서트'를 개최했다. KB증권은 홀로그램을 활용한 콘서트를 기획하여 고객을 공연에 초대하였다. 먼저, 당시 방송프로그램 '복면가왕'으로 큰 인기를 끌었던 록 그룹 '국카스텐'을 홀로그램으로 등장시킨 게릴라성 콘서트를 진행하였다. 이 콘서트는 국카스텐의 보컬인 하현우의 공연 영상을 미리 촬영하여 홀로그램화하고, 기존 공연에서는 연출할 수 없던 화려한 특수효과들을 입혀 생생한 공연 모습과 멋진 특수효과를 통해 고객들에게 특별한 감동을 주었다. 또한 이러한 홀로그램 공연 영상을 유튜브에 게시하여 조회 수 500만 회 이상을 달성하며 엄청난 바이럴효과를 얻을 수 있었다.

그뿐만 아니라 공연에 활용된 홀로그램 영상을 유튜브에 게시하고, 페이스북에서 이벤트를 열어 스마트폰으로 홀로그램을 시현할 수 있는 홀로그램 시어터와 홀로그램을 더욱 선명하게 즐길 수 있는 암막상자를 증정했다. 이를 통해 사람들이 언제 어디서나 홀로그램 시어터를 이용해서 KB증권에서 제공하는 국카스텐의 공연을 생생하게 즐길 수 있도록 하여 KB증권의 기존고객뿐만 아니라 잠재고객들에게도 KB

[그림 11-9] KB증권 국카스텐 홀로그램 콘서트

출처: 네이버TV.

증권에 우호적이고 미래적인 이미지를 갖도록 하였다.

KB증권은 국카스텐의 성공적인 콘서트에 힘입어 두 번째 특별한 콘서트로 가수 고(故) 신해철의 '다시 만난 마왕' 홀로그램 콘서트를 기획하였다. 가수 고 신해철은 갑작스레 세상을 떠나 대중은 그를 굉장히 그리워하고 있었다. KB증권은 그의 3주기를 맞이하여 고 신해철의 홀로그램 콘서트를 준비했다. 다시 만날 수 없는 그를 마치 실제처럼 생생하게 다시 만날 수 있는 놀라운 기회를 제공하여 사람들의 주목을 한눈에 받았다. 또한 KB증권의 유튜브 채널에서 콘서트 티저영상과 공연영상 등이 굉장한 화제가 되어 바이럴화되었다. 또한 KB는 어플리케이션을 통해 신규계좌를 개설하는 사람들에 한하여 무료로 티켓을 증정하는 이벤트를 열어 신규고객을 유치하는 효과도 얻었다.

해당 콘서트에서는 홀로그램화된 고 신해철의 모습이 등장하여 그의 노래와 그가 노래를 부르는 모습을 생생히 볼 수 있었고 '넥스트' '크라잉넛' '이브' 등과 같은 락 밴드들과 고 신해철이 함께 노래를 부르는 장면까지 홀로그램으로 합성하여 볼 수 있었다. 현재는 볼 수 없었던 그의 모습을 홀로그램을 통해 생생하게 느끼고 이를 통해 고객들에게 큰 감동을 준, 홀로그램 마케팅을 성공적으로 전개한 사례이다.

[그림 11-10] KB증권 신해철 홀로그램 콘서트

출처: 유튜브.

(2) SKT 손흥민 홀로그램기법 광고

SK텔레콤은 5G 런칭 광고에 홀로그램기법을 활용하였다. 광고에서 영국의 프리미어리그 토트넘에서 활약하고 있는 손흥민 선수가 8시간의 시차와 8,900km의 거리를 뛰어넘어 한국에 있는 축구 꿈나무를 위해 '원격 축구교실'을 열었다.

손흥민 선수는 런던의 '셀허스트파크'에서 한국의 '부천종합운동장'에 있는 정현준 군을 만났다. 화면으로 나온 손흥민과 한국에 있는 정 군 두 사람은 마치 한 공간에 있는 것처럼 행동과 말, 감정을 나누었다. 정 군은 손흥민 선수와 현장에 함께 있는 것 같이 대화하며 슈팅과 드리블, 볼 트래핑 등 개인레슨을 받았다.

SK텔레콤은 새로운 5G 슬로건 "대한민국의 내일을 여는 기술, 5GX"를 손흥민 선수와 홀로그램기법 광고로 선보이며 새로운 기술을 선도한다는 이미지와 SKT 5G의 우수성을 실감나게 표현하여 높은 호응을 얻었다.

[그림 11-11] 손흥민 선수와 정현준 군이 시공을 초월하여 만나는 홀로그램기법 TV광고의 한 장면
출처: 유튜브.

3. 콜라보 광고 마케팅 특성과 사례

콜라보(collabo) 마케팅이란 협업 마케팅, 제휴 마케팅, 짝짓기 마케팅이라고도 불리는데 타깃 수요층이 겹치는 두 제품끼리 협업하여 서로의 경쟁력과 핵심역량으로 시너지효과를 통해 공통된 이익을 추구하는 마케팅이다.

콜라보 마케팅으로 얻을 수 있는 이익은 네 가지가 있다. 첫 번째는 기존 브랜드가 가지고 있는 이미지의 식상함에서 벗어나 새로운 느낌으로 소비자들에게 다가갈 수 있다는 점이다. 두 번째 이익은 자사브랜드만으로는 접하기 어려운 타깃에게도 다가가기가 쉬워져 시장의 확장이 가능하다는 점이다. 세 번째는 새로운 혁신적인 가치를 제공하여 고부가가치를 창출할 수 있다는 점이다. 네 번째는 제품을 차별화시킬 수 있다는 점이다. 최근에 이러한 이익을 극대화하는 다양한 콜라보 마케팅이 전개되고 있다.

1) 팔도 비빔면 콜라보 마케팅 사례

콜라보 마케팅의 대표적인 사례로 비빔면과 동원F&B 및 CJ 등이 공동으로 내놓은 참빔면과 골빔면, 연빔면 시리즈를 뽑을 수 있다. 참빔면과 골빔면은 팔도기업의 비빔면과 동원기업의 참치 및 골뱅이를 혼합한 것이다. 연빔면은 팔도기업의 비빔면과 CJ의 알래스카 연어의 콜라보이다.

1984년 출시한 '팔도비빔면'은 우리나라에 간편식 계절면을 처음 소개했으며 비빔면 시장에서 약 60%의 점유율을 올리고 있는 1위 브랜드이다. 30년 이상이나 된 장수브랜드인 만큼 다양한 레시피가 개발되어 있으며, 팔도는 이를 활용하여 공격적인 콜라보 마케팅을 진행하였다. 먼저 팔도는 TV광고를 통해 '팔도비빔면'을 활용한 색다른 레시피를 공개했다. '골빔면'(골뱅이+비빔면) 편과 '참빔면'(참치+비빔면) 편 등 2편을 제작, 방영을 시작했으며 '골빔면'은 한 예능 프로그램에 방영되어 화제가 되

[그림 11-12] 팔도와 동원의 콜라보 레시피 마케팅: 골빔면(좌)과 참빔면(우)

출처: 네이버뉴스.

기도 했다. 특히 '참빔면' 편에는 참치시장 1위 브랜드 '동원참치'가 등장, '참치비빔면'이 요리되는 과정을 재미있게 풀어내 시청자들의 눈길을 끌었다.

동원F&B와 팔도는 소비자들이 골뱅이와 비빔면을 섞어 먹는 '골빔면'이 유행하자 이에 발맞춘 공동 마케팅에 나섰다. 두 회사는 골빔면의 레시피를 홍보하기 위해 시식 · 할인 행사 등의 마케팅을 함께 진행하였다. 또한 팔도비빔면 묶음포장에 동원의 구운골뱅이 이미지와 골빔면 레시피 디자인을 넣었다. 나아가 대형마트들과 연계하여 골빔면 홍보를 더욱 강화하였다. 홈플러스는 동원의 구운골뱅이와 팔도비빔면을 함께 구매할 시 1천 원의 할인 혜택을, 롯데마트는 제품 홍보 전단지에 골빔면 레시피가 담긴 QR코드를 삽입하였다.

팔도는 동원F&B와 함께 '골빔면' '참빔면' 등의 공동레시피 마케팅으로 성공한 데 이어, CJ제일제당과 '연빔면'으로 무더위에 지친 소비자 입맛을 사로잡겠다며 공동 마케팅을 전개했다.

이와 관련하여 팔도와 CJ제일제당은 '연빔면' 레시피를 널리 알리기 위해 대형마트를 중심으로 시식행사를 진행하고 '알래스카 연어'와 '팔도 비빔면'의 연관진열을 통해 제품 구매 시 할인해 주는 판촉행사도 실시하였다. 또한 '팔도 비빔면' 5개입 패

[그림 11-13] 팔도 비빔면과 알래스카 연어 통조림과의 만남: 연빔면
출처: 네이버뉴스.

키지에 '연빔면' 레시피 디자인을 삽입하고 소비자들이 집에서 쉽고 간편하게 '연빔면'을 즐길 수 있도록 레시피 카드를 제공해 공동 마케팅을 전개하였다.

또한 팔도 비빔면은 CJ제일제당의 '백설 고소한 참기름'과도 콜라보 마케팅을 진행했다. 팔도 비빔면과 백설 참기름을 함께 구매 시 경품을 지급하고, 건강한 참기름 콘셉트를 부각하여 고소한 맛과 건강을 동시에 챙기는 공동 레시피 마케팅으로 확산하였다.

이처럼 팔도는 비슷한 타깃층을 가진 업체끼리 협업을 통해 소비자들이 색다른 맛을 느낄 수 있고 쉽게 활용할 수 있는 공동 레시피 마케팅을 활발히 전개하고 있다. 이러한 공동 마케팅 결과 협업업체들은 시너지 판매효과를 보았고, 고객들은 색다른 즐거움을 느낄 수 있어 좋은 성과를 거두고 있다.

2) 백설 자일로스설탕 콜라보 마케팅 사례

백설 자일로스설탕은 단맛은 설탕 그대로이면서 체내 설탕 흡수는 줄인 신개념 설탕으로, 2011년 출시 이후 해마다 40% 이상 매출이 증가하고 있다. 특히 과일청 관련 설탕 수요 증가에 따라 제품 라인업 강화는 물론 각종 이벤트와 프로모션 등 전방위적 마케팅을 전개하고 있다.

백설 자일로스설탕은 과일청 수요 소비자들의 웰빙제품에 대한 요구와 백설 자일로스설탕의 제품 콘셉트가 잘 맞아떨어진다고 판단하고 과일청과 콜라보 마케팅을 전개했다.

백설 자일로스설탕은 지역 과실 농장과의 콜라보 마케팅을 하여 과일청 농가에 브랜드 파워를 통해 힘을 실어 주면서 백설 자일로스설탕의 우수성을 더욱 부각시키고 판매를 증대시켰다. 또한 CJ제일제당은 자일로스설탕과 과일청 콜라보 마케팅을 지원하는 백설 수제과일청 DIY 세트를 출시하여 판매했다. DIY 세트 안에는 백설 자일로스설탕과 청을 담을 수 있는 유리병, 선물용으로 꾸밀 수 있는 스티커와 카드, 과일청 레시피북이 담겨 있어 소비자들이 번거롭게 재료와 용기를 따로 구매하지 않아도 이 세트만 구입하면 과일청 만들기를 한 번에 해결할 수 있게 하였다.

또한 백설 자일로스설탕은 겨울 시즌에는 썬키스트와 '겨울을 이기는 비타민 충전, 건강한 레몬청!'이라는 슬로건을 내걸고 콜라보 마케팅을 펼쳤다.

백설 자일로스설탕은 레몬은 레몬청으로 만들어 겨울에는 따뜻한 레몬차로 즐기

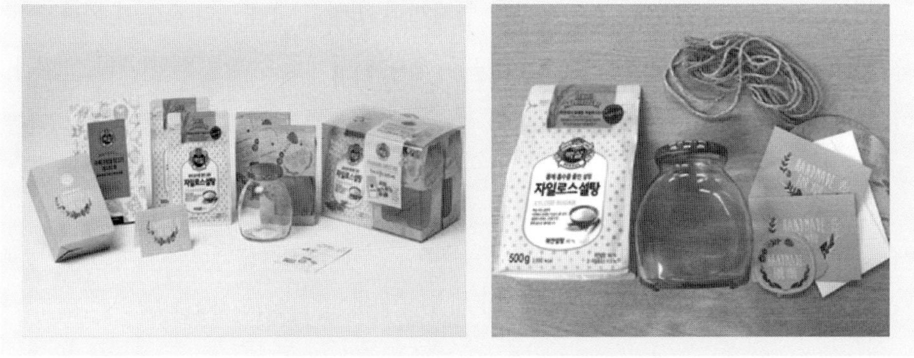

[그림 11-14] 백설 수제과일청 DIY 세트

출처: 네이버 블로그.

거나, 샐러드 드레싱, 요리 소스 등으로 다양하게 활용할 수 있어, 레몬청에 대한 수요가 증가하고 있다고 판단하였다. 이에 CJ제일제당은 '건강한 단맛'의 백설 자일로스설탕과 100년 이상 최고의 맛과 품질을 자랑하는 썬키스트 레몬과의 콜라보 마케팅을 통해 겨울철 레몬청 트렌드 확산과 함께 매출 동반상승을 유도하였다.

[그림 11-15] 백설 자일로스설탕과 썬키스트 레몬과의 콜라보 마케팅
출처: 네이버 블로그.

또한 백설 자일로스설탕은 온라인과 오프라인을 연계하여 건강한 레몬청 담그기 이벤트를 실시하였다. 전국 GS슈퍼마켓, 롯데마트 매장에서 썬키스트 레몬과 백설 자일로스설탕 제품으로 '레몬청 담그기 존'을 구성해 동반진열, 시식행사, 레시피카드 배포, 할인판매 등 건강한 레몬청 프로모션을 진행하였다.

온라인에서는 CJ제일제당 홈페이지를 통해 건강한 레몬청 이벤트를 펼쳤다. 건강한 레몬청 비법 재료를 맞추는 퀴즈 이벤트로, 추첨을 통해 항공권, 썬키스트 레몬, 백설 수제과일청 DIY 세트 등을 경품으로 제공하였다.

백설 자일로스설탕은 홈페이지에서 매월 과일청 체험단을 운영하는 등 다양한 과일청시장 공략을 위해 적극적인 콜라보 마케팅 활동을 펼쳤다. 이를 통해 백설 자일로스설탕은 지속적인 판매 증대를 거두는 기반을 다졌다.

[그림 11-16] 백설 자일로스설탕과 레몬청 담기 이벤트

출처: CJ제일제당 홈페이지.

4. 콘텐츠를 활용한 광고 마케팅 특성과 사례

최근 방탄소년단(BTS) 사례에서 경험한 바와 같이 무궁무진한 부가가치를 창출하는 콘텐츠는 그 자체로서 막강한 마케팅 툴이 될 뿐 아니라 다른 제품과 서비스를 위한 마케팅 도구로서도 큰 힘을 발휘하고 있다. 콘텐츠는 문자, 소리, 화상, 영상 등의 형태로 이루어진 정보의 내용물을 지칭한다. 콘텐츠의 영역은 방송, 영상, 음악, 캐릭터, 게임, 애니메이션, 영화, 출판, 교육콘텐츠, 지식정보콘텐츠, 이미지 등으로 콘텐츠기술과 문화가 융합된 산업부분이다.

최근에는 영향력이 커진 콘텐츠들을 활용하여 다른 제품이나 서비스의 시장을 활성화시키는 콘텐츠 마케팅이 점차 활성화되고 있다.

1) 캐릭터를 활용한 광고 마케팅 사례

캐릭터 마케팅이란 인지도, 친근감, 독창성, 새로운 부가 가치가 있는 캐릭터를 활용하여 어떤 특정 제품과 서비스를 새로운 이미지로 변화시켜 고객들의 구매효과를 불러일으키는 일종의 감성마케팅이다.

(1) 더페이스샵 디즈니 캐릭터 마케팅

미키마우스를 위시한 디즈니캐릭터는 전 세계 남녀노소 모두가 좋아하는 캐릭터이다. 1928년 흑백 애니메이션 '스팀보트'에서 처음 미키마우스가 등장한 후 미니마우스, 도날드 덕, 구피, 스티치, 곰돌이 푸, 라이언킹, 밤비, 덤보, 토이스토리, 몬스터, 라푼젤, 모아나, 얼음공주 엘사까지 디즈니는 현재까지도 다양한 캐릭터를 창출해 내고 있다. 디즈니 캐릭터는 현재까지도 전 세계적으로 남녀노소를 불문하고 사랑받고 있으며 디즈니랜드, 디즈니크루즈 등 다양한 방법으로 사람들을 만나고 있다.

더페이스샵에서는 이처럼 국내에서도 인지도와 호감도가 높은 디즈니 캐릭터인

[그림 11-17] 더페이스샵과 디즈니 캐릭터의 콜라보 제품

출처: 네이버 뉴스.

'미키마우스'와 '미니마우스', '위니 더 푸', 몬스터 주식회사의 '마이크' 등 각 캐릭터와 콜라보한 제품을 선보였다. 이 중 대표제품인 '더페이스샵×디즈니' 쿠션 3종에는 미키마우스, 위니 더 푸, 마이크 얼굴이 입체적으로 만들어져 캐릭터를 더욱 생생하게 표현하였다. 이 외에도 다양한 색상 구성으로 데일리부터 스페셜 메이크업까지 연출 가능한 8색 아이섀도 팔레트가 미키와 푸 및 마이크 캐릭터 패키지로 구성되었고 귀여운 미키마우스 디자인의 립&아이즈 팔레트는 데일리로 활용할 수 있는 아이섀도와 립팔레트로 구성, 제공되었다.

더페이스샵은 디즈니 캐릭터를 넣은 쿠션제품이 출시 이틀 만에 초도물량 13만 개가 모두 판매되었으며 캐릭터상품이 본격 출시된 7월 매출이 전월 대비 53% 증가하는 실적을 거두었다. 이렇게 더페이스샵의 디즈니 캐릭터를 이용한 캐릭터 마케팅이 성공하게 된 이유는, 첫째, 타깃층이 모두 알고 좋아하는 디즈니 캐릭터와 콜라보하여 타깃에게 친근감과 어릴 적 향수를 불러일으켰다. 둘째, 캐릭터를 화장품에 적용하면서 재미를 추구하였다. 단순히 캐릭터를 제품에 그려 넣은 것이 아니라 콜라보에 맞는 디자인을 선보이며 재탄생시켰다는 것이다. 더페이스샵의 경우 용기의 모양 자체를 캐릭터화함으로써 친근하면서도 재미를 추구하는 동시에 한정판으로 출시하여 소장가치를 높였다.

이처럼 더페이스샵은 타깃 고객이 선호하는 캐릭터를 활용하여 타깃 특성에 맞게 제품을 개발하면서 성공적인 캐릭터 마케팅을 전개하였다.

(2) 365mc 비만클리닉의 지방이 캐릭터 마케팅

365mc는 비만클리닉 광고 마케팅을 위해 자체 캐릭터 '지방이'를 개발하였다. 지방이를 활용하여 비만클리닉 광고에서 전통적으로 사용했던 비만이었던 비포 애프터(before & after) 비교나 지방과 비만을 혐오의 대상으로 표현하곤 하던 일반적인 미용성형광고에서 벗어나 귀여운 캐릭터를 활용한 친근한 스토리텔링 기법으로 많은 사람들의 호응을 얻었다.

365mc 비만클리닉은 '위인 지방이 시리즈' 광고를 실시하였다. 이는 많은 사람이

[그림 11-18] 365mc 비만클리닉의 지방이 캐릭터 활용 광고

출처: 메디파나뉴스 홈페이지(2017. 05. 18).

알고 있는 세계적 위인들로 캐릭터 지방이가 변신하여, 각 위인들의 이름의 일부를 비만클리닉이 연상되게 “빼”로 대체하여 병원이 전하고자 하는 메시지를 강조하였다. 이 광고는 대한민국 광고대상 인쇄부문에서 동상을 차지하였다.

‘지방이’ 캐릭터는 광고마케팅에서 활용되면서 캐릭터 자체도 인기를 얻어 365mc에 “지방이 인형은 어디서 구매할 수 있느냐” “캐릭터 배지는 어떻게 구하느냐” 등의 문의전화가 빗발쳤다고 한다. 이로 인해 지방이 캐릭터 상품도 개발되어 판매되었고 지방이 캐릭터로 지방클리닉 모바일 메신저용 이모티콘도 제작하여 무료 배포하였다.

또한 365mc는 편의점 GS25와 손잡고 다이어트 선식 2종을 출시했다. ‘지방이 빼라오 선식’은 카카오닙스, ‘지방이 빼자 선식’은 흑미가 주원료로 곡물가루에 멀티비타민과 각종 미네랄이 함유돼 있어 영양과 다이어트를 동시에 챙길 수 있다. 365mc는 이 상품을 통해 발생한 수익금을 사회공헌활동에 기부하였다.

365mc는 서비스상품의 특성을 잘 살린 캐릭터를 개발하고 이를 활용한 광고 마케팅을 적극 전개하여 단시간에 인지도를 높이고 호감도도 제고하여 매출이 늘어나게 되었다. 또한 캐릭터 자체도 인기를 끌어 다양한 형태의 콜라보 마케팅도 가능하게 되었다.

[그림 11-19] 365mc 지방이 캐릭터 인형, 이모티콘, 선식 제품

출처: 365mc 공식블로그.

2) 유튜브 방송영상 콘텐츠를 활용한 광고 마케팅 사례: G마켓

유튜브(YouTube)는 전 세계 10억 명의 시청자를 확보하고 매일 40억 편의 영상이 올라오는 세계 최대의 방송영상 콘텐츠 플랫폼이다. 검색도 이제는 유튜브로 한다고 할 만큼 유튜브의 영향력은 커졌고, 특히 1인방송 플랫폼의 절대 강자로 우뚝 서 있다. 이로 인해 유튜브를 활용한 방송영상 콘텐츠 마케팅이 계속 증가하고 있다.

국내의 대표적인 온라인 쇼핑몰 G마켓은 '택배기사님, 택배 왔어요'라는 제목으로

[그림 11-20] G마켓의 '택배기사님, 택배 왔어요' 유튜브 동영상

출처: 유튜브.

유튜브를 통해 공개한 첫 번째 동영상이 인기를 끌어 조회 수 천만 명을 돌파했다. 이 영상은 추석 시즌 힘들게 일하는 택배기사들을 위해 준비한 감동 이벤트와 택배기사들 사이의 동료애를 담은 영상으로 G마켓 모델인 그룹 빅뱅의 G드래곤이 생애 첫 내레이션을 맡아 감동을 더했다.

그리고 G마켓의 패밀리사이트인 큐레이션 쇼핑몰 G9는 유튜브에 이국주와 에이핑크가 함께 등장하는 TV광고 동영상 버전을 공개했다. 당시 인기 개그우먼 이국주가 에이핑크 제7의 멤버로 분해 코믹 댄스를 선보여 티저영상부터 관심을 모았다. '핫한 것만 골라 주는 모바일 쇼핑 G9'를 콘셉트로 총 3개의 시리즈로 제작되었다. 3편 모두 이국주의 '호로록 댄스'와 감칠맛 나는 식탐송 패러디가 이목을 끌며 유튜브에서 인기를 끌었다.

[그림 11-21] G마켓의 이국주 시리즈 유튜브 영상

출처: 유튜브.

유튜브를 활용한 동영상 마케팅이 인기를 끌면서 G마켓은 이를 계속하고 있다. 최근에도 '반려견 쇼핑 금지' 캠페인 영상이 유튜브 조회 수 1천만 뷰 이상을 기록하며 큰 인기를 얻고 있다. 이번 캠페인은 국내 유기동물의 수가 급증하고 있는 상황에서 소비자들이 반려견에 대한 책임감을 갖도록 유도하기 위해 기획되었다. 영상은

한 아이에게 사랑을 받던 강아지인형이 관심에서 멀어지다가 결국 버려지는 과정과 유기견의 모습을 반전 구성으로 보여 주며 “반려견은 인형이 아니라 가족”이라는 메시지를 전하고 있다.

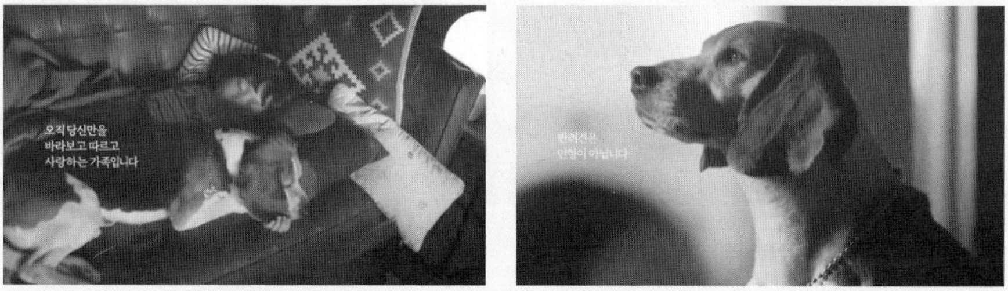

[그림 11-22] G마켓 반려견 캠페인 유튜브 동영상

출처: 유튜브.

또한 G마켓은 유튜브의 인기 크리에이터 12인과 함께 G마켓의 중소기업 제품 판매를 돕는 ‘쇼핑어벤G스’ 캠페인을 펼쳤다. 이 캠페인은 게임, 뷰티, 엔터테인먼트, 푸드 등 카테고리별 콘텐츠 창작자 12팀이 금요일마다 각자의 유튜브 채널에 본인이 선정한 제품을 자연스럽게 소개하는 방송영상을 제작하여 올리는 방식으로 진행됐다.

쇼핑어벤G스는 대도서관, 씬님, 쿠쿠크루, 밴쯔가 각각 돼지코팩, 화장솜, 자동차, 닭갈비를 개성 있는 방식으로 소개했다. 뒤이어 울산큰고래, 라뮤끄, 데이브, 허팝은 각각 키보드, 속눈썹, 승마기구, 방탄필름을 했다. 그 결과 이들이 유튜브로 방송한 제품은 ‘G마켓 베스트’에 올라가는 등 큰 인기를 얻었다. 이들의 유튜브 방송영상은 G마켓 웹사이트의 이벤트 페이지 또는 다이아티비 채널을 통해서도 볼 수 있게 링크하였다.

G마켓은 유튜브 방송영상 콘텐츠로 감동과 재미를 주는 네이티브 광고 형식으로 큰 관심을 이끌고 공감을 만들어 내며 브랜드 가치를 높였다. 또한 유튜브 인기 크리에이터들이 각자의 채널을 통해 제품을 자연스럽게 소개토록 함으로써 판매와도 연계하는 유튜브 마케팅을 전개하여 높은 광고 마케팅 효과를 거두었다. ■

[그림 11-23] G마켓의 유튜브 스타와 함께하는 쇼핑어벤G스 유튜브 방송

출처: 유튜브.

참고문헌

제1장 광고의 개념과 중요성

김광수, 우성택, 권은아(2010). 광고학. 서울: 한나래.

김병희(2008). 인쇄매체 광고의 흐름과 특성. 윤선길 외 공저. 한국의 광고 2. 경기: 나남출판. pp. 159-185.

김병희(2011). 한국 텔레비전 방송광고 50년의 흐름과 특성. 김병희 외 공저. 한국 텔레비전 방송 50년. 서울: 커뮤니케이션북스, pp. 313-369.

김병희(2013a). 광고의 새로운 정의와 범위: 혼합연구방법의 적용. 광고학연구, 24(2), 225-254.

김병희(2013b). 광고의 새로운 정의와 범위. 서울: 한경사.

김병희(2017). 광고의 정의. 김병희 외 공저. 100개의 키워드로 읽는 광고와 PR. 경기: 한울엠플러스, pp. 16-25.

김병희, 신인섭(2007). 미시사적 관점에서 본 근대광고의 근대성 메시지 분석. 광고학연구, 18(3), 97-129.

김병희, 한상필(2012). 광고의 새로운 개념 재정립을 위한 시론. 광고연구, 95, 248-282.

김봉현, 김태용, 박현수, 신강균(2011). 광고학개론. 서울: 한경사.

마정미(2004). 광고로 읽는 한국 사회문화사. 서울: 개마고원.

마정미(2009). 정치적 격동기와 경제 성장기: 1945-1967. 마정미, 신인섭, 서범석, 김대환, 신기혁, 김병희, 이희복 공저. 광고라 하는 것은: 1876-2008. 신문 광고와 사회 변화. 서울: 커뮤니케이션북스, pp. 123-162.

송용섭, 리대룡(1996). 현대광고론. 서울: 무역경영사.

신인섭, 김병희(2007). 한국 근대광고 걸작선 100: 1876-1945. 서울: 커뮤니케이션북스.

신정길, 문승권, 문형남(2004). 감성 경영 감성 리더십. 서울: 넥스비즈.
양영종, 한상필(2017). 광고의 이해. 서울: 경영연구원.
이두희(2006). 광고론: 통합적 광고. 서울: 박영사.
이시훈(2007). 광고의 개념 재정립과 이론화: 상호작용 광고의 영향을 중심으로. 커뮤니케이션 이론, 3(2), 153-188.
이원재(2013). 광고의 이해: 설득과 관계 뛰어넘기. 서울: 푸른사상.
이준관, 김형재(2016). 한국, 미국 마케팅 논문의 비교분석에 관한 탐색적 연구. 경영사연구, 79(3), 57-74.
이희복(2018). 광고론. 서울: 한경사.
조용석(2017). 4차 산업혁명 마케팅 광고. 서울: 한언.
최영균, 윤태웅, 성용준, 엄남현(2019). 광고학개론. 서울: 이프레스.
최환진(2011). 광고의 범위 재정의; 어디까지 광고로 봐야 할까? 광고계동향, 5월호(242호), 40-43.
한국광고학회(KAS)(1994). Korean Advertising Society. http://www.koads.or.kr
현택수, 홍장선(2007). 광고의 이해와 실제. 서울: 동문선.
황장선(2010). 광고의 정의는 바뀌었다. 광고업협회보, 9-10월호, 83, 3-6.

Advertising Age (1999). https://adage.com/section/special-report-1999
American Agency Association (AAA)(1989). https://en.wikipedia.org/wiki/1989_AAA
Arens, W. F. (1999). *Contemporary Advertising* (7th ed.). Mcgraw-Hill/Irwin.
Dunn, S. W., & Amold, M. B. (1986). *Advertising: Its Role In Modern Marketing* (6th ed.). Chicago, IL: Dryden press.
Kahneman, D., & Tversky, A. (1979). Prospect Theory: An analysis of decision under risk. *Journal of the Econometric Society*, *47*(2), 263-292.
Pride, W. M., & Ferrell, O. C. (1989). *Marketing: Concepts and strategies* (6th ed.). Boston: Houghton Mifflin Co.
Tillman, R., & Kirkpatrick, C. A. (1972). *Promotion: Persuasive communication in marketing* (2nd ed.). Homewood, IL: R.D. Irwin.
Watson, D. S., & Barban, A. M. (1986). *Advertising: Its Role in Modern Marketing* (6th ed.). Chicago, IL: Dryden Press.
Wells, W. D., Burnett, J., & Moriarty, S. E. (1999). *Advertising: Principles and Practice* (5th ed.). Upper Saddle River, NJ: Prentice-Hall.
Wright, J. S. (1977). *Advertising* (4th ed.). New York: McGraw-Hill.
American Marketing Association (AMA)(1948, 1963, 2017). www.marketingpower.com

Wikipedia (2018). https://en.wikipedia.org/wiki/2018
Wikipedia (2019). https://en.wikipedia.org/wiki/2019

제2장 광고와 마케팅 전략

김광규, 김미정, 김미현, 박철주, 손준상, 이원일(2017). 현대마케팅. 서울: 형설출판사.
김진민, 김재영(2017). SWOT-AHP 분석을 통한 모바일 상거래에 대한 고객 기반 전략 방향. 인터넷전자상거래연구, 17(1), 197-214.
박기안, 신건철, 김준석(2013). 마케팅(개정판). 서울: 무역경영사.
박충환, 오세조, 김동훈, 박진용(2011). 시장지향적 마케팅 관리(제4판). 서울: 박영사.
변명식, 신문식, 조은미, 김영기(2015). NEW 마케팅. 서울: 도서출판 범한.
서찬주(2007). 마케팅의 정의와 연구방향. 한국경영학회 통합학술발표논문집.
양영종, 김상훈, 정걸진(2002). 디지털시대 광고론. 서울: 형설출판사.
유필화, 김용준, 한상만(1988). 현대 마케팅론. 서울: 박영사.
이수동, 박상준, 김주영, 이형재(2009). 전사적 관점의 마케팅(제3판). 경기: 학현사.
정희경(2019). SNS 마케팅 커뮤니케이션의 성공적 활용을 위한 항공사의 전략적 브랜드 관계 마케팅에 대한 연구. 호텔경영학연구, 28(3), 173-190.
한국경제(2019. 07. 20.). 블루보틀 '커피공화국' 흔들다. https://www.hankyung.com/economy/article/2019071971961
홍성태(2019). Growing Up. 서울: 북스톤.

American Marketing Association (AMA)(1985). AMA Board Approves New Marketing Definition. *Marketing News*, March 1, 1.
Kotler, P., Jain, D. B., & Maesincee, S. (2010). *Marketing Moves*. Boston: Havard Business School Press.

데일리팝 홈페이지. http://www.dailypop.kr/news/articleView.html?idxno=37383

제3장 광고와 통합 마케팅 커뮤니케이션

김상훈, 안대천(2012). 대한항공 '우리에게만 있는 나라' 캠페인 사례연구: '참여가변형 플랫폼'

과 360° 브랜딩 캠페인. 광고학연구, 23(5), 289-307.
안광호, 이유재, 유창조(2014). 광고관리. 경기: 학현사.
이정헌(2011). TV홈쇼핑 쇼호스트의 구매설득 커뮤니케이션 전략. 한국콘텐츠학회논문지, 11(8), 311-320.

Kotler, P., Armstrong, G., Ang, S. H., Tan, C. T., Yau, O. H., & Leong, S. M. (2017). *Principles of Marketing: An Asian Perspective* (4th ed.). Essex, England: Pearson.
Moriarty, S., Mitchell, & Wells (2015). *Advertising & IMC: Principles and Practice*. Essex, England: Pearson.
Pride, W., & Ferrell, O. (2015). *Foundations of Marketing*. Stamford, CT: Cengage Learning.
Schultz, D., & Schultz, H. (1993). *IMC: The Next Generation. Five Steps for Delivering Value and Measuring Returns Using Marketing Communication* (1st ed.). New York, NY: McGraw-Hill Education.

제4장 광고의 소비자 동기유발

김선영(2006). 가족 이미지를 차용한 텔레비전 광고 분석. 가족과 문화, 18(1), 83-116.
김염제(1992). 광고소구와 그 전략적 활용방안에 관한 연구. 광고연구, 6, 31-51.
김영균(2014). 전략적 소비자 행동론. 서울: 두남.
김완석(2000). 광고심리학. 서울: 학지사.
김은희(2015). 사례중심 소비자행동의 이해. 서울: 두남.
김정연, 김병진(2011). 드링크제 〈박카스〉 광고디자인의 변천에 대한 연구. 커뮤니케이션디자인학연구, 36, 69-79.
김정탁(2000). 굿바이 구텐베르크. 서울: 중앙일보새천년(주).
김효실(2009). 또 하나의 가족 양방향 광고시대를 열다. Cheil Worldwide, 2009년 3월호, 398호.
김훈철(1992). 광고, 그 소구력의 단위는 소비자의 미세한 욕구 만족. 마케팅, 26(2), 92-95.
남승규(2009). 소비자분석. 서울: 학지사.
박선영, 김개천(2013). 매슬로의 욕구단계이론에 의한 브랜드 아파트 공간특성 연구. 기초조형학연구, 14(4), 207-216.
손주영(2013). 조직과 리더십. 서울: 두남.
우석봉(2017). 광고효과의 심리학. 서울: 학지사.

이성구(1999). 광고 · 크리에이티브론. 서울: 나남.

이청림(2018). 타인의 평가가 소비행복에 미치는 영향: 관계유대 강도와 구매 유형의 조절역할을 중심으로. 소비문화연구, 21(2), 67-95.

정원식(2001). 인간의 동기. 서울: 교육과학사.

조은미(2006). 현대사회의 소비자행동에 대한 이론적 고찰. 생활문화연구, 20, 27-51.

최효찬(2016). 장 보드리야르. 서울: 커뮤니케이션북스.

Arndt, J. (1967). Role of product-related conversations in the diffusion of a new product. *Journal of Marketing Research*, *4*, 291-295.

Arnold, J., Robertson, I. T., & Cooper, C. L. (1995). Work psychology: Understanding human behavior in the workplace (2nd ed.). London: Pitman.

Baudrillard, J. (1999). 소비의 사회 (*La Societe de Consommation: Ses Mythes Ses Structures*). (이상률 역). 서울: 문예출판사. (원저는 1970년에 출판).

Holbrook, M. B. (1999). *Consumer Value: A Framework for Analysis and Research*. London; NY: Routledge.

MacInnis, D. J., Moorman, C., & Jaworski, B. J. (1991). Enhancing and measuring consumers' motivation, opportunity, and ability to process brand information from ads. *Journal of Marketing*, *55*, 32-53.

Maslow, A. H. (1943). A theory of human motivation. *Psychological Review*, *80*, 370-396.

Schunk, D., Pintrich, P., & Meece, J. (2010). *Motivation in Education* (3rd ed). Upper Salle River, NJ: Pearson.

Sheth, J. N., Newman, B. I., & Gross, B. L. (1991). Why we buy what we buy: A theory of consumption values. *Journal of Business Research*, *22*(2), 159-170.

광고정보센터 홈페이지. www.kfaa.org

기아자동차 홈페이지. www.kia.com

박카스 홈페이지. www.bacchusd.com

삼성래미안 홈페이지. www.raemian.co.kr

삼성생명 홈페이지. www.samsunglife.com

제5장 소비자 정보처리 과정

김성영, 라선아(2014). 소비자행동론. 서울: 한국방송통신대학교 출판문화원.
이두희(2009). 광고론: 통합적 광고. 서울: 박영사.
이학식, 안광호, 하영원(2016). 소비자 행동-마케팅 전략적 접근(제6판). 서울: 집현재.
이학식, 임지훈, 박종철(2019). 마케팅(제5판). 서울: 집현재.

Galanter, E. (1962). *Contemporary Psychophysics*. New York: Holt, Rinehart, Winston.
Grossman, G. (1999). *Sell & Spin: A History of Advertising*.

AEF 홈페이지. www.aef.com/ad-award-archive
Parmalat 홈페이지. www.parmalat.com
TVCF 홈페이지. www.tvcf.co.kr
미디어펜 홈페이지. www.mediapen.com
베네통 그룹 홈페이지. www.benettongroup.com/media-press/
이투데이 홈페이지. www.etoday.co.kr
초록우산 어린이재단 홈페이지. www.childfund.or.kr
테크홀릭 홈페이지. www.techholic.co.kr
하겐다즈 홈페이지. www.haagendazs.co.kr

* 자료의 수집 및 정리에 도움을 준 조선대학교 경영학부 주경희 교수께 감사드립니다.

제6장 소비자 태도이론의 검토

이학식, 안광호, 하영원(2015). 소비자행동: 마케팅 전략적 접근 (제6판). 서울: 집현재.

Ajzen, I. (2001). Nature and operation of attitudes. *Annual Review of Psychology*, *52*, 27-58.
Argyrion, E., & Melewar, T. C. (2011). Consumer attitudes revisited: A review of attitude theory in marketing research. *International Journal of Management Reviews*, *British Academy of Management*, *13*, 431-451.
Bagozzi, R. P., Gopinath, M., & Nyer, P. U. (1999). The role of emotions in marketing. *Journal of the Academy of Marketing Science*, *27*, 184-206.

Bandura, A. (2001). Social cognitive theory: An agentic perspective. *Annual Review of Psychology*, *52*, 1-26.

Bettman, J. R. (1979). Issues in research on consumer choice. *Advances in Consumer Research*, *13*, 234-249.

Bettman, J. R., & Kakkar, P. (1977). Effects of information presentation format on consumer information acquisition strategies. *Journal of Consumer Research*, *3*, 233-240.

Bettman, J. R., & Park, C. W. (1980). Effects of prior knowledge and experience and phase of the choice process on consumer decision processes: a protocol analysis. *Journal of Consumer Research*, *7*, 234-248.

Bettman, J. R., & Zins, M. A. (1977). Constructive processes in consumer choice. *Journal of Consumer Research*, *6*, 141-153.

Bettman, J. R., & Zins, M. A. (1979), Information format and choice task effects in decision making. *Journal of Consumer Research*, *4*, 75-85.

Bettman, J. R., Luce, M. F., & Payne, J. W. (1998). Constructive consumer choice processes. *Journal of Consumer Research*, *25*, 187-217.

Brown, J. S., Collins, A., & Duguid, P. (1989). Situated cognition and the culture of learning. *Educational Researcher*, *18*, 32-42.

Bruner, G. C., & Kumar, A. (2000). Web commercials and advertising hierarchy of effects. *Journal of Advertising Research*, *40*, 35-43.

Cacioppo, J. T., & Petty, R. E. (1984). The elaboration likelihood model of persuasion. *Advances in Consumer Research*, *11*, 673-675.

Chaiken, S. (1980), Heuristic versus systematic information processing and the use of source versus message cues in persuasion. *Journal of Personality and Social Psychology*, *39*, 752-766.

Chen, Q., & Wells, W. D. (1999). Attitude toward the site. *Journal of Advertising Research*, *39*, 27-37.

Clore, G. L. (1994). Why emotions are felt. In P. Ekman & R. J. Davidson (Eds.), *Nature of Emotion: Fundamental Questions*. New York: Oxford University Press, 103-111.

Cohen, J. B., & Reed, A. (2006). A multiple pathway anchoring and adjustment (MPAA) model of attitude generation and recruitment. *Journal of Consumer Research*, *33*, 1-15.

Coupey, E. (1994). Restructuring: constructive processing of information displays in consumer choice. *Journal of Consumer Research*, *21*, 83-89.

Eagly, A. H., & Chaiken, S. (1993). *The Psychology of Attitudes*. Orlando, FL: Harcourt Brace Jovanovich College Publishers.

Erevelles, S. (1998). The role of affect in marketing. *Journal of Business Research, 42*, 199-215.

Fazio, R. H. (1986). How do attitudes guide behavior? In R. M. Sorrention & T. E. Higgins (Eds.), *The Handbook of Motivation and Cognition: Foundation of Social Behavior*. New York: Guilford, 204-243.

Fazio, R. H. (1989). On the power of functionality of attitudes: The role of attitude accessibility. In A. R. Praktanis et al. (Eds.), *Attitude Structure and Function*. Hillsdale, NJ: Lawrence Erlbaum Associates, 153-179.

Fazio, R. H. (1990). Multiple processes by which attitudes guide behavior: The MODE model as an integrative framework. *Advances in Experimental Social Psychology, 23*, 75-109.

Fazio, R. H. (2001). On the automatic activation of associated evaluations: An overview. *Cognition & Emotion, 15*, 115-141.

Fazio, R. H., & Zanna, M. P. (1981). Direct experience and the attitude-behavior consistency. In L. Berkowitz, (Ed.), *Advances in Experimental Social Psychology, Vol. 14*. New York: Academic Press, 161-202.

Feldman, J. M., & Lynch, J. G. (1988). Self-generated validity and other effects of measurement on belief, attitude, intention, and behavior. *Journal of Applied Psychology, 73*, 421-435.

Fishbein, M., & Ajzen, I. (1975). *Belief, Attitude, Intention and Behavior: An Introduction to Theory and Research*. Reading, MA: Addison-Wesley.

Fishbein, M., & Middlestadt, S. E. (1995). Noncognitive effects on attitude formation and change: Fact or artifact? *Journal of Consumer Psychology, 4*, 181-202.

Fishbein, M., & Middlestadt, S. E. (1997). A striking lack of evidence for non belief-based attitude formation and change: A response to five commentaries. *Journal of Consumer Psychology, 6*, 107-115.

Garbarino, E. C., & Edell, J. A. (1997). Cognitive eddort, affect and choice. *Journal of Consumer Research, 24*, 147-158.

Gorn, G. J. (1982). The effects of music in advertising on choice behavior: A classical conditioning approach. *Journal of Marketing, 46*, 94-101.

Grewal, R., Mehta, R., & Kardes, F. R. (2004). The timing of repeat purchases of consumer durable goods: The role of functional bases of consumer attitudes. *Journal of Marketing Research*, *41*, 101–115.

Grossman, R. P., & Till, B. D. (1998). The persistence of classically conditioned brand attitudes. *Journal of Advertising*, *27*, 23–31.

Herrington, J., & Oliver, R. (1999). Using situated learning and multimedia to investigate higher-order thinking. *Journal of Interactive Learning Research*, *10*, 3–24.

Jarvenpaa, S. L. (1989). The effect of task demands and graphical format on information processing strategies. *Management Science*, *35*, 764–774.

Katz, D.(1960). The functional approach to the study of attitudes. *Public Opinion Quarterly*, *24*, 163–204.

Kellaris, J. J., & Cox, A. D. (1989). The effects of background music in advertising: A reassessment. *Journal of Consumer Research*, *16*, 113–118.

Lee, A. Y., & Labroo, A. A. (2004). The effect of conceptual and perceptional fluency on brand evaluation. *Journal of Marketing Research*, *41*, 151–165.

Lohse, G. L. (1997). The role of working memory on graphical information processing. *Behavior and Information Technology*, *16*, 297–308.

Lutz, R. J. (1981). A re-conceptualization of the functional approach to attitude. *Research in Marketing*, *5*, 297–308.

Lutz, R. J. (1991). The Role of Attitude Theory in Marketing. In H. H. Kassarjian & T. S. Robertson (Eds.), *Perspectives in Consumer Behavior* (4th ed.). Englewood Cliffs, New Jersey: Prentice-Hall, 317–339.

Olson, M. A., & Fazio, R. H. (2001). Implicit attitude formation through classical conditioning. *Psychological Science*, *12*, 413–417.

Payne, J. W. (1982). Contingent decision behavior. *Psychological Bulletin*, *92*, 382–402.

Payne, J. W., Bettman, J. R., & Johnson, E. J. (1992). Behavioral decision research: A constructive processing perspective. *Annual Review of Psychology*, *43*, 87–131.

Pieters, R., Wedel, M., & Batra, R. (2010). The stopping power of advertising: Measures and effects of visual complexity. *Journal of Marketing*, *74*, 48–60.

Reed, A., II, Wooten, D. B., & Bolton, L. E. (2002). The temporary construction of consumer attitudes. *Journal of Consumer Psychology*, *12*, 375–388.

Russo, J. E. (1977). The value of unit price information. *Journal of Marketing Research*, *14*, 193–201.

Schlosser, A. E. (1998). Applying the functional theory of attitudes to understanding the influence of store atmosphere on store influences. *Journal of Consumer Psychology*, *7*, 345–369.

Schlosser, A. E. (2003a). Computers as situational cues: Implications for consumers' product cognitions and attitudes. *Journal of Consumer Psychology*, *13*, 103–112.

Schlosser, A. E. (2003b). Experiencing products in the virtual world: The role of goal and imagery in influencing attitudes versus purchase intentions. *Journal of Consumer Research*, *30*, 184–198.

Schwarz, N. (1997). Moods and attitude judgments: A comment on Fishbein and Middlestadt. *Journal of Consumer Psychology*, *6*, 93–98.

Schwarz, N. (1998). Warmer and more social: Recent developments in cognitive social psychology. *Annual Review of Sociology*, *24*, 239–264.

Schwarz, N. (2006). Attitude research: Between Ockham's razor and the fundamental attribution error. *Journal of Consumer Research*, *33*, 19–21.

Schwarz, N., & Bohner, G. (2001). The construction of attitudes. In A. Tesser & N. Schwarz (Eds.), *Handbook of Social Psychology: Intraindividual Processes*. Hillsdale, NJ: Lawrence Erlbaum Associates, 436–457.

Schwarz, N., & Strack, F. (1991). Context effects in attitude surveys: Applying cognitive theory to social research. *European Review of Social Psychology*, *2*, 31–50.

Shavitt, S. (1989). Products, personalities and situations in attitude functions: Implications for consumer behavior. *Advances in Consumer Research*, *16*, 300–305.

Shavitt, S. (1990). The role of attitude objects in attitude functions. *Journal of Experimental Social Psychology*, *26*, 124–148.

Shimp, T. A., Stuart, E. W., & Engle, R. W. (1991). A program of classical conditioning experiments testing variations in the conditioned stimulus and context. *Journal of Consumer Research*, *18*, 1–12.

Sloman, S. A. (1996). The empirical case for two systems of reasoning. *Psychological Bulletin*, *119*, 3–22.

Slovic, P. (1972). From Shakespeare to Simon: Speculations and some evidence about man's ability to process information. *Oregon Research Institute Bulletin*, *12*, 10–23.

Slovic, P. (1995). The construction of preference. *American Psychologist*, *50*, 364–371.

Smith, M., Brewster, J. S., & White, R. W. (1956). *Opinions and Personality*. New York: Wiley.

Snyder, M., & Debono, K. G. (1987). A functional approach to attitudes and persuasion.

In M. Zanna, J. M. Olson & C. Herman (Eds.), *Social Influence: The Ontario Symposium, Vol. 5*, Hillsdale, NJ: Elbaum, 107-125.

Stevenson, J. S., Bruner, G. C., & Kumar, A. (2000). Webpage background and viewer attitudes. *Journal of Advertising Research, 40*, 29-34.

Tesser, A. (1978). Self-generated attitude change. In L. Berkowitz (Ed.), *Advances in experimental social psychology*. New York: American Press, 408-448.

Tversky, A., & Kahneman, D. (1974). Judgment under uncertainty: Heuristics and biases. *Science, 185*, 1124-1131.

Tversky, A., & Kahneman, D. (1991). Loss aversion in riskless choice: A reference-dependent model. *The Quarterly Journal of Economics, 106*, 1039-1061.

Tversky, A., Sattath, S., & Slovic, P. (1988). Contingent weighting in judgment and choice. *Psychological Review, 95*, 371-384.

Yeung, C. W. M., & Wyer, R. S. Jr. (2004). Affect, appraisal, and consumer judgement. *Journal of Consumer Research, 31*, 412-424.

Yoo, C., Park, J., & MacInnis, D. (1998). Effects of store characteristics and in-store emotional experiences on store attitudes. *Journal of Business Research, 42*, 253-263.

Zajonc, R. B. (1968). Attitudinal effects of mere exposure. *Journal of Personality and Social Psychology, 9*, 1-27.

Zajonc, R. B. (1980). Feeling and thinking: Preferences need no inferences. *American Psychologist, 35*, 151-175.

Zajonc, R. B. (1984). On the primacy of affect. *American Psychologist, 39*, 117-123.

제7장 광고와 관여도 그리고 몰입감

김철호(2007). 상호작용성과 컨텐츠로서의 웹 정보에 대한 상황적 관여도가 웹기반 정보회상과 정보에 대한 만족에 미치는 영향. 광고학연구, 18(3), 199-227.

김태용, 최영균, 김미경(2018). 정보처리 능력의 집중과 그에 따른 심리상태를 대변하는 개념들의 차별적 개념화와 조작화: 주의, 관여, 몰입, 프레즌스, 플로우를 중심으로 한 실증연구. 광고학연구, 29(5), 7-29.

김현정, 김유경, 이승철(2019). 소비자-브랜드 인게이지먼트가 브랜드 충성도에 미치는 영향: 플랫폼 브랜드로서의 SNS 이용을 중심으로. 광고학연구, 30(4), 85-113.

이학식, 안광호, 하영원(2015). 소비자 행동(6판). 서울: 집현재.

전승우, 이영화, 최영균(2011). 정치적 이념성향이 선호 불일치 정보처리에 미치는 영향: 휴리스틱-체계모델의 관점에서. 광고학연구, 22(7), 91-110.

최영균, 윤태웅, 성용준, 엄남현(2019). 광고학개론. 서울: 이프레스.

Algharabat, R., Rana, N., Dwivedi, Y., & Alalwan, A. (2018). The effect of telepresence, social presence and involvement on consumer engagement: an empirical study of non-profit organizations. *Journal of Retailing and Consumer Studies*, *40*, 139-149.

Antil, J. H. (1984). Conceptualization and Operationalization of Involvement. *Advances in Consumer Research*, *11*, 203-209.

Barger, V., Peltier, J., & Schultz, D. (2016). Social media and consumer engagement: A review and research agenda. *Journal of Research in Interactive Marketing*, *10*(4), 268-287.

Cacioppo, J., & Petty, R. (1982). The need for cognition. *Journal of Personality and Social Psychology*, *42*, 116-131.

Calder, B. J., Malthouse, E. C., & Schaedel, U. (2009). An experimental study of the relationship between online engagement and advertising effectiveness. *Journal of Interactive Marketing*, *23*(4), 321-331.

Calder, B., Malthouse, E., & Maslowska, E. (2016). Brand marketing, big data and social innovation as future research directions for engagement. *Journal of Marketing Management*, *32*(5/6), 579-585.

Chaiken, S. (1987). The Heuristic Model of Persuasion. In M. P. Zanna, J. M. Olson & C. P. Herman (Eds.), *Social Influence: The Ontario Symposium*, *5*, 3-39.

Chaiken, S., & Maheswaran, D. (1994). Heuristic processing can bias systematic processing: Effects of source credibility, argument ambiguity, and task importance on attitude judgment. *Journal of Personality and Social Psychology*, *66*(3), 460-473.

Clancy, K., & Kweskin, D. (1971). TV commercial recall correlates. *Journal of Advertising Research*, *2*, 18-26.

de Vries, L., Gensler, S., & Leeflang, P. (2012). Popularity of brand posts on brand fan pages: an investigation of the effects of social media marketing. *Journal of Interactive Marketing*, *26*(2), 83-91.

Furnham, A. (2018). Advertising: the contribution of applied cognitive psychology. *Applied Cognitive Psychology*, *33*, 168-175.

Greenwald, A., & Leavitt, C. (1984). Audience involvement in advertising: Four levels. *Journal of Consumer Research*, *11*(2), 581-92.

Griffin, M., Babin, B., & Modianos, D. (2004). Shopping values of russian consumers: The impact of habituation in a developing economy. *Journal of Retailing*, *76*(1), 33-55.

Haugtvedt, C., Petty, R., & Cacioppo, J. (1992). Need for cognition and advertising: Understanding the role of personality variables in consumer behavior. *Journal of Consumer Psychology*, *1*(3), 239-260.

Hepola, J., Karjaluoto, H., & Hintikka, A. (2017). The effects of sensory brand experience and involvement on brand equity directly and indirectly through consumer brand engagement. *Journal of Product & Brand Management*, *26*(3), 282-293.

Higgins, E. T. (2006). Value from hedonic experience and engagement. *Psychological Review*, *113*(3), 439-460.

Higgins, E. T., Idson, L., Freitas, A., Spiegel, S., & Molden, D. (2003). Transfer of value from fit. *Journal of Personality and Social Psychology*, *84*(6), 1140-1153.

Hollebeek, L., Glynn, M., & Brodie, R. (2014). Consumer brand engagement in social media: conceptualization, scale development and validation. *Journal of Interactive Marketing*, *28*(2), 149-165.

Kardes, F. R., Posavac, S. S., & Cronley, M. L. (2004). Consumer inference: A review of processes, bases, and judgement contexts. *Journal of Consumer Psychology*, *14*(3), 230-256.

Kim, D., Spiller, L., & Hettche, M. (2015). Analyzing media types and content orientations in Facebook for global brands. *Journal of Research in Interactive Marketing*, *9*(1), 4-30.

Kim, J., Ahn, S., Kwon, E., & Reid, L. (2017). TV advertising engagement as a state of immersion and presence. *Journal of Business Research*, *76*, 67-76.

Lee, A., Keller, P., & Sternthal, B. (2010). Value from regulatory construal fit: The persuasive impact of fit between consumer goals and message concreteness. *Journal of Consumer Research*, *36*(5), 735-47.

Lee, M., & Faber, R. (2007). Effects of product placement in on-line games on brand memory: A perspective of the limited-capacity model of attention. *Journal of Advertising*, *36*(4), 75-90.

Liu-Thompkins, Y. (2018). A decade of online advertising research: What we learned and what we need to know. *Journal of Advertising*, *48*, 1-13.

O'Brien, H. L., & Toms, E. G. (2010). The development and evaluation of a survey to measure user engagement. *Journal of the American Society for Information Science and Technology, 61*(1), 50-69.

Park, S., & Molton, C. (2015). The role of regulatory focus, social distance, and involvement in anti-high-risk drinking advertising: A construal-level theory perspective. *Journal of Advertising, 44*(4), 338-348.

Petty, R. E., & Cacioppo, J. T. (1986). The elaboration likelihood model of persuasion. *Advances in Experimental Social Psychology*, 19, 123-205.

Petty, R. E., Cacioppo, J. T. & Goldman, R. (1981). Personal involvement as a determinant of argument-based persuasion. *Journal of Personality and Social Psychology, 41*, 847-855.

Petty, R. E., Cacioppo, J. T., & Schumann, D. (1983). Central and peripheral routes to advertising effectiveness: The moderating role of involvement. *Journal of Consumer Research, 10*, 135-146.

Rappaport, S. D. (2007). Lessons from online practice: New advertising models. *Journal of Advertising Research, 47*(2), 135-141.

Rossiter, J. R., & Percy, L. (1997). *Advertising Communication and Promotion Management*. Boston, MA: McGraw-Hill, second edition.

Schultz, D., Scholer, L., & Skiera, B. (2014). Not all fun and games: Virtual marketing for utilitarian products. *Journal of Marketing, 78*(1), 1-19.

Sengupta, J., Goodstein, R. C., & Boninger, D. S. (1997). All cues are not created equal. *Journal of Consumer Research, 23*(4), 351-362.

Spielmann, N., & Richard, M. (2013). How captive is your audience? Defining overall advertising involvement. *Journal of Business Research, 66*, 499-505.

Swani, K., Milne, G., & Brown, B. (2013). Spreading the word through likes on Facebook. *Journal of Research in Interactive Marketing, 7*(4), 269-294.

Thorson, E., Reeves, B., & Schieuder, J. (1985). Message complexity and attention to television. *Communication Research, 12*, 427-454.

Trope, Y., & Liberman, N. (2003). Temporal construal. *Psychological Review, 110*(3), 403-421.

Uleman, J., & Bargh, J. (1989). *Unintended Thought*. New York, NY: Guilford Press.

Voorveld, H., Noort, G., Muntinga, D., & Bronner, F. (2018). Engagement with social media and social media advertising: The differentiating role of platform type. *Journal of Advertising*, *47*(1), 38-54.

Wang, A. (2006). Advertising engagement: A driver of message involvement on message effects. *Journal of Advertising Research*, *46*(4), 355-368.

Wang, J., & Lee, A. (2006). The role of regulatory focus in preference construction. *Journal of Marketing Research*, *43*, 28-38.

Woo, S., Harms, P., & Kuncel, N. (2007). Integrating personality and intelligence: Typical intellectual engagement and need for cognition. *Personality and Individual Difference*, *43*, 1635-1639.

Zaichkowsky, J. L. (1985). Measuring the involvement construct. *Journal of Consumer Research*, *12*(3), 341-352.

제8장 소비자의 의사결정 과정

고민정, 김용진(2017). 빅데이터 활용과 광고 사례 기반의 소비자 행동론. 경기: 생능.

이규현(2017). 소비자 행동: 혁신에 대한 반응. 경기: 학현사.

이학식, 안광호, 하영원(2015). 소비자 행동: 마케팅전략적 접근. 서울: 집현재.

Day, R. L., & Landon, E. L. (1977). Toward a theory of consumer complaining behavior. *Consumer and Industrial Buying Behavior*, *95*(1), 425-437.

Hansen, F. (1972). *Consumer Choice Behavior: A Cognitive Theory*. New York: Free Press.

Hawkins, D. I., Coney, K. A., & Best, R. J. (1980). *Consumer Behavior*. Dallas: Business Publications, Inc.

Kahneman, D., & Tversky. A. (1979). Prospect theory: An analysis of decision under risk. *Econometirca*, *47*, 263-292.

Mano, H., & Oliver, R. L. (1993). Assessing the dimensionality and structure of the consumption experience: Evaluation, feeling, and satisfaction. *Journal of Consumer Research*, *20*(3), 451-466.

Oliver, R. L. (1980). A cognitive model of the antecedents and consequences of satisfaction decisions. *Journal of Marketing Research*, *17*(4), 460-469.

Solomon, M. R. (2016). 소비자 행동론 (*Consumer Behavior*). (황장선, 이지은, 정승우, 최자영 공역). 서울: 경문사. (원저는 2014년에 출판).

구글. www.google.com

제9장 브랜드 자산의 구축 과정과 관리 전략

김덕용(2017). 브랜드: 개념과 실제. 세종: 와이북스.

김우성(2012). 브랜드와 고객체험. 경기: 이담북스.

김정현, 유은아(2016). 브랜드 자산관리. 서울: 커뮤니케이션북스.

매일경제(2019. 03. 20.). [글로벌 트렌드] 유통공룡 아마존마저… PB상품 키운다. https://www.mk.co.kr/news/economy/view/2019/03/166354

서용구, 구인경(2017). 마켓 4.0시대의 브랜드 마케팅. 경기: 창명.

시사저널e(2019. 03. 20.). '아재 브랜드' 휠라는 어떻게 '10대들의 핫템'으로 날아올랐나. http://www.sisajournal-e.com/news/articleView.html?dixno=202489

안광호, 한상만, 전성률(1999). 전략적 브랜드 관리. 서울: 학현사.

양문성(2001). 장수 브랜드의 길, 브랜드 리뉴얼: 브랜드 재활성화 전략. Ad Information, 10.

엑스포츠뉴스(2018. 5. 31.). FILA, 2018 써머 시즌 김유정 화보 공개. http://issue.xportsnews.com/style/1836/

우석봉(2016). 브랜드 심리학. 서울: 학지사.

이명식, 양석준, 최은정(2014). 전략적 브랜드 마케팅. 서울: 박영사.

조선비즈(2017. 12. 19.). [Case Study: 동화약품 '활명수'] 브랜드 관리 · 디테일 혁신… 현대 경영이론 빰친 120년. http://biz.chosun.com/site/data/html_dir/2017/12/06/2017120602805.html

파이낸셜투데이(2019. 07. 12.). 아버지가 '밀고' 아들이 '끌고'… 부활의 꽃 피운 휠라코리아. https://www.ftoday.co.kr/news/articleView.html?idxno=109843

한국경제(2017. 06. 26.). [뉴스 인 월드] 아마존 · 페북 등 실리콘밸리 기업들… 첨단기술 앞세워 사업영역 무한 확장. https://hankyung.com/news/article/2017062366931

Aaker, D. (1996). 브랜드 자산의 전략적 관리 (*Managing Brand Equity: Capitalizing on the Value of a Brand Name*). The Free Press. (마케팅커뮤니케이션연구회 역). 서울: 나남. (원저는 1991년에 출판).

Aaker, D. (1996). Measuring brand equity across products and markets. *California Management Review*, *38*(3), 102-120.

Aaker, D., & Joachimsthaler, E. (2000). *Brand Leadership*. NY: The Free Press.

Berry, N. C. (1988). Revitalizing brands. *Journal of Consumer Marketing*, *5*(3), 15-20.

Berthon, Pierre, Hulbert, J. M., & Pitt, L. F. (1999). Brand management prognostications. *Sloan Management Review*, Winter, 53-65.

Blackett, T.(1991). The valuation of brands. *Marketing Intelligence & Planning*, *9*(1), 27-35.

Farquhar, P. H. (1989). Managing and brand equity. *Marketing Research*, *1*, 24-33.

Keller, K. (1993). Conceptualizing, measuring, and managing customer-based brand equity. *Journal of Marketing*, *57*(1), 1-22.

Keller, K. (2008). *Strategic Brand Management: Building, Measuring, and Managing Brand Equity* (3rd ed.). Upper Saddle River, NJ: Pearson Education, Inc.

Knowles, J. (2005). In search of reliable measure of brand equity. *Marketing NPT*, *2*(3), 60-63.

Kotler, Phillip (1991). *Marketing Management: Analysis, Planning, Implementation and Control* (7th ed.). Englewood, Prentice-Hall.

Lehu, J. M. (2004). Back to life! Why brands grow old and sometimes die and what manager then do: An Exploratory qualitative research put into the French context. *Journal of Marketing Communications*, June, 133-152.

Loken, B., & John, D. R. (1993). Diluting brand beliefs: When do brand extentions have a negative impact? *Journal of Marketing*, *57*(July), 71-84.

Madhavaram, S., Badrinarayanan, V., & McDonald, R. E. (2005). Integrated marketing communication and brand identity as critical components of brand equity strategy. *Journal of Advertising*, *34*(4), 69-80.

Schultz, D. E., Tannenbaum, S. I., & Lauterborn, R. F. (1993). *Integrated Marketing Communications: Putting It Together & Making It Work*. Illinois: NTC Business Books.

Scott, D. (2000). *Brand Asset Management*. Jossey-Bass.

Tauber, E. M. (1981). Brand franchise extensions: New product benefits from existing brand names. *Business Horizons*, *24*(2), 36-41.

Wansink, B., & Ray, M. (1996). Advertising strategies to increase usage frequency. *Journal of Advertising*, *60*, 31-46.

Wilikie, W. L. (1986). *Consumer Behavior* (2nd ed.). John Willey & Sons, Inc.

HS애드 홈페이지. https://blog.hsad.co.kr/2491

metabranding 홈페이지. www.metabranding.com
뉴스핌 홈페이지. www.neswpim.com/news/view/201709000198
더피알 홈페이지. http://www.the-pr.co.kr/news/articleView.html?dixno=21375
동화약품 홈페이지. http://www.dong-wha.co.kr/dw_main.asp
마시즘 홈페이지. https://masism.kr/3216

제10장 B2B 디지털 마케팅 커뮤니케이션과 BRC

정창모, 이한근, 김영찬(2017). 스토리텔링 형식의 B2B 고객추천 컨텐츠가 신뢰형성 및 지각된 위험에 미치는 영향. 한국마케팅학회 추계학술대회. 대전: 한남대학교.

Angevine, C., & Plotkin, C. L. (2017, August). When B2B buyers want to go digital and when they don't. *McKinsey Quarterly*, Retrieved November 30, 2017, from https://www.mckinsey.com/business-functions/digital-mckinsey/our-insights/when-b2b-buyers-want-to-go-digital-and-when-they-dont/.html

Brown, B. P., Bellenger, D. N., & Johnston, W. J. (2007). The implications of Business-to-Business and consumer market differences for B2B branding strategy, *Journal of Business Market Management*, *1*(1), 209-229.

Catlin, T., & Stanley, J. (2016, October). How B2B digital leaders drive five times more revenue growth than their peers. *McKinsey Quarterly*, Retrieved Jun 30, 2019, from www.mckinsey.com/business-functions/marketing-and-sales/our-insights/how-b2b-digital-leaders-drive-five-times-more-revenue-growth-than-their-peers/.html

Chaffey, D., & Smith, P. R. (2013). *E Marketing Excellence: Planning and Optimizing Your Digital Marketing*. Routledge.

Chang, C. (2009). Being hooked by editorial content: The implications for processing narrative advertising. *Journal of Advertising*, *38*(1), 21-34.

Chang, C. (2013). Imagery fluency and narrative advertising effects. *Journal of Advertising*, *42*(1), 54-68.

eConsultancy (2017, February). Digital intelligence briefing: 2017 digital trends, Retrieved September 22, 2017 from https://econsultancy.com/reports/digital-intelligence-briefing-2017-digital-trends/.html

Escalas, J. E. (2007). Self-referencing and persuasion: Narrative transportation versus analytical elaboration. *Journal of Consumer Research*, *33*(4), 421-429.

Escalas, J. E., Moore, M. C., & Britton, J. E. (2004). Fishing for feelings? Hooking viewers helps!. *Journal of Consumer Psychology*, *14*(1-2), 105-114.

Florea, D. L. (2014). The formation of consumer's perceived risk and risk aversion in the context of innovation adoption: A qualitative research. *Network Intelligence Studies*, *2*(4), 223-232.

Ford, D. (1980). The development of buyer-seller relationships in industrial markets. *European Journal of Marketing*, *14*(5/6),339-353.

Gilliam, D. A., & Flaherty, K. E. (2015). Storytelling by the sales force and its effect on buyer-seller exchange. *Industrial Marketing Management*, *46*(1), 132-142.

Gow, G. (2015, May 1). 4 ways the B2B buying process has changed in 2015. *Crimson Marketing*, Retrieved November 2, 2019 from https://crimsonmarketing.com/4-ways-the-b2b-buying-process-has-changed-in-2015/

Helfert, G., & Vith, K. (1999). Relationship marketing teams. *Industrial Marketing Management*, *28*(5), 553-564.

Jalkala, A., & Slminen, T. R. (2010). Practice and function of customer reference marketing -Leveraging customer references as marketing assets. *Industrial Marketing Management*, *39*(6), 975-985.

Kim, E., Ratneshwar, S., & Thorson, E. (2017). Why narrative ads work: An integrated process explanation". *Journal of Advertising*, *46*(2), 283-296.

Lacoste, S., & La Rocca, A. (2015). Storytelling by the sales force and its effect on buyer-seller exchange. *Industrial Marketing Management*, *46*(2), 143-146.

McQueen, A., Kreuter, M, W., Kalesan, B., & Alcaraz, K. I. (2011). Understanding narrative effects: The impact of breast cancer survivor stories on message processing, attitudes, and beliefs among African American women. *Health Psychol*, *30*(6), 674-682.

Miller, R. M. (2011). *B2B Digital Marketing: Using the Web to Market Directly to Businesses*. Pearson Education; 1st edition(March 7, 2012).

Polletta, F., Chen, P. C. B., Gardner, B. G., & Motes, A. (2011). The sociology of storytelling. *Annual Review of Sociology*, *37*(1), 109-130.

Pulizzi, J. (2014). *25 Content Marketing Truths*. Content Marketing Institute. Retrieved September 30, 2017, from http://contentmarketinginstitute.com/2014/11/25-content-marketing-truths/html

Pulizzi, J., & Barrett, N. (2008). *Get Content, Get Customers: How to Turn Prospects into Customers with Content Marketing*. McGraw-Hill Education. (May 2, 2009).

Pullizzi, J., & Handley, A. (2017). B2B content marketing; 2017 benchmarks, budgets, and trends, Content Marketing Institute, Retrieved November 2, 2019, from https://contentmarketinginstitute.com/wp-content/uploads/2016/09/2017_B2B_Research_FINAL.pdf

Ramos, L., O'Neill, P., Camuso, M., & Dostie, P. (2016, July). 2016 B2B budget plans show that it's time for a digital wake-up call. *Forrester B2B Report*, Retrieved November 10, 2017, from https://www.forrester.com/report/2016+B2B+Budget+Plans+Show+That+Its+Time+For+A+Digital+WakeUp+Call/-/E-RES119354/.html

Salminen, R. T. (1999). *Use of References in Industrial Marketing on Three Levels of Utilization*. Proceedings of the 7th International Colloquium in Relationship Marketing, University of Strathclyde, Scotland, September 1999.

Salminen, R. T. (2001). Success factors of a reference visit-a single case study. *Journal of Business & Industrial Marketing*, *16*(6), 487-507.

Salminen, R. T., & Möller, K. (2006). Role of references in business marketing: Towards a normative theory of referencing. *Journal of Business-to-Business Marketing*, *13*(1), 1-52.

Smith, P. R., & Chaffey, D. (2013). *e-Marketing Excellence: Planning and Optimizing Your Digital Marketing*. Routledge.

Stone, R. N., & Gronhaug, K. (1993). Perceived risk: further considerations for the marketing discipline. *European Journal of Marketing*, *27*(3), 39-50.

Stuart, T. E., Hoang, H., & Hybels, R. C. (1999). Interorganizational endorsements and the performance of entrepreneurial ventures. *Administrative Science Quarterly*, *44*(3), 315-349.

Terho, H., & Jalkala, A. (2017). Customer reference marketing: Conceptualization, measurement and link to selling performance. *Industrial Marketing Management*, *64*, 175-186.

Van Laer, T., De Ruyter, K., Visconti, L., & Wetzels, M. (2014). The extended transportation-imagery model: A meta-analysis of the antecedents and consequences of customers' narrative transportation. *Journal of Consumer Research*, *40*(5), 797-817.

제11장 광고 마케팅의 최신 사례

김철회(2017). 크리슈머 마케팅이 고객만족도와 고객충성도 향상에 미치는 영향에 관한 연구. 경희대학교 경영대학원 석사학위논문.

네이버 블로그(2017. 10. 30.). 서울우유 마케팅 의지의 개가. https://blog.naver.com/jongpaik/221128233103

네이버 블로그(2019. 06. 06.). 2019 하반기 국내 VR 광고 시장 현황 및 전망 분석. https://blog.naver.com/nickykim156423/221555499424

머니투데이(2014. 10. 08.). G마켓, 동영상 마케팅 대박… 조회수 1000만 돌파. http://stylem.mt.co.kr/stylemView.php?no=2014100716552087089

싱글이코노미(2017. 08. 08.). 이렇게 귀여울 필요가? 지방이 활약상. https://m.post.naver.com/viewer/postView.nhn?volumeNo=9024320&memberNo=25041664&vType=VERTICAL

안종배(2006). 나비효과 블루오션 마케팅. 서울: 미래의 창.

안종배(2012). 스마트시대 인터랙티브방송광고 기획제작. 서울: 학현사.

안종배(2013). 스마트시대 콘텐츠마케팅론. 서울: 박영사.

이투데이(2019. 07. 04.). "반려견은 인형이 아니라 가족" 제일기획-G마켓, 캠페인 영상 유튜브 조회수 1000만 돌파. http://www.etoday.co.kr/news/view/1773265

NSP통신(2015. 05. 12.). 동원 골뱅이-팔도 비빔면, '골빔면' 협업 마케팅 전개. http://www.nspna.com/news/?mode=view&newsid=125005

SKT 인사이트(2018. 12. 11.). 손홍민 선수와 1:1 코칭을? 5GX. 드림프로젝트 편. https://www.sktinsight.com/111261

365mc 공식블로그. https://blog.naver.com/365mc/220483101933

CJ제일제당 홈페이지. https://www.cj.co.kr/kr/index

Nike By You 홈페이지. https://www.nike.com/nike-by-you

rebrickable 홈페이지. http://rebrickable.com

네이버 블로그(백설자일로스설탕+썬키스트레몬으로 레몬청만들기). https://blog.naver.com/ddjj39/220174211935

네이버 블로그(사과청만들기-백설 수제과일청 DIY세트). https://blog.naver.com/cooklhj/220136092775

네이버TV. https://tv.naver.com/v/1438464

네이버뉴스(더페이스샵, '디즈니' 콜라보레이션 제품 출시). https://news.naver.com/main/read.nhn?oid=031&aid=0000380511

네이버뉴스(동원F&B 골뱅이와 팔도 비빔면의 만남… '골빔면'). https://news.naver.com/main/read.nhn?oid=018&aid=0003251500

네이버뉴스(팔도, CJ와 협업 '연빔면' 출시… '모디슈머' 열풍 잇는다). https://news.naver.com/main/read.nhn?oid=123&aid=0002072969

메디파나뉴스 홈페이지. http://medipana.com

서울우유 홈페이지. http://www.seoulmilk.co.kr

스팀커뮤니티 홈페이지. https://store.steampowered.com/app/447270/IKEA_VR_Experience/

유튜브([G9] 이국주 X 에이핑크 G9 식탐송 TVCF 풀버전). https://youtu.be/vnwWNcwNMeM

유튜브([G마켓] 반려견 쇼핑 금지). https://youtu.be/qSOnSguulRA

유튜브([G마켓] 택배기사님, 택배왔어요). https://youtu.be/iAHLan3Ptyc

유튜브([G마켓×DIA tv] 유튜브스타 쇼핑어벤G스 되다!!). https://youtu.be/CdFufjgcWVM

유튜브([SK텔레콤] 5GX '드림프로젝트'편_LONG). https://youtu.be/pGT-3GKciSg

유튜브(Coca Cola Virtual Reality for Christmas). https://www.youtube.com/watch?v=bTbfPALVQgs

유튜브(Happy Goggles). https://youtu.be/bnYg752URcE

유튜브(KB증권과 함께 한 신해철 콘서트…). https://www.youtube.com/watch?v=txkjxNOrmrw

유튜브(Volvo XC90 Luxury SUV…). https://youtu.be/Wuln2bJkp1k

찾아보기

내용

3C 분석 52
3요소 견해 163
4P 63
B2B 디지털 마케팅 258, 259
B2B 성공사례 마케팅 261
BRC 활동 265
IMC 40
IPTV 양방향 광고 118
POP 광고 79
PR 78, 87
SWOT 분석 53
VR 광고 286
VR 마케팅 287
VR 카탈로그 288

가격 67
가독성 113
가상현실 286
가족 모티프 116
가족애 119
가치 표현적 기능 166
간편적-체계적 모델 186
감정적 163
계획된 행동이론 167
계획적인(규칙에 기초한) 정보처리 167
고려 상품군 208
고전적 조건화 168
과장법 137
과정이론 105
관여도 181
광고 69, 78, 96
광고의 정의 21
광고자극 110
광고 전략 64
광고효과 109
구매 후 행동 221
구성적 이론 165
구전 115
구전 커뮤니케이션 115

기능적 가치 122
기능적 이론 165
기대 불일치 이론 221
기제 122
기회 168

내용이론 105
내재적 관여도 183
내적 탐색 208
노출 133

단순화 145
단일차원 견해 163
대안 평가 212
독점적인 브랜드 자산 232
동기 103
동기부여 103, 168, 171
동기유발 103
동기이론 105
동기화 103
동인 120

마케팅 광고 44
마케팅 믹스 51, 63
마케팅 정의 50
마케팅 커뮤니케이션 19
마케팅 관점에서의 광고 개념 35
마케팅의 기능 51
마케팅의 특징 51
맥락의 복잡성 172
멘탈 시뮬레이션 267
모순법 140
목표시장 56
몰입감 188
몰입도 196
무형제품 116
문제 인식 202

반어법 141
변화하는 광고 개념 23
보완적 방식 214
불평행동 223
브랜드 228
브랜드 리뉴얼 전략 251
브랜드 리포지셔닝 251
브랜드 수확 253
브랜드 아이덴티티 235
브랜드 연상 이미지 232
브랜드 이미지 232
브랜드 인지도 230, 231
브랜드 자산 230, 233
브랜드 자산 강화 전략 245
브랜드 자산 구축 과정 233
브랜드 자산 확장 전략 246
브랜드 자산가치 230
브랜드 자산의 관리 전략 245
브랜드 자산의 측정 243
브랜드 재인 232
브랜드 재활성화 250
브랜드 지식 232
브랜드 충성도 231
브랜드 커뮤니케이션 실행 240
브랜드 퇴출 253
브랜드 포지셔닝 239

브랜드 회상 232
브랜드의 현재 상태 분석 234
블루슈머 277, 282
비대인적매체 85
비보완적 방식 214

사물인터넷 126
사회 조절적 기능 166
사회적 구성주의 170
사회적 증거 115
사회적 차이화 112
상기상표군 208
상징적 가치 122
상징적 기호 111
상표별 처리 210
상품의 속성 118
상호 보완적 176
상황적 관여도 183
선유경향 161
선택적 지각 143
설득에 대한 중심-주변 경로 모델 167
소비자 정보처리 과정 132
소비자 행동 104
소셜미디어 광고에 대한 몰입감 196
속성별 처리 210
스키마 174
스토리슈머 277
스토리텔링 266
시장 선택 51
시장 세분화 56
신경과학 176
신기한 자극 140
신념 164
실용적 기능 166
심리기제 110

양방향 커뮤니케이션 76
양방향 커뮤니케이션 광고 118
연상 230
연상모델 168
완결성 146
외적 탐색 208
유머소구 139
유통 68
유튜브 302
의사결정 과정 201
인적매체 85
인적판매 78, 93
인지과학 176
인지욕구 193
인지적 관점 176
인지적 구성주의 170
인지적 노력 165
인지적 요소 163
인터랙션 118

자발적인(연관이 있는) 정보처리 167
자아실현공간 127
자존욕구 112
전망이론 217
절대식역 134
정교화 184
정교화 가능성 모델 184
정보 탐색 207
정보원 116

정보처리 과정 172
정서적 관점 176
제품 66
제한용량가설 194
주거시스템의 안전욕구 123
주의 173
지각된 품질 231
지각시스템 176
지각적 범주화 150
지각적 조직화 143
지각적 추론 151
지각적 해석 173
지식기능 166
지위이전효과 264
지표 115
직접판매 79, 94
집단화 146

차이식역 135
체계적-휴리스틱 모델 167
초기효과 174
촉진 69
촉진믹스 73
최근효과 174

캐릭터 마케팅 299
콘텐츠 마케팅 298
콜라보 마케팅 293
크리슈머 277

타이포그래피 113
타인 지향적 소비가치 115
태도 160
태도의 접근 가능성 168
텔레마케팅 79
통계수치 115
통합 마케팅 커뮤니케이션 40, 73, 240
투영 121
트랜스포테이션 266

판매촉진 78, 91
패러디 138
포지셔닝 58
프로그래매틱 광고 100
프로슈머 277
프로슈머 마케팅 119
핍진성 267

학습 161
핵심가치 116
행동의욕적 163
협찬 79
형상과 배경 148
혼합식 처리 210
홀로그램 289
홀로그램 마케팅 290
홀로그램기법 광고 292
환기 116
활성기억용량 171
휴리스틱 218

❖ 저자 소개

나준희(Na, June Hee)

현재 한국교통대학교 교통전문대학원/경영학전공 교수이다. 경영학박사로, 한국연구재단 전문위원, 국민연금기금운용 실무평가위원으로 활동하고 있다. 『경영학연구』『마케팅연구』『광고학연구』『International Journal of Sports Marketing and Sponsorship』 등 유수 학술지에 100여 편의 논문을 게재하였다. 한국경영학회 우수경영학자상(2019), 한국광고학회 우수논문상(2011), 한국상품학회 최우수연구자상(2009), 한국경영학회 우수논문상(2006)을 수상하였다.

강소영(Kang, So Young)

현재 서울디지털대학교 미디어영상학과 교수이다. 광고학박사/문화콘텐츠학박사로, 코리아헤럴드에서 기자를 했고 HPN 커뮤니케이션즈라는 PR 광고 대행사를 운영하였다. 현재 부산국제광고제 집행위원을 맡고 있으며, 언론중재위원으로도 활동 중이다. 신문, 잡지 등에 다수의 미디어 관련 칼럼을 기고 중이다.

김상훈(Kim, Sang Hoon)

현재 인하대학교 언론정보학과 교수이다. 광고학박사로, 한국광고학회 제16대 회장을 역임하였으며, 디지털광고포럼 회장으로 활동하고 있다. Saatchi & Saatchi 뉴욕에서 AE로 근무하였고, 인하대학교 사회과학대학장과 정책대학원장을 역임하였으며, 현재 유수 기업의 마케팅/광고 자문을 하고 있다. 『디지털 시대 광고론』(공저, 형설출판사, 2002), 『광고조사론』(공저, 형설출판사, 2000) 등을 비롯한 다수의 저서와 논문을 출간하였다.

안대천(An, Dae Chun)

현재 인하대학교 경영학과 교수이다. 신문방송학(광고전공)박사로, 인하대학교 경영학부장, 경영대학원 부원장, 국제학부장 등을 역임하였다. SK Networks 광고기획팀에서 근무하였고, 미국 노스텍사스 대학교 언론학과 교수를 역임하였으며, 다수의 공·사기업 자문활동을 수행하고 있다. 현재 『광고학연구』 편집장을 맡고 있으며, 『CSR마케팅의 이해』(북넷, 2016), 『디지털시대의 옥외광고론』(공저, 북넷, 2013) 등을 비롯한 다수의 저서와 연구논문을 발표하였다.

이혜진(Lee, Hye Jin)
현재 한양대학교 광고홍보학과 겸임교수이다. 문학박사로, 유앤미디어(You&Media) 대표로 재직하고 있다. 한국광고학회 제23대 기획이사를 역임하였으며, 현재 제24대 기획이사를 맡고 있다. 마케팅 기업 ㈜비엠엠코리아 자문위원으로 기업마케팅 등을 자문하고 있다. 『미디어교육, 내용의 구성』(커뮤니케이션북스, 2018) 등의 저서를 출간하였다.

이재록(Lee, Jae Rock)
현재 청주대학교 광고홍보학과 교수이다. 경영학박사로, 한국전략마케팅학회 회장, 청주대학교 사회과학대학장을 역임하였다. 「Advertising's Longitudinal Effects on Brand Attitudes: The Moderating Roles of Evaluation Goals and Attitude Confidence」(2002) 외 다수의 논문을 발표하였다. 한국경영학회 우수논문상(2009), 한국광고홍보학회 Top Paper상(2005, 제1회), 한국전략마케팅학회 올해의 논문상(1998, 제1회)을 수상하였다.

최영균(Choi, Yung Kyun)
현재 동국대학교 광고홍보학과 교수이다. 광고학박사로, 한국마케팅과학회 회장을 역임하였고 현재 한국광고학회 부회장으로 활동 중이다. 광고 관련 국내외 학술지에 다수의 논문을 게재하였고 『Journal of Advertising』『International Journal of Advertising』『Journal of Business Research』 등 해외 학술지의 편집위원으로 활동하고 있다.

강한나(Kang, Han Nah)
현재 한남대학교 정치언론학과 교수이다. 언론학박사로, 한국헬스커뮤니케이션학회 총무이사를 맡고 있으며, 주요 연구 관심사는 미디어효과, 광고/홍보 메시지효과, 헬스커뮤니케이션이다. 「Self-regulation for Online Behavioral Advertising(OBA): Analysis of OBA Notices」(2018), 「Advertising or Games? Advergames on the Internet Gaming Sites Targeting Children」(2014)을 비롯한 다수의 논문을 발표하였다.

김정현(Kim, Jung Hyun)

현재 중앙대학교 광고홍보학과 교수이다. 문학박사로, SBS서울방송 기획실, 금강기획 마케팅전략연구소와 언론중재위원회를 거쳐 현재 노동부, 국토교통부, 서울브랜드위원회 등에서 자문위원으로 활동하고 있다. 현재『광고연구』편집장을 맡고 있으며, 저서로는『브랜드 자산관리』(공저, 커뮤니케이션북스, 2016)와『설득 커뮤니케이션의 이해와 활용』(커뮤니케이션북스, 2015)이 있고,「The Holistic Brand Experience of Branded Mobile Applications Affects Brand Loyalty」(2016)를 비롯한 다수의 논문을 발표하였다.

김영찬(Kim, Young Chan)

현재 연세대학교 경영대학 마케팅전공 교수이다. 경영학박사로, 네덜란드 그로닝겐 대학교에서 조교수로 재직하였다. 미국 조지아텍 대학교에서 방문교수를 하였고, 현재 조지아 주립대학교와 활발한 연구활동을 하고 있다. 연세대학교 상남경영원장 및 한국소비자학회장을 역임하였고, 현재 한국마케팅학회와 한국광고학회 부회장을 맡고 있다.

안종배(Ahn, Jong Bae)

현재 한세대학교 미디어영상광고학과 교수이다. 디지털마케팅박사로, 국내 최초의 IAA인증 국제광고인이며, 국제미래학회 및 클린콘텐츠국민운동본부 회장, 대통령직속 4차산업혁명위원회 혁신위원이다. 국내 디지털마케팅과 미래학의 선구자로 관련 연구와 정책자문을 활발히 하고 있다. 저서로는『4차 산업혁명시대 대한민국 미래 성공전략』(공저, 광문각, 2018),『스마트시대 콘텐츠마케팅론』(박영사, 2012),『나비효과 디지털마케팅』(미래의창, 2004) 등이 있고,「스마트미디어 앱광고에 대한 수용도와 광고효과 연구」(2012)를 비롯한 다수의 논문을 발표하였다.

광고지성총서 05

광고와 마케팅의 새로운 세계

The New World of Advertising and Marketing

2020년 1월 10일 1판 1쇄 인쇄
2020년 1월 20일 1판 1쇄 발행

지은이 • 나준희 · 강소영 · 김상훈 · 안대천 · 이혜진 · 이재록
최영균 · 강한나 · 김정현 · 김영찬 · 안종배
펴낸이 • 김진환
펴낸곳 • (주) 학지사
04031 서울특별시 마포구 양화로 15길 20 마인드월드빌딩
대표전화 • 02)330-5114 팩스 • 02)324-2345
등록번호 • 제313-2006-000265호

홈페이지 • http://www.hakjisa.co.kr
페이스북 • https://www.facebook.com/hakjisa

ISBN 978-89-997-2005-5 93320

정가 18,000원

이 도서의 국립중앙도서관 출판시도서목록(CIP)은 서지정보유통지원시스템 홈페이지(http://seoji.nl.go.kr)와 국가자료공동목록시스템(http://www.nl.go.kr/kolisnet)에서 이용하실 수 있습니다.
(CIP 제어번호: CIP2019045512)